思想政治教育研究论丛

（第十二辑）

主　　编　辛向阳
副 主 编　周利生　尤　琳
执行主编　刘爱玲

中国社会科学出版社

图书在版编目（CIP）数据

思想政治教育研究论丛. 第十二辑 / 辛向阳主编.
北京：中国社会科学出版社，2024. 9. -- ISBN 978-7
-5227-4398-1

Ⅰ. D64-53
中国国家版本馆 CIP 数据核字第 2024H43054 号

出 版 人	赵剑英
责任编辑	田　文
责任校对	杨沙沙
责任印制	张雪娇

出　　版	中国社会科学出版社
社　　址	北京鼓楼西大街甲 158 号
邮　　编	100720
网　　址	http://www.csspw.cn
发 行 部	010-84083685
门 市 部	010-84029450
经　　销	新华书店及其他书店

印刷装订	北京君升印刷有限公司
版　　次	2024 年 9 月第 1 版
印　　次	2024 年 9 月第 1 次印刷

开　　本	710×1000　1/16
印　　张	13.5
插　　页	2
字　　数	215 千字
定　　价	78.00 元

凡购买中国社会科学出版社图书，如有质量问题请与本社营销中心联系调换
电话：010-84083683
版权所有　侵权必究

目 录

马克思主义中国化新飞跃视阈下的思想政治教育创新发展
——在2022年全国思想政治教育学术研讨会上的讲话 　　辛向阳 /1

新时代高校意识形态工作面临的挑战及其对策 　　程水栋 /5

社会主义核心价值观贯穿高校思政课实践教学的
　　逻辑理路与实现路径 　　常　沛 /21

以"中国式现代化"指引新时代思想政治教育研究 　　骆江玲　胡云丽 /32

人工智能助益高校思想政治教育变革的三重视域 　　胡　华 /44

活化利用革命文物资源推进思政育人的机理与路径 　　王江伟　李雅琳 /62

红色文化中蕴含的劳动思想及其时代启示 　　张世昌　吴浩琳 /74

日常生活形态思想政治教育探析 　　王　哲 /86

思想政治教育赋能中国式现代化的三重逻辑 　　魏日盛 /97

伟大建党精神引领青年理想信念教育的路径探析 　　董兴彬　刘美辰 /113

英雄精神融入高校思想政治理论课的价值考量 　　张业振 /128

践行"三个务必" 奋进新征程 　　刘爱玲 /143

马克思主义系统观视域下中国共产党的国际形象传播　　　　　　　王　晶 /148

新时代思想政治教育学科高质量发展研究　　　　　　　　　　　王桂菊 /158

坚持以问题为导向　推动思想政治教育提质增效　　上官苗苗　李宗俊 /171

论中国式现代化道路的价值超越、理论可能与现实条件
　　——基于人的现代化视角　　　　　　　　　　　　　　　李美颖 /179

新时代高校思想政治教育理论创新的逻辑理路、
　　哲学依据与方法论　　　　　　　　　　　　　　　　　　朱佩佩 /194

马克思主义中国化新飞跃视阈下思想政治教育的创新发展
　　——"2022年全国思想政治教育学术研讨会"综述　　　　尤　琳 /209

马克思主义中国化新飞跃视阈下的思想政治教育创新发展

——在 2022 年全国思想政治教育学术研讨会上的讲话

辛向阳　（2022 年 12 月 11 日 南昌）

各位领导、各位专家、朋友们：

大家上午好！

非常荣幸也非常高兴与来自高校、科研院所的领导、专家、学者齐聚云端，围绕"马克思主义中国化新飞跃视阈下的思想政治教育"主题展开研讨。学习宣传贯彻党的二十大精神是当前和今后一个时期理论界的首要政治任务。江西师范大学与中国社会科学院马克思主义研究院共同举办"2022 年全国思想政治教育学术研讨会"，这对深入学习贯彻党的二十大精神，深刻学习领会习近平新时代中国特色社会主义思想，用习近平新时代中国特色社会主义思想铸魂育人，推进思想政治教育理论创新和实践探索具有重要的现实意义。我谨代表中国社会科学院马克思主义研究院，向出席会议的各位专家学者表示热烈欢迎，向承办此次会议的江西师范大学表示衷心感谢，向辛勤耕耘在思想政治教育工作领域的教师、学者致以崇高敬意！围绕大会主题，我谈几点个人意见。

习近平新时代中国特色社会主义思想实现了马克思主义中国化时代化新的飞跃。党的十八大以来，以习近平同志为主要代表的中国共产党人，坚持把马克思主义基本原理同中国具体实际相结合、同中华优秀传统文化相结合，科学回答了一系列重大时代课题，形成了一系列原创性的治国理政的新理念、新思想、新战略。习近平新时代中国特色社会主义思想对马克思主义哲学、政治经济学、科学社会主义作出了重大原创性贡献：提出和坚持了人民至上的观念，发展了马克思主义的人民观；提出和加快构建新发展格局，发展了马克思的生产理论；提出并开拓了中国式现代化，发展了马克思主义的现代化理论；提出并贯彻新发展理念，发展了马克思主义生产力理论；提出自我革命是我们党跳出历史周期率的第二个答案，发展了马克思主义建党学说；等等。习近平新时代中国特色社会主义思想以全新的视野深化了我们党对自身执政规律、社会主义建设规律、人类社会发展规律的认识，这一思想，是当代中国马克思主义、21世纪马克思主义，是中华文化和中国精神的时代精华，实现了马克思主义中国化时代化新的飞跃。习近平新时代中国特色社会主义思想是做好思想政治工作的根本遵循，我们要坚持不懈用这一理论武装头脑、指导实践、铸魂育人。具体要做好三方面的工作：

一是以习近平新时代中国特色社会主义思想为指导，推进新时代新征程上思想政治教育的理论创新与实践探索。

推进马克思主义中国化时代化是一个追求真理、揭示真理、笃行真理的过程。思想政治教育则是对如何接受真理、传递真理的深邃思考和理论探索；是引导受教育者如何将真理内化于心、外化于行的经验总结和理论提炼。新征程上做好思想政治教育工作，要坚持以习近平新时代中国特色社会主义思想为指导，深刻领悟"两个确立"的决定性意义，坚持发挥思想政治教育服务中心大局的基本原则，坚持守正创新的工作思路，充分发挥思想政治教育统一思想、凝聚力量、温润人心、鼓舞斗志的功能作用，不断开创新时代思想政治教育工作新局面。

新时代新征程上要继续推进实践基础上的思想政治教育理论创新，要把握好习近平新时代中国特色社会主义思想的世界观和方法论，运用好贯穿其中的立场观点方法，并将其运用于思想政治教育工作，从核心任务、基本理论、课程体系、推进新时代思想政治教育创新等方面构建和拓展思想政治教育体系；从理念、内容、方法、机制、价值、载体、规律等方面塑造思想政治教育的理论体系，增强新征程上思想政治教育的感召力、时代感。

二是牢牢把握思想政治教育服务中国式现代化的重要原则，推进思想政治教育创新发展。

思想政治教育服务党和国家中心工作，这是百年来中国共产党的基本遵循和实践经验。习近平总书记在二十大报告中庄严宣告——"从现在起，中国共产党的中心任务就是团结带领全国各族人民全面建成社会主义现代化强国、实现第二个百年奋斗目标，以中国式现代化全面推进中华民族伟大复兴。"[①] 新时代新征程，思想政治教育要服务于以中国式现代化全面推进中华民族伟大复兴的时代使命、历史任务。新时代新征程的思想政治教育要坚持立德树人根本任务、坚持服务大局、坚持改革创新，坚持用党的创新理论教育人民、指导工作，巩固壮大奋进新时代的主流思想舆论，助力建设具有强大凝聚力和引领力的社会主义意识形态。在开启实现第二个百年奋斗目标新征程、朝着实现中华民族伟大复兴的宏伟目标继续前进的历史新起点上，思想政治教育工作必须准确把握以伟大建党精神为源头的精神谱系的科学内涵和时代价值，深入领会党的精神谱系所蕴含的我们党的性质宗旨、理想信念、初心使命、责任担当、精神风貌、崇高情怀、价值追求等，在精神谱系的润养下，继续发扬光荣传统、赓续红色血脉，为实现中华民族伟大复兴凝聚强大精神力量。

三是立足培育有理想、敢担当、能吃苦、肯奋斗的新时代好青年，落实思想政治教育理论课立德树人的根本任务。

"思想政治理论课是落实立德树人根本任务的关键课程"[②]，是培育有理想、敢担当、能吃苦、肯奋斗的新时代好青年的灵魂课程。新时代新征程思想政治理论课要坚持"四为方针"[③]，做到"八个统一"[④]，系统回答"培养什么人、怎样培养人、为谁培养人"的根本问题，通过理论联系实际的教学，让科学理论在引导学生发展上发挥基础性、先导性作用。

立足培育有理想、敢担当、能吃苦、肯奋斗的新时代好青年要深入

---

① 习近平：《高举中国特色社会主义伟大旗帜　为全面建设社会主义现代化国家而团结奋斗——在中国共产党第二十次全国代表大会上的报告》，人民出版社2022年版，第21页。
② 《习近平谈治国理政》第3卷，外文出版社2020年版，第329页。
③ 四为方针：为人民服务、为中国共产党治国理政服务、为巩固和发展中国特色社会主义制度服务、为改革开放和社会主义现代化建设服务。
④ 要坚持政治性和学理性相统一，要坚持价值性和知识性相统一，要坚持建设性和批判性相统一，要坚持理论性和实践性相统一、要坚持统一性和多样性相统一、要坚持主导性和主体性相统一，要坚持灌输性和启发性相统一，要坚持显性教育和隐性教育相统一。

践行社会主义核心价值观。我们要从理论和实践、历史和现实的结合中，培育和践行青年学生的社会主义核心价值观，增强青年学生对中国特色社会主义的道路自信、理论自信、制度自信、文化自信。弘扬以建党精神为源头的中国共产党人精神谱系，加强中华优秀传统文化和革命文化、社会主义先进文化教育，加强中国共产党党史、新中国史、改革开放史、社会主义发展史教育，强化四个意识，引导青年学生知史爱党、知史爱国、不断坚定中国特色社会主义共同理想，凝聚起青年学生立志报国的决心和信心。

结合会议主题，我就谈以上几点思考。相信在诸位专家学者共同努力下，本次研讨会一定会激发出更多智慧的火花，收获更多重要成果，为推进新时代思想政治教育改革发展贡献更多智慧和力量。

新时代高校意识形态工作面临的挑战及其对策

程水栋[*]

【摘　要】 高校是意识形态工作的前沿阵地。党的十八大以来，以习近平同志为核心的党中央高度重视党的意识形态工作，在全面推进中国特色社会主义现代化建设的同时，特别强调要做好党的意识形态工作，建设具有强大凝聚力和引领力的社会主义意识形态，要求高校党政组织和负责同志认真落实意识形态工作责任制，敢抓敢管、敢于亮剑，做到守土有责、守土负责、守土尽责，不断巩固马克思主义在高校意识形态领域的指导地位，把高校师生凝聚在中国共产党周围，充分发挥高校对全社会思想文化建设的促进作用。

【关键词】 高校；意识形态工作；挑战；对策

习近平总书记在党的二十大报告中指出："意识形态工作是为国家立心、为民族立魂的工作。"[①] 党的十八大以来，以习近平同志为核心的党中央高度重视党的意识形态工作，在集中精力抓好经济建设的同时，一刻也没有放松意识形态工作，要求全党同志既要深刻认识经济基础对上层建筑的决定作用，又要深刻认识上层建筑对经济基础的反作用，强调"既要切实做好中心工作、为意识形态工作提供坚实物质基础，又要切

---

[*] 程水栋，上饶师范学院马克思主义学院教授、博士生导师。
[①] 《中国共产党第二十次全国代表大会文件汇编》，人民出版社 2022 年版，第 36 页。

实做好意识形态工作、为中心工作提供有力保障"①。

一 坚持以习近平总书记关于意识形态工作的重要论述为根本遵循

"意识形态工作是党的一项极端重要的工作。"② 习近平总书记指出："历史和现实反复证明，能否做好意识形态工作，事关党的前途命运，事关国家长治久安，事关民族凝聚力和向心力。"③ 做好新形势下的意识形态工作，巩固主流意识形态的指导地位，必须大力加强宣传和思想政治教育工作，因为"宣传思想工作就是要巩固马克思主义在意识形态领域的指导地位，巩固全党全国人民团结奋斗的共同思想基础"④。高校是意识形态工作的前沿阵地。2013年8月19日，习近平总书记在全国宣传思想工作会议上要求高校要成为马克思主义学习、研究和宣传的重要阵地，抓好理论学习，"通过坚持不懈学习，学会运用马克思主义立场、观点、方法观察和解决问题，坚定理想信念"⑤。2016年12月，在全国高校思想政治工作会议上，习近平总书记特别强调"高校是意识形态工作的前沿阵地"，要求高校党组织和行政负责人要"认真落实意识形态工作责任制，敢抓敢管、敢于亮剑，做到守土有责、守土负责、守土尽责"⑥，不断"巩固马克思主义在高校意识形态的主导地位，用科学理论培养人，用正确思想引导人，保证高校始终成为培养社会主义事业建设者和接班人的坚强阵地"⑦。2017年10月，在党的十九大报告中，

---

① 中共中央文献研究室编：《习近平关于社会主义文化建设论述摘编》，中央文献出版社2017年版，第21页。
② 《习近平谈治国理政》第1卷，外文出版社2018年版，第153页。
③ 中共中央文献研究室编：《习近平关于全面建成小康社会论述摘编》，中央文献出版社2016年版，第103页。
④ 《习近平谈治国理政》第1卷，外文出版社2018年版，第153页。
⑤ 《习近平谈治国理政》第1卷，外文出版社2018年版，第154页。
⑥ 中共中央文献研究室编：《习近平关于社会主义文化建设论述摘编》，中央文献出版社2017年版，第55页。
⑦ 中共中央文献研究室编：《习近平关于社会主义文化建设论述摘编》，中央文献出版社2017年版，第55—56页。

习近平总书记强调指出，我们党要"牢牢掌握意识形态工作领导权"，"建设具有强大凝聚力和引领力的社会主义意识形态，使全体人民在理想信念、价值理念、道德观念上紧紧团结在一起"。① 2018年8月，习近平总书记要求宣传思想战线必须担负起"建设具有强大凝聚力和引领力的社会主义意识形态"，"做好做强马克思主义宣传教育工作，特别是要在学懂弄通做实新时代中国特色社会主义思想上下功夫。要把坚定'四个自信'作为建设社会主义意识形态的关键，坚持马克思主义在我国哲学社会科学领域的指导地位，建设具有中国特色、中国风格、中国气派的哲学社会科学"。② 2022年10月，习近平总书记在党的二十大报告中指出，要"牢牢掌握党对意识形态工作领导权，全面落实意识形态工作责任制，巩固壮大奋进新时代的主流思想舆论"③。习近平总书记关于意识形态工作的一系列新理念、新思想、新论断，是高校做好意识形态工作的根本遵循，对于守好高校意识形态工作前沿阵地，巩固马克思主义在高校意识形态领域的指导地位具有重要指导意义。

二　新时代高校意识形态工作面临的主要挑战

"我们生活的世界充满希望，也充满挑战。"④ 新时代我国高校做好意识形态工作面临的主要挑战，包括全球化、网络化、社会转型变革带来的问题和困难。正确认识和客观分析我国高校意识形态工作面临的问题和风险，积极主动作为，采取有效措施，必将克服各种困难，化解各种风险，战胜各种挑战，不断筑牢高校意识形态工作前沿阵地。

（一）全球化带来的主要风险和挑战

当今世界，经济全球化深入发展，世界多极化、文化多元化、社会

---

① 中共中央党史和文献研究院编：《十九大以来重要文献选编》上，中央文献出版社2019年版，第29页。
② 《习近平谈治国理政》第3卷，外文出版社2020年版，第312页。
③ 《中国共产党第二十次全国代表大会文件汇编》，人民出版社2022年版，第36页。
④ 《中国共产党第十九次全国代表大会文件汇编》，人民出版社2017年版，第47页。

信息化、发展多样化趋势日益明显，世界各国间的相互联系和相互依赖更加紧密，不同国别、不同民族、不同肤色的人民各自长期以来形成的思想观念、价值取向、思维模式、文化习俗和生活方式，因彼此交往而相互交融、相互碰撞、相互激荡，特别是西方发达资本主义国家的意识形态渗透和价值观输出，给我国高校做好意识形态工作带来了前所未有的冲击。

多元思想文化交融、交织、交锋，造成部分大学生对主流价值观的认同危机。随着经济全球化深入发展，全球化已从经济领域扩展到政治和文化领域，经济问题政治化，意识形态问题经济化，已经成为西方发达国家向发展中国家输出、扩散和渗透文化思想、价值观念、生活方式的主要渠道和手段。在这一过程中，经济领域的全球化演变扩张为东西方国家之间的意识形态和文化话语权的冲突和争夺。特别是资本主义国家与社会主义国家之间的渗透与反渗透、颠覆与反颠覆、和平演变与反和平演变的斗争在意识形态领域表现得非常激烈，东西方思想文化和价值观的碰撞、激荡和交锋日益成为国际政治斗争的焦点。以美国为首的西方发达资本主义国家，凭借自己在经济、科技和军事等方面的强大实力，采取政治孤立、经济掏空、科技封锁、文化渗透、军事包围等卑劣伎俩，不遗余力地向我国推销西方的民主宪政制度、新自由主义、普世价值观，极力通过文化产品的输出与渗透，鼓噪和兜售自己在政治经济和文化方面的"私货"，宣扬资本主义制度，诋毁社会主义制度，否定共产主义思想，并以此来混淆视听，从而引发部分大学生对共产主义产生怀疑，出现了信仰危机，不认同社会主义，不认可中国特色社会主义制度，给高校做好思想政治教育和意识形态工作带来不少难度。

爱国主义和集体主义教育受到全球化意识的冲击。随着全球化深入发展，全球化理念、全球化意识、全球化思维日益形成，国家、民族、地域的概念日趋淡化，传统的国家意识、民族观念、地区思维和爱国主义思想受到全球化浪潮的冲刷，一些人的爱国理念和爱国情怀被全球化意识所冲淡、削弱。特别是以美国为首的西方发达资本主义国家，企图通过全球化把社会主义国家裹挟在他们领导下的"西方自由世界体系"之中。美国学者罗伯特·赖克就曾这样说过："我们正在经历一场变革，这场变革将重新安排即将到来的世纪的政治和经济","每一个国家的基本政治使命将是应付全球经济的离心力,这种力量正在拆散把公民联系在一起的纽带"[①]。同时,西方发达国家一直卖力宣扬和推崇的个人主义、利己主义和利益至上主义,对集体主义思想造成了极大冲击,导致部分青年大学生的个人主义抬头,极端利己主义和利益至上主义思想膨胀。这就给我国高校开展爱国主义和集体主义教育带来不少困难。

社会主义意识形态的巩固和防御受到来自全球性问题的挑战。随着全球化进程步伐加快,人类社会仿佛变成了一个毫无疆土国界的地球村,而生活在地球村里的人类,日益面临着越来越严重的各种超越社会制度和意识形态差异的全球性问题,如生态失衡、气候变暖、环境污染、病毒传播、毒品走私、跨国犯罪、恐怖主义、难民浪潮、伦理危机、道德滑坡、精神缺失等等。这些全球性问题和现象涉及世界上的所有国家,而这些来自自然界和人类社会的各种问题,不是某一国家或某几个国家所能解决得了的,只有世界各国团结起来,相互配合、协调一致,采取全球性行动,共同应对,才有可能得以解决。但是,由于世界各国在政治经济制度、思想观念、价值理念和生活方式等方面存在着较大差异,尤其是社会主义和资本主义这"两种制度"在全球化过程中的交织、交融和交锋,既引发了非制度性的贸易摩擦和利益争夺,也导致了制度性的意识形态斗争和冲突。西方发达国家在与我国进行经贸往来和文化交流过程中,亡我之心不死,向我国输出西方社会的政治经济模式、价值观念、腐朽思想和颓废文化,致使我国高校的部分大学生盲目崇拜、听信和模仿西方推销的那一套,甚至出现了身在"东方"、心向"西方",反对"马列"、崇拜"宪政",不信"主义"、迷信"鬼神"等乱象,给高校思想政治教育带来严峻挑战,社会主义意识形态的巩固和防御受到威胁。

(二) 互联网带来的主要问题和挑战

习近平总书记指出:"互联网是一个社会信息大平台,亿万网民在上

---

① [美] 罗伯特·赖克:《国家的作用——21 世纪的资本主义前景》,徐荻洲等译,上海译文出版社 1994 年版,第 1 页。

面获得信息、交流信息，这会对他们的求知途径、思维方式、价值观念产生重要影响，特别是会对他们对国家、对社会、对工作、对人生的看法产生重要影响。"① 互联网是一把双刃剑，它在给人类社会和人们生产生活带来极大便利的同时，"也给世界各国主权、安全、发展利益带来许多新的挑战"②。

互联网使高校意识形态工作者的主体地位和主导作用受到严峻挑战。高校意识形态和宣传思想工作者是先进思想文化和主流价值观的信奉者、坚守者、传播者和教育者，是"给学生心灵埋下真善美的种子，引导学生扣好人生第一粒扣子"③的播种者、指导者和引路人，肩负着"传播知识、传播思想、传播真理，塑造灵魂、塑造生命、塑造新人的时代重任"④，在高校意识形态工作中处于主体地位，发挥着主导作用，其权威性不容挑战。但是，随着互联网的普及应用，浩如烟海的信息扑面而来，各种信息资源的获取易如反掌、唾手可得，受教育者可以轻松采集各种数据库中的信息，可以根据需要深入挖掘、搜索和分析相关数据，甚至对某些观点和看法形成了自己的独到见解，不再完全听信和服从于教育者的传道、讲解和诠释，挑战了意识形态和宣传思想教育者的主体地位和主导权威，高校主流意识形态话语权面临日渐式微的挑战。

互联网使受教育者养成良好道德品质和健康生活方式受到严重干扰，给高校落实立德树人根本任务带来不少阻力。互联网的虚拟性、隐蔽性、自由性、共享性和娱乐性等特点，导致大量缺乏伦理道德的、虚假的、猎奇的不良信息涌入，甚至包括淫秽、暴力、封建迷信等"黄赌毒"信息在网络上泛滥，严重冲击着大学生的道德认知和纯洁心灵。一方面，由于网络的匿名性、隐蔽性，人的真实的信息被遮蔽，这就很容易导致大学生道德观念的淡化、道德认知的弱化、道德情感的退化、道德行为的虚化，给落实立德树人根本任务和培养大学生优秀道德品质造成一定困难。另一方面，因为网络的动感性和娱乐性很强，对广大受教育者具有巨大诱惑力，尤其是一些关涉暴力、色情，甚至反动的网络视频和游

---

① 《习近平谈治国理政》第2卷，外文出版社2017年版，第335页。
② 习近平：《致第四届世界互联网大会的贺信》，《人民日报》2017年12月4日第1版。
③ 习近平：《思政课是落实立德树人根本任务的关键课程》，《求是》2020年第17期。
④ 习近平：《思政课是落实立德树人根本任务的关键课程》，《求是》2020年第17期。

戏，往往容易使他们沉溺于虚拟世界而不能自拔，从而引发"互联网成瘾综合征"，成为"网络瘾君子"，结果导致厌学、焦虑、失眠、自闭、抑郁、人际沟通困难、神经衰弱等心理问题，人格出现异常，影响大学生正常学习和健康生活情趣的养成。

（三）社会转型带来的主要困难和挑战

受世界大发展大变革大调整的深刻影响，我国社会已迈入转型变革的深度调整期，全面深化改革进入深水区和攻坚期，发展不平衡不充分问题更加明显，各种社会民生问题较为突出。这些困难和问题，不仅成为制约我国经济社会发展的主要短板，而且还冲击着我国民众的精神世界和文化生活，严重影响到青年一代的思想意识、道德观念和价值取向，给我国高校的意识形态安全带来不少风险。

市场经济追求个人利益最大化原则，容易给正在成长的大学生造成思想认识上的混乱和偏差，甚至滋生拜金主义、利己主义等错误思想，致使社会主义核心价值观受到冲击。在市场经济条件下，高校大学生的精神世界和价值观念受到市场经济的影响，他们的自我潜在意识和意志日益被物化，片面追求个人利益的错误思想日益明显，部分大学生越来越关注个人的切身利益，对涉及个人利益的问题过分看重，盲目追求世俗化的名和利，忽视自我独立精神和综合素质的育养，对他人、对社会、对集体、对国家漠不关心，缺乏社会责任感和担当精神，很容易滋生拜金主义、利己主义、利益至上主义。

改革开放带来的新矛盾、新问题，容易造成大学生对社会产生负面看法和不满情绪，给教育引导大学生树立共产主义理想信念、坚定"四个自信"和立志听党话、跟党走造成一定困难。深化改革以来的诸多社会性问题，如"就业难、求职难"，"住房难、住房贵"，以及食品安全、党内腐败等，都致使部分大学生对社会、对国家、对社会主义制度，甚至对中国共产党产生消极看法和不满情绪，造成思想认识上的偏差。同时，随着开放的不断扩大，中西方大学生的交往、交流日益频繁，西方的文化思想、价值观念和生活方式很容易引起我国大学生的好奇和认同，特别是渗透着西方文化和价值观的好莱坞大片、迪士尼、肯德基、麦当劳、可口可乐等文化生活产品，以及圣诞节、愚人节、情人节、感恩节等西方节日,都成为我国部分大学生追捧的新时尚。他们盲目崇拜西方的物质财富、社会制度、自由思想和生活方式,而对中国的传统文化、现行制度和生活方式产生逆反心理,甚至对社会主义制度和中国共产党领导产生怀疑,动摇"四个自信",消极对待"两个维护"。这就给高校巩固社会主义意识形态安全带来诸多不利影响。

三 新时代我国高校做好意识形态工作的路径对策

新时代加强和改进我国高校意识形态工作,要坚持以马克思主义意识形态理论为指导,以习近平总书记关于意识形态工作重要论述为统领和根本遵循,结合高校意识形态工作具体实际和大学生基本特点,落实立德树人根本任务,用习近平新时代中国特色社会主义思想铸魂育人,筑牢社会主义意识形态前沿阵地,夯实马克思主义在高校意识形态领域的指导地位,为党育人,为国育才,努力培养和造就中国特色社会主义事业的建设者和接班人。

(一) 坚持不懈开展马克思主义理论教育

习近平总书记指出:"马克思主义是我们立党立国的根本指导思想,也是我国大学最鲜亮的底色。"[1] 党的十八大以来,习近平总书记高度重视马克思主义理论教育,特别指出"要坚持不懈传播马克思主义科学理论,抓好马克思主义理论教育,为学生一生成长奠定科学的思想基础"[2],"掌握高校思想政治工作主导权,巩固马克思主义在高校意识形态的主导地位"[3]。新时代高校坚持和巩固马克思主义指导地位,一是要坚持认真读原著、学原文、悟原理,做到真学真懂真信。马克思主义经典文献卷帙浩繁、博大精深,涉及自然界、人类社会、思维发展等各领

---

[1] 习近平:《在北京大学师生座谈会上的讲话》,《人民日报》2018年5月3日第2版。
[2] 《习近平谈治国理政》第2卷,外文出版社2017年版,第377页。
[3] 中共中央文献研究室编:《习近平关于社会主义文化建设论述摘编》,中央文献出版社2017年版,第55—56页。

域和经济、政治、历史、哲学、科技、法律等各学科，它对人类所创造的一切，"都有批判地重新加以探讨，任何一点也没有忽略过去"①。因此，坚持和巩固马克思主义指导地位，就要下大气力、下苦功夫认真研读马克思主义经典文本，原原本本读、老老实实学、专心致志思、反反复复悟，才能真正理解其精髓要义，才能系统掌握马克思主义这个看家本领，真学了才能真懂，真懂了才会真信，真信了才能真正坚持和巩固马克思主义指导地位。如果不读原文、不悟原理，就会心无所依、神无所归、行无所获，思想政治教育和意识形态工作就会成为无源之水、无本之木，显得苍白无力，从而失去根基，偏离正确方向和缺乏前进动力。习近平总书记指出："共产党人要把读马克思主义经典、悟马克思主义原理当作一种生活习惯、当作一种精神追求，用经典涵养正气、淬炼思想、升华境界、指导实践。"② 二是要在学懂弄通基础上，走深走实，做到学思用贯通、知信行统一，抓好马克思主义理论教育。"凡贵通者，贵其能用之也。"习近平总书记指出："坚持以马克思主义为指导，最终要落实到怎么用上来。"③ 马克思主义不是教义而是指导实践的立场、观点、原则和方法。要坚持把马克思主义基本原理与高校意识形态工作具体实际结合起来，观察、思考和分析改革发展过程中面对的新形势新情况，认识和把握宣传和思想政治教育中面临的新机遇新挑战，处理和解决好具体工作中的新困难新问题，教育引导大学生运用科学理论和先进思想，审视世界发展大势，认清中国发展形势，把握国际国内发展趋势，做到胸怀大局，立足当下，前瞻未来，使广大学生在学习和实践中深深感悟到马克思主义的真理的力量。三是要坚持以马克思主义为指导，加强学科体系、学术体系、教材体系、话语体系建设。要突出马克思主义在各门学科、各门学术、各种教材、各种话语中的指导地位，自觉把中国特色社会主义理论体系贯穿理论研究、学术探讨、教材编写、话语言说全过程，做到理论研究中有"议题"、学科建设中有"行踪"、学术论坛中有"声音"、教材体系中有"身影"、话语表述中有"回响"。大力

---

① 《列宁选集》第 4 卷，人民出版社 2012 年版，第 284 页。
② 习近平：《在纪念马克思诞辰 200 周年大会上的讲话》，《人民日报》2018 年 5 月 4 日第 2 版。
③ 习近平：《在哲学社会科学工作座谈会上的讲话》，《人民日报》2016 年 5 月 19 日第 2 版。

实施马克思主义理论研究和建设工程重点教材建设，为人才培养提供好的教科书，为坚持和巩固马克思主义在意识形态领域的指导地位夯基固本、立柱架梁。四是要坚持在马克思主义理论指导下，用中国化时代化的马克思主义最新理论成果武装师生头脑、开展工作、指导实践。坚持和巩固马克思主义指导地位，不能"简单套用马克思主义经典作家设想的模板"①，不能拘泥于马克思主义经典作家在特定历史条件和具体情况下所作出的个别结论，不能简单"裁剪"或"嫁接"马克思主义经典作家所运用的个别词句或话语，否则，就不是正确对待"马克思主义的应有态度"。习近平指出："马克思主义是随着时代、实践、科学发展而不断发展的开放的理论体系，它并没有结束真理，而是开辟了通向真理的道路。"② 马克思主义不是教义而是方法。因此，我们要解放思想，与时俱进，守正创新，"坚持用马克思主义观察时代、解读时代、引领时代，用鲜活丰富的当代中国实践来推动马克思主义发展，用宽广视野吸收人类创造的一切优秀文明成果，坚持在改革中守正出新"③，"不断开辟当代中国马克思主义、21世纪马克思主义新境界"④，坚持用习近平新时代中国特色社会主义思想这个"当代中国马克思主义、二十一世纪马克思主义"⑤ 来统领和占据新时代高校真理和道义的制高点。

（二）全面落实立德树人根本任务

高校立身之本在于立德树人。做好高校意识形态工作，必须坚持把立德树人作为中心环节，深化教育体制改革，健全立德树人落实机制，"把立德树人内化到大学建设和管理各领域、各方面、各环节，做到以树人为核心，以立德为根本"⑥，全程全方位全员育人，不断开创立德树

---

① 习近平：《在哲学社会科学工作座谈会上的讲话》，《人民日报》2016年5月19日第2版。
② 习近平：《在哲学社会科学工作座谈会上的讲话》，《人民日报》2016年5月19日第2版。
③ 习近平：《在纪念马克思诞辰200周年大会上的讲话》，《人民日报》2018年5月4日第2版。
④ 习近平：《在纪念马克思诞辰200周年大会上的讲话》，《人民日报》2018年5月4日第2版。
⑤ 《中国共产党第十九届中央委员会第六次全体会议文件汇编》，人民出版社2021年版，第48页。
⑥ 习近平：《在北京大学师生座谈会上的讲话》，《人民日报》2018年5月3日第2版。

人工作新局面,守好夯实高校意识形态工作前沿阵地。

第一,坚持教育引导,抓好思政课堂教学这个主渠道。习近平总书记指出:"要用好课堂教学这个主渠道"①,"思想政治理论课是落实立德树人根本任务的关键课程"②。大学是立德树人的重要阵地,课堂教学是立德树人的主渠道。扎实办好中国特色社会主义大学,巩固意识形态工作的前沿阵地,就要紧紧抓住思政课这个关键课程,理直气壮开齐开足开好思政课,有效发挥这一关键课程的关键作用。立德树人,用习近平新时代中国特色社会主义思想铸魂育人,因时而进,开拓创新,深化教学改革,创新教学方法,增强思政课的学理性、针对性、时代性,提高思政课的指引力、感染力、亲和力,教育引导青年大学生坚定理想信念,志存高远,立志听党话、跟党走,"争做堪当民族复兴重任的时代新人,在实现中华民族伟大复兴的时代洪流中踔厉奋发、勇毅前进"③。

第二,强化同向同行,有效发挥课程思政的协同效应。习近平总书记指出:"其他各门课都要守好一段渠、种好责任田,使各类课程与思想政治理论课同向同行,形成协同效应。"④ 要依托不同专业、不同学科、不同课程本身所拥有的优势和特色,深挖和梳理蕴含在其中的德育元素和育人资源,构建以立德树人为价值导向的课程目标,构建新的课程体系,以价值引领和品德塑造为根本,以知识传授和能力培养为核心,把理想信念、政治觉悟、制度认同、家国情怀、品德修养等思政元素与课程本身所固有的知识传授、技能培养有机融合起来,实现传道、授业、解惑与立德、育人、育才的辩证统一,"发挥融入式、嵌入式、渗入式的立德树人协同效应"⑤,以便取得同频共振的实际效果。

第三,注重实践淬炼,抓好实践教学这个重要环节。习近平总书记指出:"要把立德树人融入思想道德教育、文化知识教育、社会实践教

---

① 《习近平谈治国理政》第2卷,外文出版社2017年版,第378页。
② 《习近平主持召开学校思想政治理论课教师座谈会强调 用新时代中国特色社会主义思想铸魂育人 贯彻党的教育方针落实立德树人根本任务》,《人民日报》2019年3月19日第1版。
③ 《习近平在中国人民大学考察时强调 坚持党的领导传承红色基因扎根中国大地 走出一条建设中国特色世界一流大学新路》,《人民日报》2022年4月26日第1版。
④ 《习近平谈治国理政》第2卷,外文出版社2017年版,第378页。
⑤ 习近平:《思政课是落实立德树人根本任务的关键课程》,《求是》2020年第17期。

育各环节"①。做好高校意识形态工作，落实立德树人根本任务，离不开社会实践活动。实践是人们认识和改造世界的一切社会活动。实践是道德认知转化为道德行为的中介和桥梁。正确政治观点、价值观念和良好道德品质的养成，离不开实践淬炼。因此，要把立德树人融入社会实践教育活动之中，把思政小课堂与社会大课堂结合起来，在教育教学中增加实践环节，加大实践教学力度，使学生在丰富的社会实践活动中提高认知能力，增强体悟本领，深刻认识和全面理解中国共产党为什么能、马克思主义为什么行、中国特色社会主义为什么好等科学真理和生动道理，不断增强家国情怀和民族情感，丰富社会知识和经验阅历，涵养科学理论，历练政治品格，坚定"四个自信"，不断增强社会主义意识形态的向心力、凝聚力和引领力。

（三）着力培育和践行社会主义核心价值观

习近平总书记指出："培育和弘扬核心价值观，有效整合社会意识，是社会系统得以正常运转、社会秩序得以有效维护的重要途径，也是国家治理体系和治理能力的重要方面。"② 第一，坚持把培育和践行社会主义核心价值观融入课堂教学全过程，做到进教材、进课堂、进头脑。要构建以社会主义核心价值观培育和践行为目标的教育教学新体系，把核心价值观理论体系转化为思想政治教育学科体系、教材体系和教学体系。探索和创新教学方法，通过案例式教学、情境式教学、互动式教学、问题式教学等手段，创设生动具体的"价值现场"，将抽象的理论形态转化为可感知的日常生活化样态，为受众提供一定的价值态度体验，在体验中体认和接受，从而实现从理论的生活世界向现实的日常生活世界的融通和转换，推动社会主义核心价值观教育内容的教材化体系向教学化体系转化。要构建协同效应机制，把培育和践行社会主义核心价值观融入、嵌入、渗入各专业课程教学、各部门管理、各项服务等工作之中，形成齐抓共管的协同效应机制。第二，坚持把培育和践行社会主义核心价值观融入实践教育活动诸环节，以行践学、以行促知，做到知行统一。

---

① 《习近平在全国教育大会上强调　坚持中国特色社会主义教育发展道路　培养德智体美劳全面发展的社会主义建设者和接班人》，《人民日报》2018年9月11日第1版。
② 《习近平谈治国理政》第1卷，外文出版社2018年版，第163页。

习近平总书记指出："道不可坐论，德不能空谈。于实处用力，从知行合一上下功夫，核心价值观才能内化为人们的精神追求，外化为人们的自觉行动。"① 要积极开展校园实践活动、社区服务活动和社会实践活动，寓教于乐，让学生在各种有益活动中感知、体悟和领会，将核心价值观内化为坚定信念，外显为自觉行动。正如习近平所说："一种价值观要真正发挥作用，必须融入社会生活，让人们在实践中感知它、领悟它。"② 第三，坚持把培育和践行社会主义核心价值观融入校园传播媒介，推动宣介融合，构建移动优先的全媒体传播新格局。习近平总书记指出："信息化为我们带来了难得的机遇。我们要运用信息革命成果，加快构建融为一体、合而为一的全媒体传播格局。"③ 任何宣传教育都需要借助于一定的传播载体和媒介。开展社会主义核心价值观宣传教育，既要夯实传统媒介这个"老根据地"，又要建好用好互联网这个"新兴阵地"，精心"打造新型传播平台，建成新型主流媒体，扩大主流价值影响力版图，让党的声音传得更开、传得更广、传得更深入"。④ 要有效利用高校传统传播媒介优势，将核心价值观内容以文字、图形、图像、动画、声音等形式再现，给学生产生感官刺激，以便起到耳濡目染、潜移默化的功效。要加快高校媒体融合发展，坚持走移动优先的宣介发展路线，构建高校全媒体传播新格局。在我国8亿多网民中，手机网民占比超过98%，而高校师生手机网民占比近乎100%。人在哪儿，工作的重点就要在哪儿，宣传舆论阵地就应该在哪儿。因此，高校要建设好自己的移动传播平台，宣传社会主义核心价值观，切实提高宣传教育效果。习近平总书记指出："要坚持一体化发展方向，加快从相加阶段迈向相融阶段，通过流程优化、平台再造，实现各种媒介资源、生产要素有效整合，实现信息内容、技术应用、平台终端、管理手段共融互通，催化融合质变，放大一体效能，打造一批具有强大影响力、竞争力的新型主流媒体。"⑤

---

① 《习近平谈治国理政》第1卷，外文出版社2018年版，第173页。
② 《习近平谈治国理政》第1卷，外文出版社2018年版，第165页。
③ 《习近平谈治国理政》第3卷，外文出版社2020年版，第318页。
④ 《习近平谈治国理政》第3卷，外文出版社2020年版，第319页。
⑤ 《习近平谈治国理政》第3卷，外文出版社2020年版，第317页。

（四）优化马克思主义学院建设机制

习近平总书记强调指出："高校马克思主义学院就是要坚持'马院姓马，在马言马'的鲜明导向和办学原则，为巩固马克思主义在意识形态领域的指导地位，推动马克思主义进校园、进课堂、进学生头脑，发挥应有作用。"① 高校马克思主义学院是做好意识形态工作的直接责任单位，在马克思主义理论学习、研究和宣传上发挥着引领和标杆作用。因此，要强化高校马克思主义学院领导班子建设，优化班子成员结构，大力培养和选拔具有马克思主义理论专业背景、马克思主义学科素养扎实、具有博士硕士学历学位、年轻有为的教师进学院领导班子，大胆起用理想信念坚定、对党绝对忠诚、干事创业踏实、敢于担当履职的教师担任班子带头人，有效推动和实施马克思主义学院院长培养培训和提高工程，启动和选派高学历、高学位青年教师，到全国高校重点马克思主义学院跟班研学，培养和储备后备干部力量，为高校巩固意识形态工作提供人才保障。要强化马克思主义学院建设政策支撑机制，落实马克思主义学院办院经费支持政策，优化宣传和思想政治教育体制机制，做大做优马克思主义理论学科，围绕社会主义意识形态重大理论和现实问题开展团队集中攻关，强化课程体系和教材体系建设，把马克思主义中国化最新理论成果全面融入和贯穿各门课程，建立"手拉手"备课机制，编写一批"精彩教案"，制作一批"精彩课件"，打造一批"精彩课堂"，全面推动习近平新时代中国特色社会主义思想进教材、进课堂、进头脑，努力使立德树人和铸魂育人工作取得重要成效，奋力"在政治引导、学理阐释和价值塑造上下功夫，提高教学实效"②。

（五）有效发挥党对高校意识形态工作的定向把舵作用

党政军民学，东西南北中，党是领导一切的。"中国共产党领导是中

---

① 《习近平在北京大学考察时强调 抓住培养社会主义建设者和接班人根本任务 努力建设中国特色世界一流大学》，《光明日报》2018年5月3日第1版。

② 《中办印发〈意见〉加强新时代马克思主义学院建设》，《人民日报》2021年9月22日第1版。

国特色社会主义最本质的特征，是中国特色社会主义制度的最大优势"①。坚持党对高校意识形态工作的全面领导，是办好中国特色社会主义教育的本质要求，是加强和改进思想政治教育的"定海神针"，对于增强社会主义意识形态凝聚力、巩固马克思主义在高校意识形态领域的指导地位具有定向把舵作用。早在1952年9月的《关于在高等学校试行政治工作制度的报告》中，就明确强调要"在高等学校中建立政治工作制度，以加强政治领导"②。1958年8月，毛泽东在天津大学视察时指出："高等学校应抓住三个东西：一是党委领导；二是群众路线；三是把教育和生产劳动结合起来。"③ 其中，摆在第一位的就是"党委领导"。1980年7月，教育部印发的《改进和加强高等学校马列主义课的试行办法》中明确强调："搞好高等学校马列主义课教学的关键是加强党的领导，建立和健全领导体制。"④

习近平总书记指出："办好中国的事情，关键在党。"⑤ "办好我国高等教育，必须坚持党的领导，牢牢掌握党对高校工作的领导权，使高校成为坚持党的领导的坚强阵地。"⑥ "各级党委要把做好意识形态工作摆在重要位置，加强组织领导，及时掌握意识形态形势和动态，对各种政治性、原则性、导向性问题要敢抓敢管，对各种错误思想必须敢于亮剑，帮助人们明辨是非，牢牢掌握意识形态工作主动权。"⑦ 正是在这种新形势下，我国高校全面加强了党对意识形态工作的领导，马克思主义理论教育和思想政治教育得到了高校党政组织的高度重视，迎来了新的发展契机，展现出新的光明前景。明镜所以照形，知史可以启智。只有坚持在党的坚强领导下，有效发挥党组织的定向把舵作用，才能做好新时代

---

① 习近平：《在庆祝中国共产党成立100周年大会上的讲话》，《人民日报》2021年7月2日第2版。
② 中共中央文献研究室编：《建国以来重要文献选编》第3册，中央文献出版社1992年版，第321页。
③ 《毛泽东同志论教育工作》，人民教育出版社1958年版，第67页。
④ 《加强和改进大学生思想政治教育重要文献选编（1978—2008）》，中国人民大学出版社2008年版，第16页。
⑤ 习近平：《思政课是落实立德树人根本任务的关键课程》，《求是》2020年第17期。
⑥ 《习近平谈治国理政》第2卷，外文出版社2017年版，第379页。
⑦ 中共中央文献研究室编：《习近平关于社会主义文化建设论述摘编》，中央文献出版社2017年版，第53页。

高校意识形态工作，不断增强社会主义意识形态的凝聚力和向心力，守住和巩固马克思主义在高校意识形态领域的指导地位。

参考文献：

中共中央文献研究室编：《习近平关于社会主义文化建设论述摘编》，中央文献出版社 2017 年版。

《习近平谈治国理政》第 1 卷，外文出版社 2018 年版。

《习近平谈治国理政》第 2 卷，外文出版社 2017 年版。

《习近平谈治国理政》第 3 卷，外文出版社 2020 年版。

《习近平谈治国理政》第 4 卷，外文出版社 2022 年版。

《习近平在全国高校思想政治工作会议上强调　把思想政治工作贯穿教育教学全过程　开创我国高等教育事业发展新局面》，《光明日报》2016 年 12 月 9 日第 1 版。

《习近平在中国人民大学考察时强调　坚持党的领导传承红色基因扎根中国大地　走出一条建设中国特色世界一流大学新路》，《人民日报》2022 年 4 月 26 日第 1 版。

习近平：《高举中国特色社会主义伟大旗帜　为全面建设社会主义现代化国家而团结奋斗——在中国共产党第二十次全国代表大会上的报告》，人民出版社 2022 年版。

习近平：《思政课是落实立德树人根本任务的关键课程》，《求是》2020 年第 17 期。

社会主义核心价值观贯穿高校思政课实践教学的逻辑理路与实现路径*

常 沛**

【摘 要】党的二十大报告中强调要深入开展社会主义核心价值观宣传教育。高校思想政治理论课（以下简称"思政课"）在"理论教学"和"实践教学"两个环节中是宣传社会主义核心价值观的主要阵地，尤其是实践教学环节在提升社会主义核心价值观的理论信服力和实践转化力两个方面具有重要价值。社会主义核心价值观贯穿高校思政课实践教学，在目标层面，有利于立德树人教育目标的达成；在现实层面，是高校思政课实践教学的必然要求；在内容层面，是社会主义核心价值观培育和践行的内在要求。社会主义核心价值观贯穿高校思政课实践教学可以通过"知、情、行"三个维度全过程统筹两个育人目标；通过"突出、优化、更新"三个环节整合实践教学内容；通过"承载、传导、体验"三个标准选择实践教学载体；通过"交互、感化、沉浸"三个角度主体性创设实践教学情境等几个方面来开展。

【关键词】社会主义核心价值观；高校思政课实践教学；贯穿

党的二十大报告中强调要深入开展社会主义核心价值观宣传教育

---

* 基金项目：2021 年度教育部高校思想政治理论课教师研究专项一般项目（项目编号 21JDSZK143）；教育部中华优秀传统文化传承基地（汉绣）2022 年度开放课题（项目编号 HXJD 2022A05）；2022 年度湖北省教育厅哲学社会科学研究专项任务（思想政治理论课）（项目编号 22Z035）；武汉纺织大学校基金（项目编号 20230612）。

** 常沛，武汉纺织大学马克思主义学院教授、硕士生导师，研究方向为思想政治教育原理与方法。

习近平总书记曾多次强调"培育和践行社会主义核心价值观，贵在坚持知行合一、坚持行胜于言，在落细、落小、落实上下功夫"，"要引导广大师生做社会主义核心价值观的坚定信仰者、积极传播者、模范践行者"。[①] 高校思政课是宣传社会主义核心价值观的主要阵地。《关于深化新时代学校思想政治理论课改革创新的若干意见》（以下简称《意见》）的印发更加凸显了高校思政课在培育和践行社会主义核心价值观方面具有的重要意义。《意见》强调"把社会主义核心价值观贯穿国民教育全过程"。高校思政课在"理论教学"和"实践教学"两个环节中都承担着培育和践行社会主义核心价值观的重要任务，尤其是实践教学环节在提升社会主义核心价值观的理论信服力和实践转化力两个方面具有重要的价值。

一　社会主义核心价值观贯穿高校思政课实践教学的三重逻辑

（一）目标逻辑：立德树人任务的根本遵循

中共中央、国务院印发的《关于新时代加强和改进思想政治工作的意见》指出，要深入开展思想政治教育，培育和践行社会主义核心价值观，加强教育引导、实践养成、制度保障，推动社会主义核心价值观融入社会发展和百姓生活。社会主义核心价值观作为思政课实践教学的重要内容，承担着培养全面发展的时代新人的重要任务。恰逢当今世界百年未有之大变局、全球疫情危机、新媒体技术变革、互联网经济快速发展等叠加影响，国内社会思潮也呈现多样化、流动化等新特点。大学生受社会思潮的影响，在爱国主义、集体主义等思潮高涨的同时，也相继出现了政治虚无主义、个人主义等不良思潮，对主流意识形态造成严重冲击……这一系列现状迫切需要社会主义核心价值观发挥引领社会思潮、凝聚价值共识、维护意识形态安全等方面的作用。高校思政课承担着落

---

① 习近平：《把思想政治工作贯穿教育教学全过程　开创我国高等教育事业发展新局面》，《人民日报》2016年12月9日第1版。

实立德树人的根本任务，肩负着培养担当民族复兴大任的时代新人的重要使命。

学生的正确的价值观念、思想道德素质和实践能力，必须经过亲身的实践、感悟才有可能形成。这也是著名教育家陶行知所提出"要在做上教，在做上学"①的基本要求。高校思政课实践教学的意义之一就在于让学生通过正确认识客观现实与自我发展需求之间的矛盾关系，进而更好地发挥学生的主观能动性，促进他们以行求知、以知促行、知行统一的能力。实践是人认识的来源、检验认识是否为真理的手段，也是教育过程中主客体融通的重要保障。马克思在《关于费尔巴哈的提纲》中指出："全部社会生活在本质上是实践的。"② 在批判旧的唯物主义的时候，他认为旧唯物主义没有从实践的视角考察认识主体与客体关系的问题，僵化地认为客体只有被动地被主体所接受，没有认识到主体的能动作用。他认为，这将会导致人类不能全面具体地认识世界。马克思在此首次将实践的观点引入认识论中，形成了科学的实践观和认识论，提出了"人的思维是否具有客观的真理性，这不是一个理论问题，而是一个实践问题"③。所以，通过实践让学生形成科学、理性的认识的过程应该是主观认识与客观世界相统一的过程。学生只有通过实践获得科学的认识，才能正确地理解思想政治理论知识，更好地把握客观世界的规律，并更好地改造客观世界。随着"大思政课"格局的构建，"思政课程"与"课程思政"融合趋势不断增强，各高校开始探索如何运用不同专业的理论和实践为思想政治教育助力。所以，立足高校思政课实践教学环节，从社会主义核心价值观的内容出发，有利于在分层次把握主体的成长、成才需求基础上，从高校思政课程体系的不同学理角度，针对性地选择科学、有效、具体的培育和践行路径，帮助学生将社会主义核心价值观更好地内化于心、外化于行。

因此，在高校思政课的实践教学中，以社会主义核心价值观作为一条主线，通过丰富的实践教学内容和形式，有助于推动"价值观念"→"教学体系"→"学生价值取向"→"自觉行为"的有效转化，实现高

---

① 方明编：《陶行知名篇精选》，教育科学出版社2006年版，第133页。
② 《马克思恩格斯文集》第1卷，人民出版社2009年版，第501页。
③ 《马克思恩格斯文集》第1卷，人民出版社2009年版，第500页。

校思政课实践教学"价值塑造"和"知行合一"目标的达成。

(二) 实践逻辑：高校思政课实践教学建设的现实观照

新时代背景下，高校思政课不仅面临培养什么人、怎样培养人的重要任务，而且"理论教学"与"实践教学"如何有效衔接，也是摆在每一个高校思政课教师面前亟待解决的难题。出于各种原因，高校思政课教学中存在着重理论课堂、轻实践环节，重理论内容灌输、轻学生专业特点考量等方面问题。从教学模式上来看，国内高校思政课实践教学一般分为课程模式和非课程模式。课程模式（思政课实践教学环节单独成课）中实践教学虽作为一门独立课程，但一般很少有体系化的教材指导，也没有统一的主题统筹各门课程。在"非课程模式"（实践教学并未单独成课）中，由于各门思政课"各自为政"，难以进行有效的衔接与配合，导致实践教学中容易出现主题的交叉重复或相互割裂的现象，思想政治理论知识的深度性、整体性、逻辑性也未能充分体现出来。习近平总书记在学校思想政治理论课教师座谈会上，强调"培育和践行社会主义核心价值观要在落细落小落实上下功夫"，要"让社会主义核心价值观的种子在学生们心中生根发芽"，并通过"加强社会主义核心价值观教育，引导学生自尊自信自立自强"。[①] 可见，社会主义核心价值观应成为贯穿思政课教学始终的内容。在高校思政课课程体系中，不同的课程有不同的学理属性、知识特征以及教育功能，社会主义核心价值观的内容在各门课程中的体现和侧重点自然也不一样。另外，在实践教学形式上也较为单一，一般以思政小课堂作为实践平台进行"课内实践"；即使开辟"第二课堂"，也是开展一些传统的社会调查、志愿服务、公益活动等校外实践活动。可见，高校思政课实践教学还存在氛围不强、底气不足、内容不深、形式不活等问题。

无论在"课程模式"还是"非课程模式"下，以社会主义核心价值观为统领，既可以体现思政课课程体系的严谨性和知识的逻辑性，同时也可以锻炼学生运用马克思主义立场、观点和方法分析问题和解决问题

---

① 习近平：《思政课是落实立德树人根本任务的关键课程》，《求是》2020 年第 17 期。

的能力。所以，考察社会主义核心价值观贯穿高校思政课实践教学在广度、效度、个性化程度、学生驾驭度等方面存在的问题和典型经验，一方面，可以充分反映社会主义核心价值观贯穿思政课实践教学的现状；另一方面，也在坚持理论教育与实践养成相结合的原则的基础上，从整合实践教学资源、丰富内容、创新形式、拓展平台等方面来完善思政课实践教学，并在实践层面积累丰富经验，引导高校思政课实践教学逐步走向规范化及常态化。

（三）内容逻辑：社会主义核心价值观培育和践行的内在要求

以社会主义核心价值观为教学内容贯穿高校思政课实践教学，一是有利于开展实践教学内容梳理、分层次设计主题、制定教学大纲等；二是可以在此过程中充分体现核心价值观内在的层次性、思政课程体系的整体性和逻辑性；三是引导学生树立正确的世界观、人生观、价值观，在将个人价值的实现同党和国家前途命运紧紧联系在一起的过程中自觉培育和践行社会主义核心价值观。

首先，需要从大学生的发展规律和需求出发，结合社会主义核心价值观在个人、社会和国家三个层面的不同内涵，整合实践教学内容，实现社会主义核心价值观贯穿高校思政课实践教学的全过程。比如，在实践教学过程中，教师需要引导学生提高个人核心素养和综合素质，形成正确的思想立场，鼓励学生关注社会热点问题，培养高度的社会责任感，带领学生感悟优秀的传统文化，培育学生的爱国主义情怀和坚定的共产主义信仰。

其次，要立足社会主义核心价值不同层面的价值内涵，从不同维度将其作为实践教学的主题统筹主干思政课的内容体系。让学生在实践中感受马克思主义理论、习近平新时代中国特色社会主义思想的真理力量，增强"四个自信"，厚植爱国主义情怀，把对社会主义核心价值观的认知认同自觉融入坚持和发展中国特色社会主义、全面建设社会主义现代化国家、实现中华民族伟大复兴的践行之中。比如，"纲要"课可以从历史维度增强社会主义核心价值观的理性认知，"概论"课、"习近平新时代中国特色社会主义思想"课则可以侧重从现实维度加深学生对社会主义核心价值观的情感认同,"原理"课从方法维度夯实社会主义核心价值观的理论之基,"德法"课从行为维度巩固社会主义核心价值观的践行规范。

二 社会主义核心价值观贯穿高校思政课实践教学的实现路径

(一)知、情、行:全过程统筹两个育人目标

社会主义核心价值观贯穿高校思政课实践教学需要统筹设计思政课实践教学与社会主义核心价值观宣传教育两个育人目标,以实现社会主义核心价值观的入脑入心和思政课理论知识"内化于心,外化于行"的目标同时达成。高校思政课实践教学的目标是通过知行合一的实践活动,使大学生认同中国特色社会主义道路、理论、制度和文化,增强"四个自信"。而将社会主义核心价值观的育人目标贯穿其中,不仅使学生通过实践活动掌握理论观点的"所以然",还能促进学生理解蕴含其中的价值取向,作出正确的价值判断和行为选择。

所以,在统筹两个目标的基础上,应从知识、情感和能力三个维度促进大学生对社会主义核心价值观的理性认知、情感认同以及行为践行。知识培养维度侧重于通过实践教学,深化学生对社会主义核心价值观三个层面的基本内容、真理和道义双重特征的理解和认识,初步形成社会主义核心价值观的认知体系。在情感维度上,把不同层次学生的社会主义核心价值观作为共同的情感标识物和模范榜样挖掘出来,从而激发学生共同的、积极的情感体验,从而让学生在亲身实践中通过学习模仿产生情感认同,形成积极向上的人生态度,塑造学生正确的价值观念,形成坚强的意志力,实现对核心价值观的心理认同。在能力维度上,拓宽学生发现问题的广度、思考问题的角度和解决问题的效度,让学生在实践和创新中不断提升理论分析能力、问题思辨能力和实践创新能力,形成自觉践行社会主义核心价值观的习惯,并在社会生活中用科学的世界观、方法论指导实践。

（二）突出、优化、更新：分层次整合实践教学内容

高校思政课实践教学是思政课教学中的一个主要环节，是落实思政课坚持理论性和实践性相统一、将思政小课堂和生活大课堂结合起来的重要途径。通过实践教学，学生能够提升运用马克思主义立场、观点和方法分析问题、解决问题的能力，增强问题意识、服务群众、服务人民的意识。凡是实践都应以思想政治理论知识为依托，围绕一个主题，将各门思想政治理论知识中所蕴含的认识世界和改造世界的世界观、方法论的意义充分发挥出来。

首先，突出核心教学内容。由于社会主义核心价值观和思政课都是社会主义意识形态的本质体现，所以，将"社会主义核心价值观"作为核心教学内容突出，并贯穿实践教学全过程是十分必要的。"思想政治理论课不是'价值中立'的知识传授课或信息传播课，而是传播党和国家意识形态的课程，而意识形态的本质即是价值观的理论体系。"[①] 思政课的内容虽然丰富，但各门课程内容间的学理性、层次性以及体系性可以围绕"社会主义核心价值观"这一个核心主题，通过对教学内容进行合理、有效的整合，彰显出社会主义核心价值观贯穿实践教学的整体性和逻辑性。

其次，优化课程的内容结构。突出核心教学内容是为了体现社会主义核心价值观的根本价值和功能，而优化教学内容是为了提高社会主义核心价值观贯穿思政课实践教学的整体效应。对于四门思政课来说，体现社会主义核心价值观的维度不同，如果不对教学内容进行合理优化，往往会出现实践教学内容的交叉或割裂的现象。以社会主义核心价值观为核心来优化课程的内容结构，既便于分层次地设计选题、制定教学大纲，也能体现社会主义核心价值观本身的层次性。例如，"纲要"课应从历史维度设计实践主题来深化学生对核心价值观的理性认知，了解社会主义核心价值观产生的历史渊源，牢固树立中国特色社会主义共同理想。"概论"和"习近平新时代中国特色社会主义思想"课则应通过实

---

① 陈锡喜：《关于社会主义核心价值观教育贯穿高校思想政治理论课教学全过程的思考》，《思想理论教育》2015年第6期。

践引导学生认同国家和社会层面的价值追求，使其在中国特色社会主义现代化进程中、实现中华民族伟大复兴中国梦以及"四个全面"战略布局中感知社会主义核心价值观的生发过程和实践伟力。通过实践教学活动厚植富强民主的共同夙愿、构建文明和谐的建设理念、增强自由平等的美好追求、达成公正法治的社会共识。"原理"课应从世界观和方法论的角度坚定学生对核心价值观的信念，通过实践活动让学生在思想维度具备如何对待是非、善恶、正邪的鲜明立场和根本态度；在实践维度，培养学生在坚持建设性和批判性相统一的基础上具有价值认知、价值判断和价值选择的能力。"德法"课则侧重在实践中自觉运用社会主义核心价值观。通过实践教学，强化爱国主义的高尚情怀，培养爱岗敬业的优良作风，发扬诚实守信的美好品格，提升待人友善的优秀品质，促使大学生在社会生活实践中自觉运用社会主义核心价值观来规范自己的行为。

最后，更新实践教学内容。时代在发展，社会在进步，思政课的内容也随之不断发展和更新。在全国高校思想政治工作会议上，习近平总书记强调思政课要坚持在改进中加强、在创新中提高，及时更新教学内容、丰富教学手段。推动习近平新时代中国特色社会主义思想进教材、进课堂、进头脑，就要用中国特色社会主义最新理论成果武装大学生头脑，培养社会主义建设者和接班人。自"05方案"实施以来，教材修订、改版成为常态，内容的"新"和"变"成了高校思政课建设的重要特色。开展实践教学时，不仅要正确领悟教材修订的内容之"变"，也要深刻理解教材修订中的"不变"，处理好"变"与"不变"的关系。在实践教学中，无论教材怎么修订，思政课的本质属性、核心任务没有变。以社会主义核心价值观为主题对实践教学内容、形式、方法进行持续性更新，一是可以实现理论体系向教材体系的转化、教材体系向教学体系的转化、知识体系向价值体系的转化；二是可以充分利用"三个课堂"，实现全覆盖、全方位、全过程落实立德树人根本任务；三是锻炼学生熟练、灵活运用马克思主义立场、观点、方法，不断更新话语体系和价值体系。

（三）承载、传导、体验：多维度选择实践教学载体

社会主义核心价值观贯穿高校思政课实践教学载体是指在高校思政

课实践教学中，能够承载社会主义核心价值观的内容和信息，能为思政课实践教学运用的，促使高校思政课实践教学的主客体之间相互作用的一种活动形式和物质实体。合适的思政课实践教学载体应该具备以下三方面的功能：一是能够承载、传导社会主义核心价值观的内容和信息，使教育客体对社会主义核心价值观产生理性认知；二是能够有效催化高校思政课实践教学主客体之间的"信息反应"，让学生在思政课教师的组织、引导和共同参与的过程中接受教育信息，潜移默化地受到教育，从而形成对社会主义核心价值观的情感认同；三是能够为教育对象提供亲身体验、践行社会主义核心价值观的场域和平台，为其价值判断和价值选择的行为提供导向。

绘画、音乐、舞蹈、话剧、微电影、非物质文化遗产等这类文化载体中承载着丰富的价值观内容，且本身也具有渗透性强、影响持久以及形象、生动等特点。充分利用这类文化载体开展高校思政课实践教学活动，会使社会主义核心价值观的内容更具有吸引力，更容易地传导给受教育者。一般意义上，文化指的是人类不断创造和积累起来的物质财富和精神财富的总和。"文化主要是由符号和语言、价值观、规范和物质产品等因素构成，一定的价值观及具体化规范是任何文化的核心。"[1] 所以，文化作为一种载体，本身就蕴含着很多价值观的内容。它潜移默化地影响着人们思想和行为，引导人们形成正确的价值观，进而形成符合社会主流意识形态的社会主义核心价值观。正如习近平总书记在学校思想政治理论课教师座谈会上强调："思政课重在塑造学生的价值观"，"知识是载体，价值是目的，要寓价值观引导于知识传授之中。"[2]

发挥文化等载体的承载和传导功能，主要是要将实践教学看成一个动态的过程，把社会主义核心价值观的内容寓于引导学生开展实践活动中。一是探索多样态的实践形式，探索除传统的社会调研型、参观考察型、社会体验型以外的多样态实践活动形式，比如宣传展示型、历史探究型、发明创造型等实践形式。二是打造具有吸引力和渗透力的特色实

---

[1] 张耀灿等：《现代思想政治教育学》，人民出版社2006年版，第401页。
[2] 习近平：《思政课是落实立德树人根本任务的关键课程》，《求是》2020年第17期。

践活动品牌，尤其是打造结合青年特点，契合青年成长需求、满足青年群体精神文化需求、发挥青年主体意识和参与意识的实践活动品牌。三是持续推进思政实践、专业实践和社会实践相结合的实践活动，推动三者间的层次性发展和系统性整合，实现"思政课程"与"课程思政"的深度融合。

（四）"交互、感化、沉浸"：主体性创设实践教学情境

实践教学情境是在高校思政课实践教学中，教师予以规定和把握的，能让学生在高度仿真、身临其境的场景中将理论付诸实践的教学环境。首先，创设交互式的实践教学情境。教师利用各种情境，可以将实践教学内容有效地传递给学生，在教学情境中，师生间、生生间相互影响，实现实践教学内容的共同内化和外化。"情境认知的突出特点是把个人认知放在更大的物理和社会的情境脉络中，这一情境脉络是互动性的，包含了文化建构的工具和意义。"[①] 其次，创设感化式的实践教学情境。教师可以通过充分利用实践教学过程中、日常生活空间中和大众传媒中的各种情境拓宽社会主义核心价值观的认知、认同和践行渠道。例如可以借助艺术、文化等形式提升学生对核心价值观的认知；依托诸如全国抗击新冠疫情、北京冬奥会、脱贫攻坚、乡村振兴等各类社会生活场景产生的情感认同功能，增强学生对社会主义核心价值观的情感认同。最后，创设沉浸式的实践教学情境。教师利用体感交互AR、IR等虚拟现实技术，有选择地、有目的地创设一定的教学情境，帮助学生突破固化思维，激发情感体验，提升辨识能力。沉浸式情景教学进一步对社会及生活进行提炼和加工，寓教学内容于具体形象的情境之中，通过潜移默化的心理暗示作用，从而影响学生。例如通过建设虚拟仿真实验室或者通过个性化服务、多向化服务的融媒体平台（App、短视频、微电影、动画等），一方面提升学生面对复杂网络环境的辨别力、自我控制力，另一方面增强学生核心价值观践行的自觉意识。

总之，创设合理的实践教学情境不仅消除了时空上的障碍，实现教

---

① [美] 戴维·H. 乔纳森主编：《学习环境的理论基础》，郑太年等译，华东师范大学出版社2002年版，第63页。

学手段和未来虚拟现实、互联网、大数据等技术的深度融合，构建全新场景式的实践教学模式，也有利于形成一种主体性的、体验式的、精神的、内生的教学气氛和互动。

三 结语

一种价值观要真正发挥作用就要在落细、落小、落实上下功夫，教学过程必须融入学生的精神世界和实际生活中，让学生在实践中感知它、领悟它。高校思政课实践教学与社会主义核心价值观在传播主流意识形态、抵制各种错误观点和思潮上高度契合。在思想维度体现如何对待是非、善恶、正邪的鲜明立场和根本态度，代表价值认知、价值判断和价值选择的方向与程度；在实践维度则凝聚着坚持建设性和批判性相统一的求真、向善、尚美的磅礴伟力。以社会主义核心价值观贯穿高校思政课实践教学，既体现思政课课程体系的严谨性和知识的逻辑性，同时也锻炼学生运用马克思主义观点分析问题的能力，从而在根本上实现立德树人目标。

参考文献：

《马克思恩格斯选集》第1—4卷，人民出版社2012年版。

《习近平谈治国理政》第3卷，外文出版社2020年版。

习近平：《高举中国特色社会主义伟大旗帜　为全面建设社会主义现代化国家而团结奋斗——在中国共产党第二十次全国代表大会上的报告》，人民出版社2022年版。

习近平：《思政课是落实立德树人根本任务的关键课程》，《求是》2020年第17期。

习近平：《以史为鉴、开创未来，埋头苦干、勇毅前行》，《人民日报》2022年1月2日第1版。

吴涯：《"四种课堂"打造思政课实践教学有效路径》，《光明日报》2020年9月22日第15版。

杨长亮、姜超：《课程思政的三重建构和技术路径——基于课程与教学论的视角》，《思想理论教育》2021年第6期。

以"中国式现代化"指引新时代思想政治教育研究

骆江玲　胡云丽[**]

【摘　要】 中国式现代化是从我国基本国情出发，依靠自己的力量在"学着走、并着走再到领着走"的过程中成功形成的一种独具中国特色的现代化模式。思想政治教育作为党和国家一切工作的生命线，是我们党的优良传统和宝贵经验，在现代化建设中也有着重要功能和价值。在"人的现代化"这一现实语境中，中国式现代化与新时代思想政治教育之间具有了内在耦合的逻辑关联，一方面中国式现代化为新时代思想政治教育指明了发展方向，另一方面新时代思想政治教育也渗透在中国式现代化进程之中，二者共同为建设社会主义现代化强国和全面推进中华民族伟大复兴服务。中国式现代化作为具有中国主体性的、以伟大实践为导向的现代化新理论，以"中国式现代化"指引新时代思想政治教育既符合思想政治教育自身发展的内在要求，同样也符合现代化发展的必然要求，其基本特征和本质要求中也蕴含着对新时代思想政治教育变革的实践要求，是推动思想政治教育走向现代化的可行之路。

【关键词】 中国式现代化；思想政治教育；内在关系；价值意蕴；实践要求

---

[*] 基金项目：江西省社会科学"十四五"（2023年）基金项目"新时代文明实践推动基层思想政治工作研究"（项目编号23KS12）。

[**] 骆江玲，江西师范大学马克思主义学院教授，研究方向为马克思主义中国化、思想政治教育、基层治理；胡云丽，江西师范大学马克思主义学院硕士研究生，研究方向为思想政治教育。

党的二十大报告指出，"从现在起，中国共产党的中心任务就是团结带领全国各族人民全面建成社会主义现代化强国、实现第二个百年奋斗目标，以中国式现代化全面推进中华民族伟大复兴。"① 这一重要论断表明了中国式现代化是党和国家未来发展的重要议题。同时习近平总书记也指出："要高度重视做好思想政治工作，改革推进到哪一步，思想政治工作就要跟进到哪一步。"② 这意味着新时代思想政治教育必须因事而化、因时而进、因势而新。将思想政治教育置于中国式现代化视域下，通过准确把握中国式现代化与新时代思想政治教育之间的内在关系，并在积极回应和及时跟进这一重要议题中对新时代思想政治教育进行持续性的创新发展。

一 "中国式现代化"与新时代思想政治教育的关系审视

中国式现代化与新时代思想政治教育都以中国共产党的坚强领导为保障、以社会主义的正确方向为指引，最终在以人的自由全面发展为价值旨归中紧密联系在一起，二者之间具有高度的内在耦合性。全面理解、准确把握这种天然的内在关系可以使新时代思想政治教育在中国式现代化的指引下实现现代化转型。

（一）"中国式现代化"与新时代思想政治教育内在耦合

在当前语境下，现代化建设逐渐超越了传统的现代生产所催生的工业化、自由化和城市化等显性意义上的现代化的桎梏，而是更多聚焦于反思如何让人得以发展，以人自身的变革实现现代化的逻辑导向，进而更进一步将视野转向探寻如何以人的思想观念、道德素质、伦理规范等

---

① 习近平：《高举中国特色社会主义伟大旗帜　为全面建设社会主义现代化国家而团结奋斗——在中国共产党第二十次全国代表大会上的报告》，《人民日报》2022年10月26日第1版。
② 《习近平主持召开中央全面深化改革领导小组第十二次会议强调：把握改革大局自觉服从服务改革大局　共同把全面深化改革这篇大文章做好》，《人民日报》2015年5月6日第1版。

方面的转变作为实现现代化的可循路径。回顾我国现代化发展历程，中国式现代化就是对上述现代化变化趋势的有效回应，不仅将"人的现代化"作为出场背景①，更是将其作为结果指向，最终在维护人的利益、满足人的需要中促进每个人的自由全面发展。

在"人的现代化"的现实境遇中，中国式现代化与新时代思想政治教育具有了内在耦合性。思想政治教育作为一种对对象——也就是"人"进行教育和改造的社会实践活动，人也就毫无疑问成为思想政治教育的出发点和落脚点，使每个人在自由全面发展过程中实现"人的现代化"就成为思想政治教育的价值和目标所在。中国式现代化需要思想政治教育这一方式来帮助其实现"人的现代化"这一最终归宿，而思想政治教育则需要中国式现代化所蕴含的现代化理论来帮助其进行现代性反思，进而使新时代思想政治教育实现转型，以构建新的思想政治教育理论体系，确保"人的现代化"目标的达成。中国式现代化和新时代思想政治教育都将"人的现代化"作为关键核心，可见两者之间的内在关系是需要探讨的重要议题。

（二）"中国式现代化"赋予新时代思想政治教育新使命

中国式现代化是我们党、人民基于中国具体国情的基础之上，在长期探索中不断发展出来的一条现代化新道路，是切实服务于国家发展和民族振兴伟大事业的，同时也对新时代思想政治教育提出了一定的政治诉求。党的二十大报告将"以中国式现代化全面推进中华民族伟大复兴"作为中国共产党的中心任务，再加上当前思想交锋错综复杂以及社会矛盾、奋斗目标的新变化和新要求，时代所赋予的中国式现代化的历史使命也促使新时代思想政治教育必须契合这一宏大时代背景，积极回应并及时跟进时代发展变化对自身进行持续性的改进、完善和深化。如思想政治教育的育人目标从无产阶级革命者到又红又专的无产阶级革命事业接班人，再到有理想、有道德、有文化、有纪律的"四有新人"，最后到担当民族复兴大任的"时代新人"，就映射着新时代思想政治教

---

① 赵义良：《中国式现代化的本质意蕴与价值追求》，《中国特色社会主义研究》2022年第1期。

育顺应了社会发展和时代变迁的现实需要，最终落脚在为社会主义现代化培养德智体美劳全面发展的社会主义建设者和接班人，也是对中国式现代化服务于中华民族伟大复兴事业内在诉求的充分体现。由此，新时代思想政治教育必须密切结合中国式现代化的战略性需要，着力打造能够深度回应、有力契合中国式现代化发展要求的现代化体系。

（三）新时代思想政治教育贯穿"中国式现代化"全过程

中国式现代化和新时代思想政治教育都是一个涵盖广泛、复杂开放的巨系统。思想政治教育相比中国式现代化，后者无疑更加宏大、更加系统，思想政治教育是作为渗透性因素广泛存在于中国式现代化各个领域、各个方面的一条"生命线"。之所以说思想政治教育是各项工作、各项任务的"生命线"，是因为思想政治教育的普遍性和广泛性[①]，其除了依存并主动服务、作用于经济工作，还渗透于其他一切工作，以致经济工作和其他一切工作都离不开思想政治教育。中国式现代化是涉及经济、政治、社会、文化、生态"五位一体"总体布局的一项复杂的、艰巨的、长期的任务，它的实现就需要思想政治教育这条"生命线"的"出场"和"在场"。思想政治教育通过发挥其"生命线"作用，有目的、有计划、有组织地施加教育影响，通过发挥导向力、提升引领力、增强凝聚力等使中国式现代化在各阶段、各领域得以稳步推进。但思想政治教育的这种影响并不是作用于中国式现代化本身，而是作用于"人"，通过行之有效的思想政治教育挖掘出、激发出全体人民的潜力、动力，使人民群众在对中国式现代化的思想认识、具体行动的统一中成为中国式现代化的建设者和推动者。

中国式现代化作为新时代思想政治教育构建的时代语境，新时代思想政治教育作为中国式现代化课题的应有之义，加之二者都共同存在于中国特色社会主义伟大实践和共同服务于中华民族复兴伟大事业，意味着两者之间可以相互作用、相互促进。如何使新时代思想政治教育在中国式现代化的实现过程中发挥出应有的功能和优势，更好地服务于中华

---

① 赵继伟：《论思想政治教育与国家治理现代化的同一性关系》，《学校党建与思想教育》2020年第19期。

民族复兴伟大事业，是我们必须探索和回答的时代课题。

二　以"中国式现代化"指引新时代思想政治教育的价值意蕴

中国式现代化作为党同人民群众摸索出来的一条通往现代化的新道路，将新时代思想政治教育置于中国式现代化的社会情境下，并将新时代思想政治工作贯穿于中国式现代化建设中，对于新时代思想政治教育现代化和中国式现代化的全面推进都具有重要价值。

（一）有利于更好推动思想政治教育现代化

思想政治教育现代化这一课题自思想政治教育这一学科设立之时就已经存在，但却一直处于"不冷不热"的研究状态，总体上还尚未获得实质性进展。思想政治教育现代化作为一个依托现代化理论与思想政治教育适应客观发展需求及自身发展趋势而出现的时代课题，不应直接移用以西方资产阶级自由主义意识形态为理论基础的现代化理论，而应该是以生成主体性的、以实践问题为导向的现代化观。[①] 党的二十大报告深刻阐述了中国式现代化是基于我国具体国情、文化传统并聚焦于社会主义现代化建设伟大实践而形成的具有中国主体性的、以中国具体实践为导向的现代化新理论。其中，如何通过深刻把握中国式现代化的丰富内涵和本质要求以明确新时代思想政治教育工作的新使命就是当前一个重要任务，这不仅为新时代思想政治教育研究开辟了新视野、新角度、新领域，也对思想政治教育现代化提出了新目标、新任务、新要求。由此可见，在中国式现代化的社会背景下重新审视并重构新时代思想政治教育，是促进思想政治教育现代化的必然选择。

（二）有利于全面推进中国式现代化

思想政治教育作为治国理政的重要方式，贯穿于党的建设和国家治理

---

① 金林南：《面向新征程的思想政治教育现代化研究论要》，《思想理论教育》2021年第2期。

各领域各方面各环节。在"中国式现代化"指引新时代思想政治教育的过程中，思想政治教育同样渗透于中国式现代化的伟大进程中。习近平总书记指出："经济建设是党的中心工作，意识形态工作是党的一项极端重要的工作。"[1] 而思想政治教育作为意识形态工作的"主战线"，历来承担着宣传主流思想和全方位培育人才的历史重任。一是可以将中国式现代化理论传播好。新时代思想政治教育工作可以将研究阐释宣传中国式现代化理论上升到意识形态工作的高度，[2] 思想政治工作者通过思想政治教育理论课将中国式现代化理论讲深讲透，使中国式现代化理论得到正确认识和广泛宣传。同时新时代思想政治教育也可以通过宣介中国式现代化建设的智慧、经验推动中国式现代化新道路走向世界。二是可以为中国式现代化提供高素质人才。贯彻落实好立德树人根本任务是思想政治教育工作的关键，新时代思想政治教育始终围绕着"育人"这个目标培养了一批堪当民族复兴重任的时代新人、高素质干部队伍和高水平人才队伍，为中国式现代化提供了源源不断的后备人才力量。

三 以"中国式现代化"指引新时代思想政治教育的实践要求

新时代我国社会主要矛盾、历史阶段的新变化对思想政治教育也提出了新要求、新任务，需要思想政治教育在不断推进现代化的过程中适应时代变化发展。中国式现代化作为党长期探索取得的实践和理论新成果，其丰富内涵和本质要求中就蕴含对新时代思想政治教育的变革要求，也是对中国式现代化如何指引新时代思想政治教育的有力回答。

（一）以"中国式现代化"指引新时代思想政治教育就是要坚持党的领导、坚持社会主义方向

党的二十大报告指出："中国式现代化是中国共产党领导的社会主义

---

[1]《习近平谈治国理政》第1卷，外文出版社2018年版，第153页。
[2] 刘宏达：《中国式现代化与思想政治工作的使命》，《学校党建与思想教育》2022年第21期。

现代化","坚持中国共产党领导、坚持中国特色社会主义"是其本质要求。这就意味着我们的现代化不是其他什么现代化,而是始终坚持中国共产党的坚强领导,既不会走老路,也不会走歪路,更不会走邪路的社会主义现代化。思想政治教育就是在"人的头脑、心灵里搞建设",也必须始终坚持正确的方向和道路。当前,意识形态领域的不确定性、不稳定性因素增多,特别是各种错综复杂的西方社会思潮的渗透,致使人们尤其是青年群体的价值观念、科学信仰歪曲、动摇。解决这些问题就需要我们将坚持党的领导、坚持社会主义方向作为搞好新时代思想政治教育工作的根本要求,使人们在各种思想文化的激烈碰撞中也能保持正确方向、正确道路。习近平总书记一再强调:"加强党对宣传思想工作的全面领导,旗帜鲜明坚持党管宣传、党管意识形态。"[①] 只有坚持中国共产党的坚强领导,新时代思想政治教育才能坚定正确政治方向,才能更好地为建设社会主义现代化强国服务。

(二) 以"中国式现代化"指引新时代思想政治教育就是要保障好党的中心工作

党的二十大报告指出:"中国式现代化是人口规模巨大的现代化。"这是我国现代化区别于其他各国现代化的独特国情特征。"人口规模巨大"不仅意味着我国现代化建设发展任务难度系数大,还意味着将面临收入不平等、发展不平衡等现实问题。十年来,我国经济实力实现了历史性跃升,人均国内生产总值从三万九千八万元增加到八万一千元,经济总量稳居世界第二位。但由于"人口规模巨大"这个现实国情的存在,使得虽然目前人均国民收入已破1万美元的大关,但人均发展水平仍然与世界经济发达国家有明显差距,我国现代化仍然面临差异化、不平衡的问题,也就意味着我们还是要牢牢把握住经济建设这个中心工作。但越是要抓经济建设工作,就越是要做好思想政治教育工作。正如习近平总书记所说的:"既要切实做好中心工作、为意识形态工作提供坚实物质基础,又要切实

---

① 《习近平谈治国理政》第 3 卷,外文出版社 2020 年版,第 314 页。

做好意识形态工作、为中心工作提供有力保障。"① 新时代思想政治教育必须让人们深刻认识到我国仍处于并将长期处于社会主义初级阶段，充分认识到推动经济高质量发展的必要性和艰巨性，引导他们主动摆脱浪费、奢靡、拜金、享乐等不良思想观念的影响，构建起与经济高质量发展要求相适应的思想观念体系，做到习近平总书记所要求的"宣传思想工作一定要把围绕中心、服务大局作为基本职责"②。新时代思想政治教育只有自觉地转到社会主义市场经济轨道上来，才能继续为改革开放和发展社会主义市场经济提供良好思想环境和正确方向。

（三）以"中国式现代化"指引新时代思想政治教育就要实现好人的自由全面发展

党的二十大报告指出："中国式现代化是全体人民共同富裕的现代化。"其本质要求是"发展全过程人民民主、实现全体人民共同富裕"。中国式现代化将"人"作为现代化建设的核心要义，在依靠人民、服务人民中让人民生活更加富裕、更加美好，让全体人民都能实现自由而全面发展的权利和机会。人的自由全面发展是马克思一直追求并为之不懈奋斗的目标，他曾指出："每个人的自由发展是一切人的自由发展的条件。"③ 但只有使人经历现代化阶段，完成从"传统人"向"现代人"的转变，才能使人最终实现自由全面发展。思想政治教育本质上也是围绕"人"的成长和进步来开展的一种活动，是始终按照"人的发展""人的提升"这一实践逻辑来展开的。习近平总书记关于思想政治教育"三个根本"问题的回答深刻揭示了新时代思想政治教育要始终聚焦于"人"，致力于实现"人的现代化"。这要求新时代思想政治教育在做育人工作时必须始终贯彻落实好"立德树人"这一教育的根本任务，着力回答好"培养什么样的人、如何培养人、为谁培养人"这个教育的根本问题，在提升人们思想道德素质和科学文化素质的过程中培养出德智体美劳全面发展的社会主义建设者和

---

① 中共中央文献研究室编：《习近平关于社会主义文化建设论述摘编》，中共中央文献出版社 2017 年版，第 21 页。
② 习近平：《论党的宣传思想工作》，中央文献出版社 2020 年版，第 14 页。
③ 《马克思恩格斯选集》第 1 卷，人民出版社 2012 年版，第 422 页。

接班人。使"人"在自我生成、自我实践中完成向"现代人"的转换，最终得以实现自由而全面的发展①，也使党和人民事业发展这个根本大计后继有人。

（四）以"中国式现代化"指引新时代思想政治教育就是高度重视好社会主义精神文明建设

党的二十大报告指出："中国式现代化是物质文明和精神文明相协调的现代化"，本质要求之一是"丰富人民精神世界"。习近平总书记指出："只有物质文明建设和精神文明建设都搞好，国家物质力量和精神力量都增强，全国各族人民物质生活和精神生活都改善，中国特色社会主义事业才能顺利向前推进。"② 中国式现代化不仅有物质文明的伟大创造，还尤其注重建设高度精神文明为现代化提供支撑作用，在二者相互协调中让人们既有物质生活的富裕，也有精神生活的富足。思想政治教育作为社会主义精神文明建设的一个重要组成部分，与精神文明建设具有内在契合点。当前一个不争的事实就是随着物质生活水平的提升，在精神文明建设领域，尤其是在思想道德建设领域出现了思想滑坡、意识淡薄等问题。这就要求新时代思想政治教育要充分发挥好思想政治理论课这个主阵地的作用，以继承和弘扬好中华优秀传统文化、培育和践行好社会主义核心价值观，使人们重新树立起崇高的理想信念，建立起积极向上的人生观、价值观。以思想道德素质的提高促进人们精神境界的提升，最终转化为服务民族复兴伟大事业的现实力量。正如马克思所说："理论一经掌握群众，也会变成物质力量。"③

（五）以"中国式现代化"指引新时代思想政治教育就是要树立好科学正确的生态文明观

党的二十大报告指出"中国式现代化是人与自然和谐共生的现代化"，促进"人与自然和谐共生"也是其本质要求。中国式现代化就是在辩证处

---

① 鲁明川、曹克亮：《人的全面发展视域下思想政治教育现代化论析》，《思想理论教育》2022年第1期。

② 习近平：《论党的宣传思想工作》，中央文献出版社2020年版，第14页。

③ 《马克思恩格斯选集》第1卷，人民出版社2012年版，第9页。

理好人与自然、人与环境的关系中走出的一条生产发展、生活富裕、生态良好的绿色发展道路，是对不计后果的破坏自然环境、掠夺自然资源的西方发达资本主义国家现代化之路的抛弃和超越。正如习近平总书记所说："我国建设社会主义现代化具有许多重要特征，其中之一就是我国现代化是人与自然和谐共生的现代化，注重同步推进物质文明建设和生态文明建设"。[①] 在生态文明建设的时代要求下，将生态文明理念嵌入思想政治教育工作中既有必要性又有可能性，新时代思想政治教育工作也理应承担起时代赋予的生态文明建设新使命。传统思想政治教育的工作重心更多着眼于引导人们如何正确处理好"人与人"之间的关系，而忽视了教育人们如何应对"人与自然"以及"自然环境保护和经济社会发展"之间的问题。新时代必须将生态文明新理念融合渗透到思想政治教育工作中，引导人们始终践行"两山理论"，牢固树立绿色低碳可持续发展理念。这既开拓了新时代思想政治教育研究的新视野，又为新时代思想政治教育增添了新内容，还能够为推进美丽中国建设提供动力支撑。

（六）以"中国式现代化"指引新时代思想政治教育就是要构建好国际话语体系

党的二十大报告指出："中国式现代化是走和平发展道路的现代化。"其本质要求是"推动构建人类命运共同体、创造人类文明新形态"。中国式现代化在融合传统、本土文明的基础上通过吸纳现代、世界文明走出的一条中国特色现代化之路，这条道路在高举和平发展、合作共赢的旗帜下越走越宽广，也在追寻实现中国式现代化巨大跃升中致力于探寻如何为广大发展中国家走向现代化提供经验、创造机遇、带来福祉。随着世界各国意识形态、价值观念的竞争与对抗、交流与渗透的日益激烈复杂，我们必须用国际视野来把握和发展新时代思想政治教育。正如习近平总书记所说："我国综合国力和国际地位不断提升，国际社会对我国的关注前所未有，但中国在世界上的形象很大程度上仍是'他塑'而非'自塑'，我们在国际上有时还处于有理说不出、说了传不开的境地，存在着信息流进流出的'逆差'、中国真实形象和西方主观印

---

① 习近平：《努力建设人与自然和谐共生的现代化》，《求是》2022年第11期。

象的'反差'、软实力和硬实力的'落差'。"① 因此，新时代思想政治教育必须"放得开"，要始终致力于在思想交融、交锋中"讲好中国故事，传播好中国声音"，使诸多质疑甚至责难在真实、立体、全面的展现后自然消解，从而有力传播好中国声音、塑造好中国形象、提升好中国地位。同时也要以"清醒的头脑"守住思想政治教育的"国家特色""民族特色"和"学科特色"。在统筹好"意欲向内"和"意欲向外"两个维度中，使新时代思想政治教育借国际化发展之机得以深化发展、创新发展。

结　　语

经过一百多年的持续探索和不懈奋斗，中国共产党团结带领全国各族人民依靠自己的力量，成功走出了一条既符合自身发展又能造福世界的中国式现代化道路。但这条道路在推进的过程中不可避免会出现许多新情况、新问题，新时代思想政治教育工作必然也面临许多严峻挑战。但中国式现代化理论所蕴含的丰富内涵、本质要求、基本原则对新时代思想政治教育工作如何加快构建现代化工作体系具有极大的指引作用。因此，新时代思想政治教育作为中国式现代化的重要发展向度，必须紧紧围绕"中国式现代化需要什么样的思想政治教育"这一本质问题，将研究好、阐释好、宣传好中国式现代化作为当前重要任务之一，并在这一过程中明确自身的新定位和新使命，以加快推进新时代思想政治教育工作现代化。

参考文献：

《马克思恩格斯选集》第 1 卷，人民出版社 2012 年版。

刘宏达：《中国式现代化与思想政治工作的使命》，《学校党建与思想教育》2022 年第 1 期。

---

① 中共中央文献研究室编：《习近平关于社会主义文化建设论述摘编》，中央文献出版社 2017 年版，第 212 页。

《习近平谈治国理政》第 3 卷，外文出版社 2020 年版。

《习近平主持召开中央全面深化改革领导小组第二十次会议强调：把握改革大局自觉服从改革大局共同把全面深化改革这篇大文章做好》，《人民日报》2015 年 5 月 6 日第 1 版。

金林南：《面向新征程的思想政治教育现代化研究论要》，《思想理论教育》2021 年第 2 期。

鲁明川、曹克亮：《人的全面发展视域下思想政治教育现代化论析》，《思想理论教育》2022 年第 1 期。

习近平：《努力建设人与自然和谐共生的现代化》，《求是》2022 年第 11 期。

习近平：《高举中国特色社会主义伟大旗帜　为全面建设社会主义现代化国家而团结奋斗——在中国共产党第二十次全国代表大会上的报告》，《人民日报》2022 年 10 月 26 日。

习近平：《论党的宣传思想工作》，中央文献出版社 2020 年版。

《习近平谈治国理政》第 1 卷，外文出版社 2018 年版。

赵继伟：《论思想政治教育与国家治理现代化的同一性关系》，《学校党建与思想教育》2020 年第 19 期。

赵义良：《中国式现代化的本质意蕴与价值追求》，《中国特色社会主义研究》2022 年第 1 期。

中共中央文献研究室编：《习近平关于社会主义文化建设论述摘编》，中央文献出版社 2017 年版。

人工智能助益高校思想政治教育变革的三重视域[*]

胡 华[**]

【摘 要】 作为新一轮科技革命的典型代表，人工智能为高校思想政治教育变革提供了新契机。从技术逻辑角度看，人工智能助推高校思想政治教育变革遵循数据驱动、算法引领、智能融合三重逻辑。随着人工智能在高校思想政治教育领域的广泛应用，人工智能技术逻辑蕴含的科技伦理也内嵌于高校思想政治教育全过程。为此，高校思想政治教育不仅应具备知识传授、思想引领、观念塑造的育人目标，还应对人工智能嵌入可能引发的安全、隐私、透明与开放等问题作出积极回应。人工智能助推高校思想政治教育，有利于建立开放式、集约化、智能型的高校思想政治教育，更好实现智能时代高校思想政治教育立德树人的发展目标。

【关键词】 人工智能；高校思想政治教育；立德树人；价值引领；智能算法

随着算法推荐、深度学习和大数据技术的日臻完善与广泛使用，高校思想政治教育逐渐呈现出精准化、智能化、个性化的发展趋势，精准思政、虚拟思政、智慧思政等实践样态的相继出现，彰显了人工智能助

---

[*] 基金项目：2021 年度国家社科基金高校思政课研究专项项目"总体国家安全观融入高校思想政治理论课教学研究"（项目编号 21VSZ068）。
[**] 胡华，广东石油化工学院马克思主义学院副教授、广东省冼夫人文化研究基地研究员，研究方向为思想政治教育和马克思主义中国化研究。

推高校思想政治教育变革的新形态。思想政治教育创新发展的智能驱动是对数字驱动的点位状态、网络驱动的面位状态的升级和革新。[1] 其中，数据思政是基于海量数据的梳理、整合以及算法规制而形成的"数据—知识—评价—决策—引导"的思想政治教育人工智能闭环链生态[2]；虚拟思政是通过 VR 技术将思想政治教育的主体、客体、内容和方法等云端化、仿真化、虚拟化呈现的教育范式。[3] 总体来看，已有研究成果关注到了人工智能对高校思想政治教育理念革新、载体优化、方式迭代、效果增强等层面的诸多影响，而更进一步地深入研究应聚焦智能化高校思想政治教育的运行规律以及人工智能与高校思想政治教育者的关系层面，以清晰框定人工智能之于高校思想政治教育变革的赋能机制和助推价值。本研究从人工智能的数据、算法、算力三大技术要素及其引发的人与技术关系变化角度出发，揭示出人工智能助推高校思想政治教育的技术逻辑，开展对人工智能助推高校思想政治教育变革的价值遵循、目标旨归的学理探讨，构成了智能时代高校思想政治教育守正创新的根本要义。

一　人工智能助推高校思想政治教育变革的技术逻辑

技术逻辑生成于技术创设和运用过程。在此过程中，技术逻辑包含两方面的基本内容：其一，体现为技术本身的特有属性及其内在运行逻辑；其二，体现为技术的外在发展逻辑。前者是后者的基础和支撑，后者是前者的动力和条件。在探讨人工智能助推高校思想政治教育变革的技术逻辑时，应统筹兼顾好二者之间的关系。从内在运行逻辑看，数据、算法、算力构成了人工智能的三大要素，可将三大要素简化为数据与算

---

[1] 吴满意、王丽鸽：《从精准到智慧：思想政治教育创新发展的根本态势分析》，《马克思主义与现实》2019 年第 4 期。
[2] 李怀杰：《人工智能赋能思想政治教育论析》，《思想理论教育》2020 年第 4 期。
[3] 崔建西、白显良：《智能思政：思想政治教育创新发展的新形态》，《思想理论教育》2021 年第 10 期。

法两种嵌入逻辑;从外部发展逻辑看,人工智能引发的结构性变革不同于以往互联网意义上的信息联通问题,而是在整合互联网、数据运算与深度学习等诸多技能优势的基础上,构建全新的人机协同的智能化生态系统,并有效解决社会网络中不同主体对数据、信息、资源的认知、处理和运用问题。

(一) 从经验到数据的数据驱动逻辑

从人工智能的数据要素看,人工智能嵌入高校思想政治教育遵循数据驱动的发展逻辑,通过师生在思想政治教育过程中产生的海量数据,以及对这些海量数据的记录、整理、建模和画像等方式来推动高校思想政治教育的可量化、可视化与系统化。

第一,由经验依循到数据驱动。智能时代,高校思想政治教育的组织方式与运作载体以及学生的学习场域、习得方式都发生了深刻变化,并呈现出数据驱动的变革趋向。数据驱动下的人工智能使记录事实的数据呈现爆发式增长[1],并逐渐成为高校思想政治教育重要的育人方式。在大数据分析等智能技术的持续助推下,高校思想政治教育面对的将是全新育人环境,这种全新环境促使高校思想政治教育者更全面地看待学生学习动态、思维观念与价值选择的深刻变化,科学设计思想政治教育方案、配置思想政治教育资源和落实思想政治教育措施,推动教育目标的再优化和教育资源的再组织,实现教育决策由传统意义上主要依靠宽泛性的经验依循和较低层次的多媒体技术转向"经验+数据"的精细化决策机制。兼顾了统一教学标准实施与学生个性学习需求,提升了学生对高校思想政治教育内容、活动的学习兴趣和参与动力,弥合了师生之间相对隔离的教育教学状态,不仅使打破时空界限的全时段学习成为一种新常态[2],也使高校思想政治教育的内容和形式更具吸引力与代入感,以助推高校思想政治教育更好实现由"硬灌"向"软浸"的育人方式转变。

第二,由模糊传递到清晰展现。高校思想政治教育者应有这样一种

---

[1] 段伟文:《数据智能的算法权力及其边界校勘》,《探索与争鸣》2018年第10期。
[2] 胡华:《人工智能嵌入大学生思想政治教育的SWOT分析及应对策略》,《思想政治教育研究》2021年第4期。

共识：技术应该是以补充完善自然内在"善"为目的。[①] 高校思想政治教育变革体现了育人目标的清晰展现程度。高校思想政治教育变革的内容和形式越全面，育人目标的清晰展现程度越高，育人效果也就越强。在传统高校思想政治教育实践中，师生之间的交流互动以有限的知识传播和理论传授为主要方式，呈现为一种相对低效与边界模糊的思想政治教育信息传递状态，学生个性化的学习需要和差异化的学习过程难以全方位清晰展现，高校思想政治教育呈现出基于教育者权威和教育教学主导地位的"压迫式"状态。随着智能校园、智慧课堂的广泛普及，VR、AR、XR等智能技术得到深化应用，高校思想政治教育者的知识传授、理论灌输、价值引领等育人内容和育人形式发生重大变化，变革了传统思想政治教育过程中师生之间"你讲我听"的被动式状态，使基于教育者权威和教育教学主导地位的育人状态得到不断优化，师生同构教学情境、师生共商教学方式等得以开掘与拓展，平等交流、有序包容、开放公正的智能化育人场景得以创建与展开。在此背景下，高校思想政治教育以一种高度信息化、可视化、平等化的方式循序实施，不仅强化了师生在智能化育人场景中的身份认同与价值认同，也使高校思想政治教育的内容精准度与过程清晰性得以持续显现。

（二）从专属到共建的算法主导逻辑

智能算法作为人工智能的三大要素之一，依托深度学习的强大功能在高校思想政治教育实践中逐渐形成了一种新型教育形态——算法教育，并对高校思想政治教育者传统意义上的"专属权利"——教学教育主导权带来了新挑战，对高校思想政治教育变革产生了新影响。

第一，丰富人之主导的自主逻辑。长期以来，高校思想政治教育主导权掌握在思想政治教育者手上，思想政治教育者在此过程中居于核心地位。人工智能凭借强大的算法优化、数据分析和算力决策机制，在助推高校思想政治教育变革的过程中展现出"自主性"的发展潜能与趋向。由此而论，高校有可能出现一种同教育者并行的教育主体——强人

[①] 于海波：《人工智能教育的价值困境与突破路径》，《湖南师范大学教育科学学报》2020年第4期。

工智能。作此判断的依据在于：基于智能算法的人工智能已逐渐超越人类对传统技术的工具理性的认知范畴，而拥有了对海量数据与学习环境的自主决策机制，使之可在已有数据支撑下分析甚至重建学习过程、学习环境并自主作出方案优化，呈现出一种超越人之主导而开展自主优化升级并拥有强大决策能力的算法教育形态。从高校思想政治教育角度看，拥有强大算法功能的人工智能，通过收集思想政治教育过程中的各类数据，分析数据之间的逻辑关系，研判学生的学习需求、学习兴趣和学习过程，评价学生的学习效果，反馈学生的学习状态，并以此为依据，动态调整思想政治教育方案，精准优化思想政治教育内容，为高校思想政治教育者的价值情感引导与思维能力培养提供决策依据，合力培育"躯体、心智、情感、精神、心灵力量融会一体的完整的人"[1]。这表明，高校思想政治教育者只有把握好主导角色和技术嵌入之间的关系，才能更好地运用智能技术开展育人活动，以构建高校思想政治教育"有所指""有所为"、作为需求主体的学生"有所得""有所悟"双赢互动的育人格局。

第二，展现人之助手的解放逻辑。人工智能对高校思想政治教育者的角色定位带来了全方位变革。不论是教学角色还是管理角色，不论是信息角色还是服务角色都将发生深刻变化。这种变革将促使高校思想政治教育者向更高水平的智能化思想政治教育者转变，并展现出高校思想政治教育者"助手"的技术解放逻辑。这一逻辑为高校思想政治教育者在育人过程中的主导性角色优化带来了新机遇，算法教育在高校思想政治教育领域引发的智能化思想政治教育趋向，为高校思想政治教育者在局部领域的"离场"提供了契机，这种"离场"并不意味着育人责任的"旁落"，而是指向日常事务的"解放"。随着智能算法教育的持续展开，机器开始成为新的认知主体，将教师从传统的重复性工作中解放出来。[2]人工智能助推高校思想政治教育，使高校思想政治教育者从高强度、重复性的教育教学活动中解放出来，诸如大规模评卷阅卷、大班辅助教学、

---

[1] 吴式颖、任钟印：《外国教育思想通史》第10卷，湖南教育出版社2002年版，第142页。

[2] 杨阳、陈丽：《元宇宙的社会热议与"互联网+教育"的理性思考》，《中国电化教育》2022年第8期。

大学生资助信息筛查、综合测评成绩数据分析等事务性工作都可以交由智能机器人一体化处理。高校思想政治教育者转变为学生情感交流、价值引领、生命成长的倾听者、推动者、引导者。如此一来，传统意义上思想政治教育者与学生之间的教育与被教育关系逐渐向人机协同或机机交互的关系转变，这种转变为高校思想政治教育者聚焦情感交流与人文关怀、避免技术依赖僭越育人目标提供了实践空间与价值参照。

（三）从链接到互嵌的深度融合逻辑

人工智能以其强大数据分析和智能算法等技术优势，推动着高校思想政治教育样态的深度变革，并日益呈现出由低阶信息技术驱动的链接样态向智能技术赋权的互嵌样态转变的特征，这一特征可从关系维度和价值视域两个层面加以考察。

第一，关系维度的人机协同成为可能。人工智能在为高校思想政治教育变革带来强大技术支撑的同时，也为高校思想政治教育者深刻把握人与智能技术的关系问题提供了崭新视角。高校思想政治教育者得以跳出传统意义上人与技术关系的"工具性"视域，深刻认识到人与技术的关系不再是"我与它"的单向运用与被运用的线性关系，而是"我与你"的深度融合关系。现实地看，智能机器人在不少高校逐渐成为同教师角色并存的育人服务提供者，并衍生出一种人机协同式的"双主体"育人服务的发展样态。在这个意义上，高校思想政治教育的育人服务提供者有了新的"助手"，这就是一种超越工具理性的智能技术人工物。但从目前的发展阶段看，人工智能仍处在弱人工智能阶段，还不具备心灵沟通、情感交流的功能，这些功能的实现还有赖于高校思想政治教育者主观能动性的发挥。为此，高校应尽快完善智能机器人应用规范，厘清智能技术运用的"责任清单"与"准入机制"，明确人工智能的适用边界和功能范围，推动智能技术在高校思想政治教育领域的落地应用，实现知识传授、智能素养、价值引领的同向同行。

第二，价值导向的"人机共生"获得认可。人工智能助推高校思想政治教育变革的根本价值在于落实好立德树人的根本任务。有鉴于此，实现"人机共生"就成为高校思想政治教育变革的重要现实问题。由于欠缺育人平台一体化的技术设计，传统高校思想政治教育领域在不同程度上还存在着信息孤岛、数据混同、采集重复等问题,导致学生教育教学和日常管理数据的跨部门、跨层级共享难以实现,数据红利和信息价值无法得到充分释放和利用。智能技术在大数据整合、分析、共享层面优势明显,可通过对不同部门、不同层级的海量学生信息的高效整理与深度分析,打破部门信息流动壁垒,实现跨部门信息共享和跨业务数据整合,构建一体化、闭环式的高校思想政治教育数据库。存储于高校思想政治教育数据库中的数据与信息具有安全透明、异构多样、智能运算、自动执行等特点,基于这些特点而生成的海量化、多样化、快捷化、价值化优势,有利于发挥信息畅通与数据共享的交互功能,奠定坚实的师生信任基础,创设灵活的部门协同机制。譬如,运用区块链技术构建高校思想政治教育区块链,在课程、科研、实践、文化、网络、心理、管理、服务、资助、组织等育人体系中构建共建、共享、互信的高校思想政治教育系统,引导高校思想政治教育者以全面理性的科学态度看待人机共生的价值意蕴,有利于满足高校思想政治教育协同变革的发展需求,使"人机共生"的高校思想政治教育价值导向获得认可。

二 人工智能助推高校思想政治教育变革的价值遵循

随着人工智能在高校思想政治教育的普及应用,技术逻辑与价值要素愈加呈现出交织互融的发展趋向,人工智能技术逻辑蕴含的技术伦理也可能在高校思想政治教育过程中有所呈现。人工智能助推的高校思想政治教育不仅要落实好立德树人根本任务,还要处理好人工智能应用可能引发的公平与公正、安全与隐私、开放与责任等问题,实现育人目标、育人方式与育人价值的有机统一。

(一)公平与公正:确保平等对待所有学生

不论是从根本目标还是从具体实践看,对公平公正的价值追求都应置于高校思想政治教育的突出地位。确保平等对待所有学生构成了人工智能助推高校思想政治教育变革的价值前提。把握好这一价值前提,有利于提升高校思想政治教育的科学化、精准化、信息化水平，助力智能时代的高校思想政治教育因事而化、因时而进、因势而新。[①]

第一，立足根本目标。高校思想政治教育着眼于培养什么样的人、如何培养人、为谁培养人的根本问题，以培养社会主义现代化强国建设所要求的"有理想、有本领、有担当"的德智体美劳全面发展的社会主义建设者和接班人为根本目标。这一根本目标体现了我国高校的社会主义性质与立德树人的本质规定性。在人工智能勃兴并深度融入高校人才培养领域的背景下，高校思想政治教育借助大数据分析、智能算法等技术，日益呈现出高效化、个性化、智能化的发展趋势。譬如，在智能算法的技术逻辑中，思想政治教育相关理论知识被转化为底层代码、数学符号、客观数据，三者共同构成数字模型，获取数字模型的最优解将成为理论知识的最终目标，理论知识蕴含的育人目标及其价值意义就可能被智能技术解构。智能算法虽然可以搜集数据、整合信息，却难触及知识意涵，更无法完成思想生产。高校思想政治教育以立德树人为根本目标，寓价值引导于知识传授之中，教育学生将理想信念构建在对历史趋势、科学理论、基本国情的深刻理解上，实现知识传授和价值引领的有机结合与德智体美劳的深度融合，纠正"智能技术将人驯化为机器"的认知偏误，引导学生牢记生活是连续的、多样的且被体验的，而不是被计算的[②]，摒弃以工具理性遮蔽价值理性的技术思维，培养有社会公德、有家国情怀、有过硬本领的时代新人。

第二，着眼育人实践。近年来，高校思想政治教育领域的部分教育教学工作已实现或正在推进"机器代人"的育人场景，如北京某高校高精尖中心通过智慧学伴机器人，促进思想政治教育管理由自上而下的单向化管理模式转向线上线下相结合、学校社会相融合的开放式管理机制，由此带来了高校思想政治教育理念、服务、评价方式等多方面的深刻变革。这意味着，先前由高校思想政治教育者承担的那些重复性、烦琐性的日常事务可以被智能辅学辅教机器人所代替。那么，一个新的现实问题随之出现：如何将先前由高校思想政治教育者肩负

---

① 《习近平谈治国理政》第2卷，外文出版社2017年版，第378页。
② [英]卢恰诺·弗洛里迪：《在线生活宣言：超连接时代的人类》，成素梅等译，上海译文出版社2018年版，第33页。

的价值引领、观念塑造等价值追求迁移到智能机器人身上。人工智能助推高校思想政治教育变革的价值目标也随之转变为智能机器活动对学生学习需求、价值判断的意义存在与需求满足的问题。而当人工智能在局部领域取代思想政治教育者成为高校思想政治教育的组织者和引导者时，公平公正对待所有学生就成为高校思想政治教育必须解决的问题。现实地看，多模态学习分析这一智能技术可以为解决这一问题提供现实可能。这是因为，多模态学习分析既可收集学生在各类网络平台上的日志数据，也可通过面部表情识别、运动传输感应等智能化技术，多方位、全天候收集学生在理论知识关注度、学习过程注意度以及情感情绪变化度等方面的数据，并根据数据类型择取不同的机器学习算法，对数据进行处理分析[1]，从而构建提前介入、精准治理、流程重塑、源头把控的高校思想政治教育格局，为高校思想政治教育者公平公正对待所有学生、全面掌握学生的知识习得程度、情感交流状态、日常行为倾向等提供研判依据。

（二）安全与隐私：确保风险可控与隐私保密

人工智能的突出优势在于，准确模拟人的行为并实现对人的某些行为的辅助甚至替代。人工智能可以在某些领域、某些条件下实现无人干预、基于知识与算法而自我修正甚至迭代升级的"自主性"运行。为此，必须把握好以下两方面问题。

第一，重视意识形态安全。在人工智能嵌入高校思想政治教育的过程中，必须考量"自主性"是否可以确保安全运行的问题。当人工智能系统开启后，假如其决策程序不再受操作者甚至设计者控制，是否会引发高校思想政治教育者难以预料的意识形态风险，导致高校思想政治教育立德树人价值目标的偏离？高校思想政治教育在维护意识形态安全方面责任重大，这要求高校思想政治教育者必须做好学生价值观念的形塑和引导工作。人工智能助推高校思想政治教育虽然不能"包治百病"，但不失为众多"药方"之一。譬如，面对智能技术可能引发的意识形态

---

[1] 袁周南：《人工智能嵌入思想政治教育：背景、依据与路径》，《思想理论教育》2020年第8期。

安全风险，高校思想政治教育者应坚持"量力而行"的应用原则，即利用大数据技术保障个人最低限度的安全和健康，而不能过于积极地正面延伸①，结合数据样本动态性、持续性特征，动态性整合学生思想和行为等方面的各类数据并加以同类聚合，持续性监测各类数据的变化趋向并自动过滤威胁意识形态安全和消解学生价值共识的不良信息，打造全天候高校意识形态安全干预体系、智能分析与处置机制。这样一来，不仅有利于引导学生拥有多样化学习方式、海量化学习资源、过程化学习平台等多种选择，也有助于抓住苗头性、突发性问题并采取有效措施及时应对和主动作为，使人工智能应用在不影响学生正常生活学习和正确价值观念塑造的前提下，构建出方式灵动、资源共享、智能推送、过程评价、实时反馈的高校思想政治教育生态。

第二，强调数据隐私保护。新技术使隐私成为当今社会最突出的议题，它破坏了一种基于匿名的隐私平衡，且能在增加或减少信息摩擦两个方向上为信息智能体授权。② 从高校思想政治教育领域看，思想政治教育者在运用人工智能这一新技术开展学生数据收集、整理与运用的过程中，要确保学生数据的隐私安全，避免信息摩擦引发的隐私失衡；从具体实践看，高校学工部门、辅导员、思政课教师等高校思想政治教育者可以运用智能化辅教辅学辅管系统，对所有学生的学习行为进行过程把控，及时跟进和解决学生因专业学习、教育方式不适应而产生的厌学、逃课以及心理不适等问题。人工智能技术具备实时收集、整理与分析规模数据的强大功能，高校思想政治教育者在收集、整理和分析学生数据的过程中，不仅增加了教育教学数据和学生个人信息泄露的可能性，也可能诱发非法分子对智能系统的恶意攻击与数据盗取。譬如，凭借高超的电脑技术，电脑黑客可能会侵入智能系统，窃取、滥用学生个人隐私数据信息等。因此，高校思想政治教育者在运用大数据分析技术开展育人活动的过程中，应当厘定相关数据的收集和存储限度以及公开和使用范围，保证涉及学生隐私的各类数据除相关教育主体知晓外，其他任何

---

① 常宴会：《思想政治教育应用大数据技术的风险及其化解路径》，《河海大学学报》（哲学社会科学版）2022年第3期。
② 柳亦博：《"湖心岛"隐喻：人工智能时代的算法伦理入侵》，《行政论坛》2019年第6期。

人都不得知晓和使用，更不能将学生数据公之于众。① 可见，大数据技术要在高校思想政治教育中做到精准有效，不仅要确保足够全面的数据信息并将各类学生数据信息整合应用到育人实践，还要在整合应用过程中持续强化数据隐私保护力度，使其在高校思想政治教育领域既可用又可控。

（三）开放与责任：确保透明清晰与安全可靠

人工智能嵌入高校思想政治教育，将促使其朝着高度数据化与算法化的趋势发展，高校师生的交流互动将愈加离不开人工智能的支撑和辅助，高校思想政治教育的透明度和责任性将会面临新的挑战，这一挑战聚焦于高校教学管理部门的决策层面，是对可能产生"黑箱"运作的技术反思。

第一，确保透明清晰。预设与反思不是否定或排斥人工智能对于高校思想政治教育的辅助教育优势，而是为了更好地发挥人工智能在辅教辅学方面的强大功能。当高校教育教学管理部门对人工智能辅教辅学进行决策时，由大数据分析和智能化算法引发的低透明度与责任模糊性问题应引起高校思想政治教育者的密切关注与持续跟进。从人工智能的最终处理结果看，多数人无法理解它的决策理由，以致连算法工程师也可能无法洞悉演化算法和迁移学习的"黑箱"。② 从技术特性看，有别于以往的辅助教学系统，基于深度学习和智能算法的人工智能并不遵循数据信息的录入整理、特征分析、预测反馈的推进路径，而是从原始大数据开始，通过自动学习、自主抓取并生成个性化、精准化的高阶认识结论。在这个过程中，人为干扰因素与数据开放程度会不断降低。以智能算法为例，智能算法的运作过程是近乎"黑箱"的非透明过程，这一过程包含着信息筛选的标准、机制和决策参数，在此背景下，确保运行过程的透明开放显得至关重要。为此，可借鉴桑斯坦有关开放资源软件③的技

---

① 黄欣荣：《大数据对思想政治教育方法论的变革》，《江西财经大学学报》2015年第3期。

② ［英］卢恰诺·弗洛里迪：《第四次革命：人工智能如何重塑人类现实》，王文革译，浙江人民出版社2016年版，第134页。

③ ［美］桑斯坦：《信息乌托邦：众人如何生产知识》，毕竞悦译，法律出版社2008年版，第193页。

术预设,在智能辅教辅学系统的关键环节设置可协商的代码程序。借助可协商程序,高校思想政治教育者既可在智能系统试运行阶段,也可在智能系统投入应用后,及时回应和解决思想政治教育过程中出现的信息不透明等"黑箱"问题,使高校思想政治教育的理论知识、价值观念、道德规范,公开、及时、精准地融入"智能客服""智能学伴"等智能辅教辅学系统。

第二,避免算法歧视。在智能化场域中,安全可靠意味着对算法"黑箱"的有效规制。在人工智能嵌入高校思想政治教育的过程中,基于演化算法及其迁移学习的"黑箱"现象出现的可能性会大大增加。如果这一现象出现在决策环节,就可引发算法歧视甚至决策责任问题,导致人工智能自主决策能力摆脱人的操控的可能性。由此引发的新问题是:由算法歧视引发的低透明度与责任模糊性问题,可能会超出传统意义上完全基于人的程序设定的一般性决策责任机制。基于人工智能应用的这一潜在风险,应制定适用于高校思想政治教育实践的人工智能技术应用方案,构建开放透明、安全可靠的教育新平台和育人新阵地。这要求高校思想政治教育者要将"严管"与"厚爱"有机结合起来,将社会主义核心价值观内嵌至智能算法的运行逻辑和程序框架,发挥社会主义核心价值观对智能算法的伦理规制和价值引领功能,使社会主义核心价值观在学生具象化、生活化的知识学习和认知建构中发挥"润物无声"的道德涵育作用,引导学生会用、善用各类智能技术,赋予智能算法与海量数据以主体性需求属性,确保智能算法始终坚守"回归人的本质规定性,追寻人的主体性发展"①的运行逻辑和价值导向。

三 人工智能助推高校思想政治教育变革的目标旨归

思想政治教育发展的实质是追求实效。② 人工智能助推高校思想政

---

① 王贤卿:《以道御术:思政教育对智能算法技术弊端的克服》,《毛泽东邓小平理论研究》2021年第2期。
② 邱柏生、董雅华:《思想政治教育学新论》,复旦大学出版社2012年版,第258页。

治教育变革也是为了追求实效,这种实效性体现在立德树人的根本目标上。人工智能在高校思想政治教育决策、视角、技术、方式等方面提供了变革动力,人工智能助推高校思想政治教育,有利于建立开放式、集约化、智能型的高校思想政治教育。

(一) 建立开放式的高校思想政治教育

高校思想政治教育的开放式发展过程既是思政课堂与社会大课堂深度互动的过程,也是高校育人环境与社会事件环境合力育人的过程。人工智能助推高校思想政治教育,可以为建立开放式的高校思想政治教育提供信息开放交流与资源共享机制。

第一,构建信息共享机制。凭借大数据分析技术的高效信息抓取、分析和优化功能,人工智能可创建高校、社会和家庭之间的学生学习数据库共享平台,构建更具精准化、个性化的三方信息共享机制,为三方合力育人提供了基础性的技术支撑。譬如,借助区块链技术来加强资源平台建设,开发去中心化的高校思想政治教育资源库。区块链中的任何区块都具有相对独立性,某一区块的数据被读写与存储后,其后的任一区块数据都无法被随意更改,但这并不意味着区块链会丧失中心。相反,区块链依旧存在中心,只不过这样的中心不再是单一中心,而是多中心。[①] 区块链上的数据还可被溯源,因为任一区块都存储了该阶段数据的形成和变化,且不会受到后续区块读写或存储的制约,由此保障了采集数据的原始性、整体性和真实性。对高校思想政治教育来说,可将区块链看作一种自动化的数据编码程序,经由多中心的区块数据确证高校思想政治教育内容的安全性、整体性和真实性。同时,鉴于区块链的公开透明性,由之技术支撑的高校思想政治教育资源库具有开源性特征,可充分调动社会、高校和家庭等多元育人主体通过分布式账本技术,共同参与高校思想政治教育资源库建设,并在区块中存储音频、视频等高校思想政治教育资源,提升多元育人主体协同育人的积极性和主动性,并有效规避算法歧视、算法黑箱为高校思想政治教育带来的"信息过滤"等负面影响。这意味着,人工智能在拓宽高校思想政治教育资源平

---

① 高奇琦等:《人工智能治理与区块链革命》,上海人民出版社2020年版,第230页。

台的过程中,不仅能够确保学生数据信息的安全可靠与多方共享,也可推动高校思想政治教育内容生产、信息传播与供给途径的升级变革。

第二,打造智能育人平台。基于数据协同和信息共享,人工智能可打造高校、家庭与政府三方信息交互、可靠保密的智能育人平台。从现实情况看,将区块链应用于高校思想政治教育领域具有必要性与可行性。区块链技术的显著特征是可以利用"分布式账本"完成对"账本"信息的"去中心化"操作,这个"账本"可以是基于学生日常思想政治教育学习活动的数据库。区块链技术基于特定区域信息交换网络中的各节点,通过分布式账本的分节点存储,确保局域信息加密功效,可以为特定群体进行点对点的私密性数据传输提供良好技术平台。基于此,可以构建"学习账本"并运用到高校思想政治教育领域。其运作机制是:"学习账本"对学生在思想政治教育各教育区块链中全部学习过的理论知识与实践技能进行过程跟踪,各教育区块链在记录特定时间内学生取得的正式及非正式成绩后,可将各教育区块链赠予其他的学生,学生基于"学习账本"获得不同场所知识学习的学分认证,并在"学习账本"中呈现个人学习兴趣、知识掌握过程、活动参与程度等。借助这一运行机制,高校思想政治教育者可以在多中心分布的"学习账本"中将理论内容、价值观念、道德规范浸润到所有学习空间,并在明确高校思想政治教育的应用原则和运行场景的前提下,通过精准传播在师生之间创设有效联系,通过智能合约形成符合高校思想政治教育价值取向的共识算法,持续扩展学生的知识半径和学习场域。这表明,智能化的高校思想政治教育不仅要立足于现实世界的实践活动,还要兼顾虚拟世界的实践活动[①],以便在现实教育与虚拟教育的有机结合过程中,将学生的知识习得与学习空间由课堂、校园扩展到家庭、社会,为建立开放式的高校思想政治教育打造更为广阔的智能育人平台。

(二) 建立集约化的高校思想政治教育

从集约化高校思想政治教育的内涵看,精准把握学生学习需求并提

---

① 陈嘉迪、郑永扣:《自媒体环境下高校思想政治教育的新特征及路径优化》,《南通大学学报》(社会科学版) 2021 年第 6 期。

供优质教育教学资源是其价值旨归。人工智能助推高校思想政治教育，为建立集约化的高校思想政治教育提供了契机。

第一，解决信息不全不准难题。近年来，党和国家越来越重视高校思想政治教育，构建集约化的高校思想政治教育已成为高校思想政治教育变革的必然要求。集约化高校思想政治教育要求高校思想政治教育坚持"精、准、细"理念，精准把握学生的学习需求，并提供针对性的思想政治教育教学资源，解决信息不全不准问题。当前，基于海量数据，借助强大算力，人工智能可实现对数据资源的结构化梳理与可视化整合，构建条理化、体系化的智能化数据资源库，增强高校思想政治教育决策机制的精准度与针对性。同时，人工智能还可确保信息提供者直接向智能系统输入信息，减少人为干预或扭曲信息导致的机会空间，增强信息数据采集的安全性与全面性，使高校思想政治教育的数据采集、分析和决策机制得到不断优化。

第二，提升政策执行落实能力。人工智能强大的运算能力和建模能力可以依据学生的个性化学习状况提供相对应的思想政治教育教学资源，并基于学生前期学习表现的数据分析，为高校思想政治教育者提供学生的学习质量评价计算，并自动评阅、提供意见、指明下一步学习路向等，实现一体化服务。[①] 这不仅提升了高校思想政治教育者的数据分析能力，为高校决策者和二级院系负责人、思政课教师、思想政治工作者提供教育教学政策实施备选方案，还可直接锁定处于思想政治教育过程中的学生目标群体，精准监控和评价高校思想政治教育政策的落地执行和具体实施情况，使高校思想政治教育者对学生学习需求的精准识别、动态把握、资源供给、评价反馈等能力得到不断增强，推动高校思想政治教育领域从"人找信息"的传统媒体阶段迈向"信息找人"的全媒体阶段。

（三）建立智能型的高校思想政治教育

构建智能型的高校思想政治教育需要思想政治教育基础理论的支撑，也需要高校思想政治教育实践的推动。基于大数据分析、深度学习、算

---

① 张志丹、刘书文：《人工智能必将引发思想政治理论课变革》，《思想教育研究》2020年第10期。

法推荐的人工智能，有利于推动这一过程从理论建构向理论建构与实践驱动相结合转变，智能思政是这一转变的集中展现。

第一，智能社会发展的时代要求。随着人工智能日益融入高校思想政治教育领域，高校思想政治教育方案的制定、执行和反馈过程都要不同程度地借助智能技术。以互联网为代表的信息技术彻底解决了信息的自由流动问题，这类信息技术消除了物理距离，也在不同程度上解决了人的脑力的延伸问题（通过计算机）。在物理距离逐渐消除后，人们开始尝试消除人与机器的心理距离，并让人与机器在整体智能层面上进行平等、无障碍的沟通。[①] 而当人类社会超越传统信息技术的覆盖范围而转向更高阶的智能社会时，高校思想政治教育领域又将面临一次实践化转型，智能思政就是这种实践化转型的集中呈现。智能思政是对以数据分析、智能运算、深度学习为核心要素的高校思想政治教育智能形态的典型描述，能借助大数据技术分析全样本、立足强算力发现相关性，通过虚拟现实技术推动现实空间向"虚""实"结合的空间转换。智能时代高校思想政治教育在落实立德树人根本任务的过程中，应在坚持课堂教学主渠道的同时以整体性理念引领高校思想政治教育体系变革，推进高校思想政治教育路径重塑，全面实现教育工作的总体合道德性和学校自律、教师垂范[②]，使高校思想政治教育由传统意义上的统一化、群体化育人模式转向精准化、个性化育人生态。

第二，高校思想政治教育深化变革的现实选择。人工智能嵌入高校思想政治教育，使高校思想政治教育的技术运用从碎片化转向系统化，推动高校思想政治教育视角由个案研究转向规模数据，促使高校思想政治教育方式由单向传授转向动态交互，引导高校思想政治教育决策由经验参照转向定量分析。这种转向具体表现在推动高校思想政治教育的智能辅教辅学、智能监督、智能评价等方面。为此，高校思想政治教育者要善于运用人工智能技术，通过创设思想政治教育话语语境，推动育人环境由陪衬向烘托转变，构建智能辅教辅学的"关系场"；通过明晰教

[①] ［美］尼古拉·尼葛洛庞帝：《数字化生存（20周年纪念版）》，胡泳、范海燕译，电子工业出版社2017年版，第49页。

[②] 戴锐、曹红玲：《"立德树人"的理论内涵与实践方略》，《思想教育研究》2017年第6期。

育情境与虚拟环境的异同，引导学生实现知识的内化与迁移，打造智能监督的"话语场"；通过加强师生在话语场域中的互动交流，构筑智能评价的"共识场"。智能思政是一项具有整体性的系统育人工程，需要教育主管部门、高校职能部门及广大思想政治教育者协同发力，增强高校思想政治教育的亲和力和获得感，达成集知识传承、人格塑造、生命完善于一体的发展目标①，以实质性进展开创智能型高校思想政治教育变革新局。

余　论

人工智能助推高校思想政治教育，有利于增强高校思想政治教育的整体性、精准性和智能性变革，提升高校思想政治教育政策制定的科学性，决策执行的有效性，育人评价的准确性以及政府、高校、家庭合力育人的协同性。高校思想政治教育变革不仅需要收集和整合基础信息、技术力量、政策运行和组织协同，还需要高校思想政治教育者主体性的发挥和引导。但不管如何理解高校思想政治教育，信息、技术、政策、组织都是必不可少的构成要素。从信息基础、技术支撑、政策运行、组织协同等维度研判人工智能对高校思想政治教育变革的影响，把握人工智能在高校思想政治教育领域的运行规律和发展趋向，必将为高校思想政治教育更好肩负育人使命、提升育人效果奠定技术优势。

参考文献：

《习近平谈治国理政》第 2 卷，外文出版社 2017 年版。

高奇琦等：《人工智能治理与区块链革命》，上海人民出版社 2020 年版。

［英］卢恰诺·弗洛里迪：《第四次革命：人工智能如何重塑人类现实》，王文革译，浙江人民出版社 2016 年版。

［英］卢恰诺·弗洛里迪：《在线生活宣言：超连接时代的人类》，成素梅等译，上海译文出版社 2018 年版。

---

① 胡华：《智能思政：思想政治教育与人工智能的时代融合》，《思想理论教育》2022 年第 1 期。

邱柏生、董雅华:《思想政治教育学新论》,复旦大学出版社 2012 年版。

[美] 桑斯坦:《信息乌托邦:众人如何生产知识》,毕竞悦译,法律出版社 2008 年版。

吴式颖、任钟印:《外国教育思想通史》第 10 卷,湖南教育出版社 2002 年版。

活化利用革命文物资源推进思政育人的机理与路径*

王江伟　李雅琳**

【摘　要】 革命文物是思想政治工作珍贵的红色教育资源，是推动新时代思想政治工作走深走实走新的重要源头活水。新思想、新机遇、新素材为革命文物思政育人活化利用奠定了现实基础。与此同时，活化利用革命文物思政育人面临革命文物资源与育人对象相匹配难、与思政教育内容供给相融合难、与活化利用方式相契合难的实践挑战，可以通过建设服务大思政课建设的革命文物资源库和案例库、构建馆校实践育人共同体、拓展革命文物资源网络育人空间、培育依托革命文物开展大思政课教育的思政教师等途径来解决。

【关键词】 革命文物；思政育人；红色教育

革命文物是一类具有重要作用的育人资源和文化载体，将其融入学校思政教育中意义重大。它可以为思想政治教育提供更加丰富的育人内容，以及更加广阔的育人途径，还可以推动思想政治教育紧跟时代发展的脚步，更好地完成立德树人的根本任务，持续为国家培养拥有坚定理想信念和崇高道德修养的时代新人。目前，虽然已经有一些学校和思政

---

* 基金项目：江西省高校人文社会科学重点研究基地项目"江西红色文化融入基层社会治理研究"（JD20069）；江西师范大学校级教改课题"'案例+学理'两维进路增强大学生制度自信的教学探索"（项目编号 JXSDJG2014）。

** 王江伟，江西师范大学马克思主义学院副教授，研究方向为思想政治教育；李雅琳，广东省惠州市合生实验学校教师，研究方向为思想政治教育。

教育者意识到了革命文物资源在育人过程中的重要性，他们也已经开始将其融入教育之中。但是，受限于革命文物资源过于分散、与思政教育内容衔接不够紧密、教育者自身的革命文化素养不足等因素，革命文物资源在教育过程中的融入深度不够，表现形式相对滞后，不能充分发挥其对学生的价值引导和道德教化作用。所以，在新形势下，怎样进行创新，怎样才能突破困境，把革命文物资源与思想政治教育有机地结合起来，更好地起到育人的效果，这是教育者、学校和社会所共同面对的一个重要课题。

一 革命文物与思政育人的理论逻辑

革命文物资源与思政育人二者在理论上有较为紧密的逻辑关联，一方面，革命文物资源为思政育人提供重要内容补充；另一方面，思政教育也有助于弘扬革命文化，二者的联合在培根铸魂、协同育人方面更是有着增效的作用。

（一）革命文物思政育人的概念内涵

要想研究革命文物思政育人，就必须首先对"革命文物"的内涵进行清晰的界定。在1931年颁布的《中国工农红军优待条例》中，"死亡战士之遗物"一词可被认为是"革命文物"的最初含义。1951年，文化部颁布了《征集革命文物令》，在该令中，"革命文物"这一概念被正式提出。[1] 在此后的时间里，"革命文物"的内涵不断丰富发展。直到2018年，为了推进革命文物的保护和利用，国家文物局发布了《关于报送革命文物名录的通知》，才明确了革命文物的具体含义："革命文物"主要是指见证近代以来，中国人民抵御外来侵略，捍卫国家主权，维护民族独立，为实现民族解放而进行的英勇斗争，以及中国共产党领导中国人民在新民主主义革命、社会主义革命中取得成就的辉煌历史，经过鉴定

---

[1] 贾旭东：《革命文物概念及其界定》，《北京师范大学学报》（社会科学版）2018年第6期。

和注册的实物遗存。① 革命文物分为两类：一类是可移动的，另一类是不可移动的。虽然在有关革命文物的时间界限、与近现代文物的区别、与革命档案的区别等问题的研究中，还存在着一些争论，但是人们对革命文物的界定基本上遵循了官方的定义，并逐步达成了一致。

本文以有关文献为依据，并与革命文物的含义相联系，对革命文物思政育人的概念进行了定义，即以现存的革命文物资源为载体或媒介，对人们进行思想政治教育的过程，从而达到提升人的思想道德素质，推动人的自由全面发展，最终实现共产主义而努力奋斗。它具有生动性、历史性、具象性、质朴性等特点，是对革命文化创造性转化与创新性发展的重要探索。

（二）革命文物与思政育人的内在耦合

革命文物历尽风霜，蕴含着丰富的红色文化和革命精神。一方面，这些红色文化与革命精神为思政教育提供重要内容补充。文物是历史的见证，也是史学研究的第一手资料。革命文物的发现、研究和利用，能够为历史事实提供材料支持，有助于建立历史事实与现实之间的联系，从而拓宽历史研究的视野。而思想政治课程在引导大学生坚定"四个自信"、实现"入脑入心"的过程中，第一步就是要借助于客观的历史事实提高说服力。借助对革命遗物的新发现和进一步研究，对"历史知识"进行甄别，将其剔除，从而有效地抵御了历史虚无主义的随意解读和歪曲，使学生更好地认识到了唯物主义历史观和国家观的重要性。

另一方面，思政教育有助于弘扬革命文化与革命精神。传统课堂上的思政教育理论性、逻辑性、灌输性较强，内容相对枯燥，形式单一，不易被受教育者接受。而对革命文物进行展示与呈现，能够将文物本身的在场记忆重新唤醒，让参观者可以睹物思人、触景生情，从而感受到革命文物的精神内涵。在思想政治教育中，使用静态的革命文物与景观场景来再现，并辅以动态的影视、音乐、解说呼应，对思政育人的方式进行了创新，提高了思想政治教育的生动性与吸引力，方便受教育者在

---

① 相瑞花：《用好革命文物 传承红色基因——关于革命文物保护利用的若干思考》，《中国文物科学研究》2021年第3期。

掌握基本历史知识基础上，与历史人物的革命精神形成知、情、意三个层次的共振与共鸣，进而达到铭记和弘扬革命精神、赓续红色血脉、传承红色基因的教育目的，提升思政育人的效果。

（三）革命文物思政育人的价值功能研究

革命文物是加强和改进新时代思想政治教育工作的重要载体，在培根铸魂、协同育人方面有着特殊的作用。

1. 有利于受教育者坚定理想信念，筑牢精神支柱

革命文物资源凝聚了党和人民的光辉历史，记录了中国革命的辉煌历程，同时也展现了中国人民近代以来英勇奋斗的英雄气概，是珍贵且生动的"活教材"，可以用来培养学生的理想信念，夯实他们的立身根基。将革命文物资源融入大中小学思政课堂之中，可以让理想信念通过物质性的革命文物资源，让受教育者深刻地感受到革命先烈对理想信念的执着追求以及理想信念所具有的强大精神力量，这为学生的成长注入了思想伟力，能帮助他们在面对困难和挑战时不畏惧、不退缩，从而锻炼本领、克服困难，最终实现人生理想。

2. 有利于受教育者弘扬革命传统，砥砺初心使命

革命文物资源是革命传统的主要物质载体，把代表革命传统的重要人物事迹、重大事件、重要作品、故居遗址遗物、馆藏文物等融入思想政治教育的课堂中，不仅可以让学生更好地学习掌握党史知识，还可以在政治上、思想上、理论上、情感上加强学生对中国共产党、中国特色社会主义的认同感与自豪感，促使学生树立正确的信念，塑造高尚的心灵，培养良好的人格。

3. 有利于受教育者激发爱国热情，振奋民族精神

对于中国人民和中华民族来说，爱国主义是民族精神的核心，是中华民族团结奋斗、自强不息的精神纽带。从新民主主义革命时期到社会主义现代化建设新时期，从改革开放到全面建成小康社会，从中国特色社会主义进入新时代到中国共产党成立100周年……在中国人民进行的革命、建设、改革的伟大历史实践中，中国共产党始终是爱国主义的捍卫者和践行者，谱写了中华民族爱国精神的光辉篇章。以革命遗址遗存遗物、纪念物等为主要表现形式的革命文物资源蕴含着深厚的爱国情怀，

是中国共产党人精神谱系和宝贵精神品质的生动彰显，运用革命文物资源强化思想政治教育，是激励受教育者胸怀爱国、报国、强国之志，增强受教育者做中国人志气、骨气和底气的独特素材。

二 活化利用革命文物思政育人的现实基础

活化利用革命文物资源推进思政育人有其可行性，习近平新时代中国特色社会主义思想、百年党史新机遇，以及时代发展提供的方法参考都为革命文物思政育人奠定了现实基础。

（一）新思想提供政治引领

习近平总书记指出，"革命文物承载党和人民英勇奋斗的光荣历史，记载中国革命的伟大历程和感人事迹，是党和国家的宝贵财富，是弘扬革命传统和革命文化、加强社会主义精神文明建设、激发爱国热情、振奋民族精神的生动教材。"[①] 这对革命文物的重大历史意义与时代价值进行了深刻阐释，明确做好革命文物工作的目标任务和基本要求，为做好新时代的革命文物工作，进一步将革命文物资源创造性地转化成思想政治教育的优质资源，深入挖掘其精神内涵，加强对其的活化利用，指明了发展方向，并提供了根本遵循。

（二）新机遇提供现实参照

为庆祝中国共产党成立100周年，各地通过举办展览、讲述党史故事等形式，为革命文物融入思政教育营造了积极的氛围。各地各部门通过多种方式，积极发挥革命文物资源的育人作用。同时，无论是在社会层面还是教育层面，无论是"五进"活动还是"十进"活动，无论是专题学习还是社会实践，对党史、新中国史、改革开放史、社会主义发展史的学习广泛覆盖、走深走实，学史明理、学史增信、学史崇德、学史

[①] 秦专松、姚茂华、项福库：《用好革命文物这一"生动教材"》，《中国社会科学报》2022年8月23日第8版。

力行热烈浓厚、落地生根，这些都为革命文物思政育人活化利用的研究提供了现实参照。

(三) 新素材提供方法参考

革命文物保护利用越来越受到重视，各级教育主管部门、高等学校，各省、自治区、直辖市文物主管部门，革命博物馆纪念馆、革命旧址保护管理机构等，在新媒体环境下不断创新思维方式，借助数字化、可视化、互动化和智能化等技术手段，探索革命文物资源保护利用工作路径。"互联网+"模式下，通过数字化技术对文物资源进行"活化"和"重塑"，增强了革命文物对大众的吸引力；通过VR（虚拟现实）、AR（增强现实）等技术手段创新了革命文物利用方式；通过线上线下相结合的方式创新了革命文物与公众交流互动的形式，同时也为革命文物思政育人活化利用研究提供了方法参考。

三 活化利用革命文物思政育人的实践挑战

近年来，革命文物资源在思政育人工作中发挥了重要作用，有效发挥了教育功能，提高了教学实效性。但是还存在以下三个主要问题。

(一) 革命文物资源与育人对象相匹配的难题

一方面，从小学到大学各阶段学生都有其自身发展特点，这就决定了思政教学方案的设计要因地制宜、因人而异。另一方面，革命文物资源数量众多、种类繁杂，其内容、形式与载体具有多元性与差异性，这就决定了其蕴含的思想政治教育元素也不是完全相同的，整合成适合不同阶段学生的教学资源库更加不易。因此，要想达到教学目标，就要在了解学生各自发展特点与培育目标的基础上，形成不同的教学资源库。政策方针落实不可"一刀切"，教育教学更不可"一刀切"。如何整合革命文物资源，如何运用革命文物资源，如何设计革命文物思政育人活化利用方式，让受众乐于接受，实现润物细无声的育人效果，都是亟待解决的难题。

（二）革命文物资源与思政教育内容供给相融合的难题

据统计，全国共有 3.6 万多处不可移动的革命文物，100 万余件可移动的革命文物，以及 1600 多座革命博物馆和纪念馆①。全国革命文物资源丰富多样，但与思想政治课课程体系的内在衔接缺乏统一规划。例如，有些地区在各个层级学校利用当地革命文物资源方面，缺乏相关的要求和实施方案，造成了一些学校不够重视革命文物资源，没有将地方革命文物资源作为课程教学的重要内容融入教学方案中；或者是缺乏当地政府相关的政策、资金等方面的支持，导致教师利用革命文物资源来开展教育实践活动的积极性受到较大影响；等等。因此，将革命文物资源纳入到各个地方的思想政治教育课程中，就需要教育部门、学校以及各个革命文物管理部门，对革命文物资源进行统一的规划，将其有机地与学校育人和课程教学体系相结合，从而产生一种协同效应，营造出一种协同育人的良好氛围。

（三）革命文物资源类型与活化利用方式相契合的难题

青年一代是社会主义事业的接班人，是新时代的建设者和开拓者，但是，由于成长环境、社会经历、认知水平等方面存在差异，青年一代对具有历史感的革命文物有一定的距离感。而在运用革命文物开展思政教育的具体实践中，一些思政课教师由于自身缺乏对革命文物内涵、意义、地位等的了解或缺乏明确的教学目标和要求，在实际教学中仍采取空洞说教的"满堂灌""填鸭式""照本宣科"教学模式，致使教学过程走马观花、流于形式。这不仅难以让学生真正触碰到革命时代，感悟先辈的精神力量，认同革命历史与革命文化，而且不利于他们坚定理想信念、传承红色基因，严重违背了革命文物思政育人的教学初衷，教学效果大打折扣，甚至背道而驰。因此，要加强对革命文物资源的体系化整理，结合革命文物类型特点创新思政育人方式，开发体验式、分享式、情景式、研讨式、虚拟仿真等多样化的教学形式，守正创新将革命文物融入思政育人工作。

---

① 《国家文物局关于印发〈革命文物保护利用"十四五"专项规划〉的通知》，2021 年 12 月 24 日。

四 活化利用革命文物思政育人的方法路径

针对上述提出的革命文物资源活化利用存在的实践挑战，提出相应的有效解决方式，推动思政小课堂与社会大课堂相结合。

(一) 建设服务大思政课建设的革命文物资源库和案例库

革命文物是思想政治教育研究工作的宝贵史料，蕴含着中国共产党在长期奋斗中积累的宝贵经验与精神创造。从革命文物中汲取智慧和力量，是思想政治教育工作者应尽的职责和使命，更是实现以史明智、以史育人的重要途径。所以，要对革命文物资源进行活化利用，充分发挥其思政育人的价值，应当将全国范围内的革命文物资源有机地结合在一起，丰富革命教育元素，汇集思想政治教育内容，形成革命文物资源库和案例库，使广大师生更加完整系统地了解革命文物谱系、革命精神谱系。

革命文物资源浩瀚繁多，主要有两种分类方法。一是按时间顺序分类。从近代以来，大可以依次划分为旧民主主义革命时期文物资源库、新民主主义革命时期文物资源库、社会主义革命时期文物资源库以及社会主义建设和改革开放时期文物资源库；细可以依次按每个具体事件来划分，如太平天国农民战争时期文物资源库、洋务运动时期文物资源库、维新变法时期文物资源库、辛亥革命时期文物资源库、五四运动时期文物资源库等等。二是按文物的性质进行分类。例如，从地域范围来看，可以分为不同省属文物资源库；从存在方式来看，可以分为可移动文物资源库与不可移动文物资源库；从题材性质来看，可以分为遗址遗迹专题文物资源库、档案专题库、文献数据库等。此外，还可以以革命人物为依托，从其亲身经历入手打造个人案例库，以体现革命文物资源的历史鲜活性与生命力。例如汇编老红军红色故事集、拍摄专题教育片、建立电子资料库等，并把这些成果作为主题教育生动教材和传统教育珍贵史料。

值得注意的是，革命文物资源库和案例库的建设并不是一项一劳永逸的工作，它是一个动态的、不断地补充完善、不断地筛选和调整的过程，所以，它也必须随着时代的发展而进行调整和更新。

（二）构建馆校实践育人共同体

博物馆是革命文物资源的重要保存、研究、再现场所，具有重要的教育功能。相比于传统学科教育较为独立的形式，博物馆的教育活动是真实、完整且多学科融合的，在促进受教育者德、智、体、美、劳全面发展方面有着天然优势。因此，活化利用革命文物资源推进思政育人，构建馆校合作共同体势在必行。馆校合作协同育人主要有三种主要形式。

1. 由学校主导，革命文物博物馆、纪念馆等提供资源支持

学校向博物馆输送志愿者是较为常见的馆校合作形式之一。学校先在校内选拔学生，学生经博物馆的培训成为讲解志愿者，这使得学生能够在行动中学、在实践中学，在向他人输出知识的同时保持自身的知识输入。还可以采取学校组织学生走入博物馆进行主题教育实践活动的形式，如通过展教、讲座的方式聆听工作人员讲解文物背后的故事、组织知识问答考查学生等。

2. 学校提供场所，开展博物馆资源进校园活动

除了最常见的通过学术讲座的方式对在校学生开展教育活动外，博物馆还可以以馆藏资源为依托，设计一系列博物馆原创教育课程充当活动补充，结合实践，增强互动性，以达到更佳的教育效果。此外，博物馆还可以依据各自特点在广泛征求中小学教师的意见后编辑、出版适合青少年阅读的相关书籍。以此为基础，面向全市乃至全国中小学生开发科普教育读物，不仅能丰富学生的课余生活，也能提升博物馆的教育功能，为博物馆研学活动的开展提供了切实可行的对策，拓展了发展思路。

3. 馆校深度融合，协商共建课程

除学校师生入馆与上述馆藏资源入校两种形式外，博物馆和学校还可以进行合作，共同设计课程和教材，教师要充分发挥专业优势，负责课程的总体规划、课程的管理、教学的组织与评估，以及相关科研成果的开发。博物馆要对教学内容进行筛选，选择文物与展览，构建课程的知识体系，对学校教师进行培训，为课程设计相应的展览和教学活动等。在课程实施过程中，博物馆负责人与教师积极交流，逐步完善课程，促

成活动的成功开展。

（三）拓展革命文物资源网络育人空间

随着现代化进程的加速，文化"公共空间"的变迁、革命文物资源与信息技术的深度融合，极大地拓展了革命文物资源发挥育人价值的空间和方式。一方面，我们可以在线下对革命文物进行鉴赏、修复、展览、文创、研学等，这些实践活动既是对革命文物资源的挖掘和利用，也是对其综合价值的展现。另一方面，我们也可以借助新媒体的技术手段，丰富革命文物的传播方式，让革命文物资源能够在现代境遇下实现创造性转化和创新性发展。

第一，建立数字资源信息库，将革命文物资源转化为网络文化资源。我国革命文物资源分布广泛、形式多样、内容丰富，在全面普查分析、分批增加革命文物信息名录、形成系统资源库和案例库的基础上，还需要通过创新传播方式，最大限度地在公共空间发挥正能量效应。以2016年中国江苏网启动的"红色文化资源融媒体聚合平台"项目为例，该项目"以江苏范围内的革命展馆、纪念馆、博物馆、烈士陵园等为主线，建立红色资源基地网络平台和数据库，发挥聚合效应，创新传播策略，全面提升红色文化资源的传播能级"[1]。该模式通过声音、文字、图片、视频、模型等多种形式呈现，并辅以音频解说、三维显示等多种技术手段，突破了传统的实地展示模式，让广大网民能够在足不出户的情况下，随时随地"走进"无墙的红色文化博物馆。这一融媒体聚合案例，是构建红色资源基地网络平台和数据库的一个成功范例，它不仅可以帮助提高红色文化在不同人群中的吸引力和认同感，还可以帮助红色文化在现代条件下进行传承与创新。

第二，建立有效渠道，帮助师生便捷获取并运用革命文物资源网络化成果。通过新媒体手段，将革命文物资源网络化仅仅是拓展革命文物资源网络育人空间的第一步，若想取得实效，还需使师生成为运用这些网络化资源的主体。因此，加强社会与学校之间的联系与交流，打破信息差，促进资源流通至关重要。一方面，学校层面可以进一步创新传播

---

[1] 丁倩：《新媒体时代创新红色文化传播的路径选择》，《新闻战线》2019年第9期。

中介，丰富载体形式。引进有关 App、线上授课平台、VR 虚拟仿真课堂等进行革命文物的网络教育，切实推动"互联网+革命文物资源"在学校思政课教学中的运用。另一方面，思政课教师也要加强自身的网络素养，提高自身的网络技术水平。教师应充分运用互联网平台，挖掘革命文化的最新资源，为"融入"提供更多的素材，并在互联网上与学生建立互动关系，为"融入"提供更多的实践场域。

（四）培育依托革命文物开展大思政课教育的思政教师

百年大计，教育为本；教育大计，教师为本。作为学校思想政治教育的引领者和实践者，思政课教师对革命文物资源的认知和认同程度，直接决定着革命文物资源融入思政教育中的深度和广度。因此，思政课教师要充分利用好革命文物资源，提高自身的革命文化素养，并在此基础上创新革命文物资源的融合形式，更好地发挥革命文物的育人功能。

一方面，于各层级学校而言，需要积极拓宽思政课教师学习革命文化知识的渠道，构建高效的学习平台。例如与有关部门合作，为思政教育者提供科学专业的革命文物资源专题培训，帮助思政教育者在对革命文化与当地革命文物资源类型有一个整体了解的同时，还能对革命文物的深刻内涵与多样化的展现形式有更深入的认识。以此为基础，培训还需要为思政教育者提供一种多元化的实践交流方式，有效地帮助教育者学会利用革命文物，将革命文物资源与时代发展以及学校思想政治教育相结合，促进革命文物资源更好地融入教育，发挥其育人价值。另一方面，作为思政教育者，要自觉树立提升革命文化素养的意识，自觉增强对革命文物的研究和利用，不断提升对革命文物价值内涵的认识。在日常教学和科研工作中，积极主动地学习和深入了解革命文化，关注革命文化在生活中的呈现方式，思考如何将不同形式的革命文物融入思政教学。同时，要积极探寻提升革命文物融入思政教学有效性的方法。在传承方式上，既要注重课堂教学，也要注重实践体验；在融入形式上，既要注重显性教育，也要注重隐性教育；在融入内容上，既要注重历史事实，也要注重精神价值。例如，在拥有良好的革命文化素养的基础上，思政课教师可以在日常教学过程中通过讲述中国共产党领导人民进行革命斗争的故事、分享革命先辈的感人事迹、讲述党史故事、组织学生参观红色基地等与学生的学习习惯和实际需求相吻合的形式，将这些以历史为依据、以人民为主体、以实践为基础的多元化革命文化呈现出来，以其深刻的内涵和深厚的价值对学生产生影响，从而破除将革命文物资源融入思政教育的障碍。

此外，在高校，辅导员作为直接与大学生接触、交流的群体，应该在做好学生工作的同时，自觉地将革命文化的相关知识融入其中，起到管理层次的文化熏陶的作用；而思政管理工作者应当充分利用自身的革命文化知识，为优化思政教育工作寻求多元化融入的途径，将革命文物资源体现在校本教材、日常活动、教学研发和校园活动中，从而更好地提升革命文物的育人价值。

参考文献：

丁倩：《新媒体时代创新红色文化传播的路径选择》，《新闻战线》2019年第9期。

贾旭东：《革命文物概念及其界定》，《北京师范大学学报》（社会科学版）2018年第6期。

孔建华：《红色文化资源融入高校思想政治教育的创新策略》，《湖北师范大学学报》（哲学社会科学版）2021年第6期。

库来西、依布拉音：《运用革命文物加强新时代高校思想政治工作探究》，《学校党建与思想教育》2021年第24期。

《中国共产党思想政治教育史》编写组：《中国共产党思想政治教育史》，高等教育出版社2018年版。

习近平：《切实把革命文物保护好管理好运用好　激发广大干部群众的精神力量》，《人民日报》2021年3月31日第1版。

红色文化中蕴含的劳动思想及其时代启示

张世昌　吴浩琳[**]

【摘　要】 红色文化中蕴含了老一辈共产党人丰富的劳动思想，其内涵深刻，价值丰富。从内容上看，它有五个方面的体现：劳动定位——人人都要劳动，劳动态度——尊重劳动和劳动者，劳动典型——注重树立劳模表率，劳动平等——对脑力劳动和体力劳动一视同仁，劳动节俭——珍爱每一份劳动成果。这些劳动思想内在上契合了三方面的价值逻辑：理论逻辑上契合了"劳动创造了人本身"的历史唯物主义观，历史逻辑上贯彻了群众路线是党的生命线的观点，现实逻辑上体现了依靠劳动治理的问题导向。以史明今，学习红色文化中的劳动思想，得到的启示主要有三点：劳动是实现梦想的最好方式；要坚守"依靠劳动人民，为了劳动人民"的理念；劳动是一种重要的教育方式。

【关键词】 红色文化；劳动；劳动思想

习近平总书记在党的二十大报告中明确指出，要"在全社会弘扬劳动精神、奋斗精神、奉献精神、创造精神、勤俭节约精神"。劳动精神的践行已经成为中国社会发展、人才培养的重要指针，审视老一辈共产

---

[*] 项目简介：2021年黑龙江高校优秀中青年思想政治理论课教师择优资助项目（项目编号SJGSJ2021022）；哈尔滨工业大学课程思政教改项目（研究类）（项目编号XZY2022009）。

[**] 张世昌，哈尔滨工业大学马克思主义学院副教授、硕士生导师，哈尔滨工业大学经济与管理学院博士后；吴浩琳，哈尔滨工业大学马克思主义学院硕士研究生。

党人创造的红色文化,其中蕴含的丰富的劳动思想对于我们今天更好更快地通过劳动去实现美好生活具有重要指导意义。

一 红色文化中蕴含的主要劳动思想

人类奋斗的历史就是一部人类劳动史,马克思主义认为,"在劳动发展史中找到了理解全部社会史的锁钥"①。同样,一部红色的历史也必然与劳动紧密相关,梳理红色文化所体现的劳动思想的内容,大致有以下几个方面。

(一) 劳动定位:人人都要劳动

劳动是人类的本质,可以说劳动创造了人,劳动也发展了人。中国共产党本身就是为着解放旧社会的劳动人民,使其从被剥削中挣脱出来,从而拥有自由而平等的劳动权利而诞生的。李大钊在1919年曾指出,青年要成为时代新青年,首先要改变思想,怎么改变呢,他认为要"到最受压迫,最痛苦的劳动中去"②。可见,要解放劳动大众必须深入劳动大众,先使自己成为劳动大众,这样才能感同身受,使命感才会更加强烈。毛泽东认为当时中国劳苦大众主要指的就是农民,当时受剥削和压迫最严重的是农民,他多次到农村调研,写出了大量关于农民问题的调查报告。他看到了在农村"地主人口不过1%,富农人口不过5%,而贫农、中农人口则占80%。一方面以6%的人口占有土地80%,另一方面以80%的人口则仅占有土地20%"③。所以,要打破这种不平等,"共劳"然后"共享",这样社会的公平性才能体现出来。1939年全面抗战已进入相持阶段,为应对根据地困难的经济状况,毛泽东提出了"自己动手,丰衣足食"的号召——党政军民学都参与到生产劳动中。到了1942年我们党又进一步提出了"发展经济,保障供给"的总方针,包括农业生产、工业生产等一系列民生工厂在政府、军队、学校等建立起来,可

---

① 《马克思恩格斯文集》第4卷,人民出版社2009年版,第313页。
② 《五四时期期刊介绍》第1集,人民出版社1958年版,第107页。
③ 《毛泽东文集》第2卷,人民出版社1993年版,第383页。

以说是真正做到了自己劳动养活自己。这一方面使我们在革命上有了独立自主的底气，另一方面，从劳动实践上看也体现出了社会主义公平正义的本质。周恩来说，"无产阶级品质之所以可贵，就是依靠自己的劳动，靠劳动的成果。"① 劳动最光荣，没有人不劳而获，这就从行动上彻底结束了旧社会人剥削人的问题。邓小平也讲过，"党员必须是从事劳动而不剥削他人劳动的人……必须使每一个党员在劳动和剥削之间，坚决地划清界限。"② 人人参与劳动，人人创造幸福，这是千百年来人民的愿望，也是社会主义的本质要求，同时它也为个人奋斗指明了方向，劳动成了人存在的充分条件，劳动多少成了人存在的道德准则。

（二）劳动态度：尊重劳动和劳动者

劳动成为社会道德，劳动者的身份也成了一份荣耀。1939年，毛泽东在延安地区的秋收大会上发表演说，大力颂扬劳动的重要性，他说，"看不起劳动是不对的。世界上最有学问的人第一是工人农民，'万般皆下品，唯有读书高'的观点是不对的，应当改为'万般皆下品，唯有劳动高'。"③ 这其实体现了把经济工作看作中心工作的观点，毕竟在解决了温饱之后，才能解决革命及其他一切问题。在新民主主义革命时期，党领导下的军队可以说一手拿着枪杆子，一手提着"钱袋子"。当时，军队的生产活动是全面性的，垦荒、种田、打柴、喂猪、烧炭、纺线等无一不涉及。毛泽东强调道，要实现武力和劳力结合发展的策略，"把战斗任务和生产任务同样看重"④。这一策略或者说模式在今天来看，可能很多人要提出疑问——当时的战斗那样频繁，搞生产不是耽误战斗吗？其实，这种质疑声在当时也是很多的，毛泽东正是回应质疑，并总结晋察冀根据地的经验时才强调和阐释了这一观点，事实证明这当然是很有效的。在新中国成立后，我们同样尊重劳动、重视劳动。在1950年庆祝新中国的第一个劳动节上，刘少奇直接指出，"劳动应该成为世界上最

---

① 中共中央文献研究室、中央档案馆编：《建国以来周恩来文稿》第2册，中央文献出版社2008年版，第249页。
② 《邓小平文选》第1卷，人民出版社1994年版，第242—243页。
③ 《毛泽东年谱（1893—1949）》（修订本）中卷，中央文献出版社2013年版，第141页。
④ 《毛泽东选集》第3卷，人民出版社1991年版，第1022页。

受尊敬的事情，劳动者应该成为世界上最受尊敬的人们，而劳动节就应该成为我们人民和国家最值得纪念和庆祝的一个节日。"① 这可以说是从国家层面表明了对劳动和劳动者的态度和尊重的程度，并且强调对于能在劳动中有突出作为的要给予更大的尊重和荣耀。相反，要把有劳动能力和劳动条件，而不参与劳动看作是羞耻的事情，这其实体现的就是我们现在常讲的"劳动最光荣"的思想。

（三）劳动典型：注重树立劳模

劳模是"劳动最光荣"的具体化，如今劳模已成为中国社会高度认可的一个群体。1943年2月9日，陕甘宁边区政府发布了《陕甘宁边区政府关于调查历年来农业生产中的劳动英雄予以奖励的命令》，要求各分区、县选举农业生产中的劳模，当时定的总数是150—200人。分为两类：一类是"劳动英雄"，大致的条件有三条：自己是劳动好手，推动他人劳动进步，热爱边区、遵守法纪；另一类是"模范生产工作者"，要求身份是从事与生产有关的干部。为了明确选出来的是真正的劳模，当时还特意强调，不看出身，如以前是"二流子"，但转变较大堪当表率者，亦可当选。到了1943年11月26日，边区召开了3万多人参加的表彰大会，规模上看可以说盛况空前。这是中国历史上第一次被誉为"中国劳动人民空前荣典"的大会，来自各地的185名劳模接受了表彰。当时为何要选劳模呢，其深刻意义是什么呢？毛泽东有过回答，在1945年他总结了三点：带头作用、骨干作用、桥梁作用。桥梁主要是指连接领导和普通大众。显而易见，这个时候的考量主要还是从生产角度。到1950年，毛泽东进一步深化了认识，从政治上论述了劳模的伟大意义，他说，"你们是全中华民族的模范人物，是推动各方面事业胜利前进的骨干，是人民政府的可靠支柱和人民政府联系广大群众的桥梁。"② 如果把人看作生产力，此时考量的是注重挖掘先进生产力，后续我们在多方面又深化了这种认识，比如注重把劳模吸纳成共产党员，以补充党的先进成分和新鲜血液等。总之，选树劳模是一个成功的经验，现在国家级

---

① 《刘少奇选集》下卷，人民出版社1985年版，第10页。
② 《毛泽东文集》第6卷，人民出版社1999年版，第95页。

劳模每五年评选一次,劳模这个群体在激励劳动者意志、引领社会进步方面发挥了巨大的积极作用。

(四)劳动平等:脑力劳动和体力劳动同等重要

劳动平等强调对体力劳动和脑力劳动一视同仁,其具体化也体现为平等对待所有劳动者。在"五四"时期,工人为争取合法平等的地位,曾提出了"劳工神圣"的口号。"五四"过后,"劳工神圣"的口号被广泛接受,并且在工人运动中发挥了巨大作用,这里的"劳工"不是单指工厂里做工的体力工人。"劳工神圣"更多强调的是自食其力,"劳工"相对的是不劳而获的纨绔子弟、剥削人民的旧军阀等人,可以看出,劳动平等的观念在这个时候已体现出来。中国共产党成立后,也一再强调劳动者应包括脑力劳动者和体力劳动者,对于脑力劳动者的重要性,周恩来和邓小平等老一辈领导人都曾强调过,如邓小平讲,"要反对不尊重知识分子的错误思想,不论脑力劳动,体力劳动,都是劳动。"[①] 在生产条件有限的年代,我们迫切地需要体力劳动来生产生活必需品,而在生产满足以后,脑力劳动的作用便被凸显了出来,这时又容易滋生轻视体力劳动的思想。对于这种问题,刘少奇讲过,"体力劳动者应当被尊重,他们是工人阶级的基本队伍。"[②] 正所谓国家发展需要"国家主席",也需要"掏粪工",他们只是革命分工不同,但他们在性质上都是"人民的勤务员"。在新中国成立后,我们也一再强调要消除偏见,将脑力劳动和体力劳动相结合,共同推动社会向前进步。

(五)劳动节俭:珍爱劳动成果

勤俭一直是中华民族的传统美德,中国共产党将这一传统在法律和制度层面更加具体化。在革命年代缺衣少食,形势倒逼着人们要艰苦奋斗、勤俭节约,但革命胜利后我们党没有忘记这一光荣传统。毛泽东一再强调必须坚持这一作风,他说,"执行厉行节约,反对浪费这是一个勤俭建国的方针。"[③] 面对很多干部出现的问题,我们党在新中国成立初开展

---

① 《邓小平文选》第 2 卷,人民出版社 1994 年版,第 41 页。
② 《刘少奇论教育》,教育科学出版社 1998 年版,第 67 页。
③ 《毛泽东文集》第 7 卷,人民出版社 1999 年版,第 240 页。

了轰轰烈烈的"三反"运动，其中有一条就是"反浪费"。相比于一些人浪费奢靡的作风，老一辈革命领袖一直严格要求自己。毛泽东到各地视察要求一律按伙食标准用餐，不搞特殊接待。三年困难时期，周恩来作为国家总理，在日常生活中带头不吃细粮和肉食。面对一些人逐渐淡化的节俭意识，朱德曾号召全党抵制这种不良作风。1957年朱德在中华全国手工业合作社代表大会上重申了这一观点，他说，"我们将依靠我国全体人民的勤劳和节俭，在原来很落后和贫穷的一个东方大国的土地上，建成一个先进和富强的社会主义国家。"① 朱德可谓践行节俭的典范，爱国将领续范亭曾写诗评朱德"时人未识将军面，朴素浑如田家翁"。如果是第一次见到朱德，很难将这样一个朴素的老者同叱咤风云的将军联系起来。朱德自己也有诗写勤俭："勤俭建国家，永久是真言。"这里的"勤"体现了艰苦奋斗，而"俭"则体现了珍惜劳动成果。如果把老一辈革命家们的这种精神深化，则会发现他们这样做的初衷，始终是"要想着国家"，所以这更是一种奉献精神的体现。

二 红色文化中蕴含的劳动思想的价值逻辑

红色文化中蕴含的劳动思想既有对马克思主义理论和中国传统文化的继承，也有对历史经验的灵活运用，同时更是出于解决现实问题而进行的实践考量，综合来看，其体现的逻辑可以从以下三个方面进行把握。

（一）理论逻辑：劳动创造了人本身

马克思主义理论认为劳动创造了人类，正因有了劳动，人类才区别于动物，"当人开始生产自己的生活资料，即迈出由他们的肉体组织所决定的这一步的时候，人本身就开始把自己和动物区别开来。"② 动物是从自然界直接获取生活资料，而人则会创造，所以，劳动是一种创造活动，而创造就必然要有价值的体现，马克思主义认为这种价值有三个方

---

① 《朱德选集》，人民出版社1983年版，第366页。
② 《马克思恩格斯文集》第1卷，人民出版社2009年版，第519页。

面。第一，劳动的为己性。人首先是自然存在物，维持生命是第一需求，这就必须要劳动。第二，劳动的为他性。人是社会动物，所以只为自己劳动，按照马克思的观点，那他永远成不了伟大的人物。劳动在此时体现出了类劳动的性质，因为通过劳动，人证明自己是类存在物，进一步说劳动联系了彼此，促进了人与人之间的关系。马克思指出，"个人只为别人而存在，别人也只为他而存在。"① 这就为我们推崇"我为人人，人人为我"的思想提供了理论基础。第三，劳动促进了人类的自我实现，即在前两个价值的基础上，劳动帮助其他人完成了"人化"。在劳动中，通过不断地创造财富和提高生产力，原有的生产方式会被打破，人类的生产关系也会被打破。革命年代，打破私有制的剥削关系，推动人类最终获得解放即是革命的终极目标。在劳动产品方面，人通过创造属于自己的所有物来摆脱被异化的窘境，当然这需要所有人共享劳动成果，劳动过程在这个逻辑下也是一个快乐的过程。从一定的视角来看，劳动在马克思这里也是一种斗争方式，与自然作斗争，与剥削作斗争，我们推崇全民劳动，一方面是满足自身需求，另一方面也是解放自身的必要方式。

（二）历史逻辑：群众路线是党的生命线

群众路线是我们党的生命线和根本工作路线，在红色文化蕴含的劳动思想中也充分体现了这一价值逻辑。首先，追溯到源头，这体现了人民是历史发展的根本动力这一历史唯物主义观点。毛泽东指出，"人民，只有人民，才是创造世界历史的动力。"② 中国共产党从人民中诞生，1935年瓦窑堡会议就曾指出"共产党不但是工人阶级的利益的代表者，而且也是中国最大多数人民的利益的代表者，是全民族利益的代表者"③。在中国，农民和工人占据了绝大多数，是最广大的劳动人民，所以共产党就必然要依靠工人和农民的力量才能推动革命及一切伟大任务的完成。其次，党的劳动思想的演进离不开对群众的组织与领导。无论

---

① 《马克思恩格斯文集》第1卷，人民出版社2009年版，第236页。
② 《毛泽东选集》第3卷，人民出版社1991年版，第1031页。
③ 《建党以来重要文献选编》第12册，中央文献出版社2011年版，第547页。

是土地革命解决农民的生产资料问题,还是大生产运动解决人民的生活资料问题,共产党始终深入群众、动员群众、组织群众、教育群众、培养群众,正是有了群众的广泛参与,一切劳动目标才能顺利完成。最后,劳动成果由所有人民共享,这体现了共劳共富的观念。从激励每一个劳动者参加劳动,让劳动成为群众社会生活的精神动力,到"我为人人,人人为我"的观念的形成,都映射着劳动无贵贱、劳动者平等的思想,每一份劳动只要对社会有益,它就是有价值的,只要劳动者在自己的行业干出成绩,他都会成为所有劳动者共同尊敬的楷模。

(三)现实逻辑:依靠劳动治理

劳动伴随价值的产生会对社会输出实际的效能,所以劳动回到现实上来说是要解决问题的。从宏观上看,共产党的劳动经验体现出了两个问题逻辑:一是经济,二是政治。

经济方面也体现出两层逻辑,一是生存,二是发展。1938年底,边区的经济状况十分严峻。毛泽东说,"想到有一天没有钱、没有饭吃,那该怎么办?无非三种办法,第一饿死;第二解散;第三不饿死也不解散,就得要生产。我们来一个动员,我们几万人下一个决心,自己弄饭吃,自己搞衣服穿,衣、食、住、行统统由自己解决。"[①] 可见,"大生产"首要解决的是生存问题,所有人都参与生产,毛泽东、周恩来等也不例外。在大力推动经济发展的过程中,自然提升了人们对经济工作的重视,今天我们的总路线"一个中心,两个基本点",这个中心仍然是经济工作,当然,当时经济工作还得围绕另一个中心——"革命战争"。另外,在生产中也积累了一些经验,如形成了各种互助组、合理分配劳动力等,这也体现了发展的逻辑。如果从物质维度考量,发展是解决生存之后的下一阶段,而实际在生产过程中都要体现发展,二者是并列关系。例如在苏区创办了合作社,初衷是为解决经济封锁问题,但通过群众的入股,共同经营等,消费合作社、生产合作社、信用合作社等相继创立,为巩固和发展苏区的经济都作出了巨大贡献。

---

① 《毛泽东传》第2册,中央文献出版社2011年版,第618页。

从政治上来看，其实经济发展也直接巩固了政治的稳定。毛泽东讲，"为着从经济建设去巩固工人和农民的联盟，去巩固工农民主专政，去加强无产阶级的领导。"① 这里的逻辑是越是能满足群众的物质利益，政治也就越稳定，所以劳动能发展生产力，进而也能稳固政权。

另外，劳动也被作为政治反腐的一种方式，新中国成立初期开展"三反"运动的原因之一就是有些干部产生了"以脱离体力劳动为荣"的思想，滋生了享乐主义的不良风气。1957年中央整风运动要求所有干部，除年龄太大、身体有病外，必须参加一定量体力劳动，其目的在中央下发的文件中有明确说明，"改造干部思想作风，提高干部政治觉悟和实际工作能力。"② 在1958年9月，中央又出台了文件明确了机关与企事业等部门的干部一年至少要参加一个月的体力劳动。在一系列的制度施行中，一方面强化了干群关系，让干部回到群众，了解群众，相信群众，学习群众，使群众智慧永远滋养着党；另一方面，干部的能力和素质也得到了大幅提升，无论是政治上，还是业务上。干部同群众打成一片，为群众办实事，自然成了受群众拥护的好干部。对于生产一线的干部，党更是重视其劳动情况，毛泽东曾指出，"如果管理人员不到车间、小组搞'三同'，拜老师学一门至几门手艺，那就一辈子会同工人阶级处于尖锐的阶级斗争状态中，最后必然要被工人阶级把他们当作资产阶级打倒。"③ 可见，劳动已被作为一种有效的治理干部的手段。

三 红色文化中劳动思想的时代价值启示

红色文化中蕴含的丰富劳动思想既是老一辈共产党人成功经验的总结，也是我们党要不断传承的成功密码。如今我们党已经走过了百年征程，但千秋伟业，百年只是序章，站在新的起点上，谋划新的发展蓝图，我们要从老一辈的劳动思想中汲取智慧，继续滋养今天的事业。

---

① 《毛泽东选集》第1卷，人民出版社1991年版，第119页。
② 中共中央文献研究室编：《建国以来重要文献选编》第11册，中央文献出版社1995年版，第194页。
③ 中共中央文献研究室编：《毛泽东传》第6卷，中央文献出版社2011年版，第2356页。

(一) 劳动是实现梦想的最好方式

马克思说,"任何一个民族,如果停止劳动,不用说一年,就是几个星期,也要灭亡。"① 我们党带领人民创造的每一个成就,完成的每一个任务,无不是脚踏实地干出来的。邓小平讲,"世界上的事情都是干出来的,不干,半点马克思主义都没有。"② 正所谓"空谈误国,实干兴邦"。劳动的实质就是干,具体到实践中,体现出如下几个逻辑。一是为什么要劳动,因为劳动才能创造价值和文明,才能推动社会主义事业向前发展,才能改善人民的生活质量,中国梦才有实现的可能。二是谁来劳动,中国梦是每一个中国人的梦,无论干部还是群众,无论知识分子还是工人农民,职业无贵贱,身份无区别,每一个劳动者都应该在自己岗位尽职守责,承担起相应的职责和使命,以实际行动诠释"劳动创造幸福,实干成就伟业"。三是怎样劳动,从大的方面说,做好长远规划,目标与劳动相结合,这样在实现目标时劳动才有方向,通过阶段性劳动目标的实现完成长远目标。从小的方面看,劳动方式、劳动工具、劳动思维等都要与时俱进,紧跟时代,这样既能提升劳动效率,也不至于做无用功。四是劳动怎么样,这是成果的考量。想干事情、能干事情、敢干事情,最终还要落到"能干成事情"上,劳动不是口号,也不是走秀,劳动方向对不对,有没有真劳动,成果会说话。总之,伟业实现要靠劳动,美好生活更要靠劳动。

(二) 依靠劳动人民,为了劳动人民

劳动理论是马克思主义的基础理论,其价值旨归自然也指向了为劳动者发声,它的实际效能的发挥也必然离不开劳动人民的推动。马克思说,"哲学把无产阶级当作自己的物质武器,无产阶级也把哲学当作自己的精神武器。"③ 同样的逻辑,中国共产党依靠广大劳动人民才完成了革命、建设的任务,同时,劳动人民也依靠共产党的组织领导才过上了

---

① 《马克思恩格斯文集》第 10 卷,人民出版社 2009 年版,第 289 页。
② 中共中央文献研究室编:《改革开放三十年重要文献选编》下,中央文献出版社 2008 年版,第 1688 页。
③ 《马克思恩格斯全集》第 3 卷,人民出版社 2002 年版,第 214 页。

好日子，二者相互成全，具有统一性。总结彼时经验，有三点启示。第一，要保障劳动人民的主体地位。劳动思想不是一天形成的，对劳动者范围的认识也不是一天确定的，所以要及时更新对劳动者、劳动工具、劳动方式等的理论认知，为劳动者创造更多更完善的劳动条件。第二，坚持问题导向，及时解决劳动人民的切身利益问题。在战争年代，特别是在经济困难时期，我们在民生问题的认识上，曾把群众的米、盐、衣服、生小孩、盖房子等一系列问题都考虑进来，并且毛泽东还特意强调，我们不但要提出问题，关键还要解决问题，这样才是真正的服务群众。第三，尊重所有劳动者，不搞歧视偏见。劳动者无论年龄、性别、民族、岗位等一律是平等的，维护劳动者的利益，既要维护所有劳动者的利益，也要协调好他们之间的相互关系，这样社会才能有效运转，劳动生产力的活性才能充分释放出来，也才能更有益于劳动价值的创造。

（三）劳动是一种重要的教育方式

劳动与教育一直是不分家的，从经验来看它的作用体现在两个方面，一是提升了劳动能力，二是强化了劳动精神。马克思曾指出："未来教育对所有已满一定年龄的儿童来说，就是生产劳动同智育和体育相结合，它不仅是提高社会生产的一种方法，而且是造就全面发展的人的唯一方法。"[1] 在红色文化形成的年代，我们党一直注重用劳动育人。在延安时期，陕北公学的青年学员入校的第一课就是动手建造自住的窑洞，抗大校歌的最后一句是："我们是劳动者的先锋。"1939年在制定《大量吸收知识分子的决定》时，毛泽东强调要注重让知识分子和工农干部相互学习，互相影响，即"两化"的思想。在具体干部培养中，我们党把参加劳动作为干部的必修课，这既提升了干部的工作能力和心理素质，也从总体上改善了干群关系，肃正了干部的工作作风，很大程度上遏制了腐败问题，整体上提高了党的形象。

新中国成立后，我们对青少年的教育，也一直注重与劳动相融合。在制定相应的教育方针时，我们始终把"接班人"定位在"劳动者"身份上。但由于城市青年的生长环境制约，参与生产劳动的条件有限，

---

[1] 《马克思恩格斯选集》第2卷，人民出版社2012年版，第230页。

1965年毛泽东直接指出，青少年"从小学到大学，一共十六七年，二十多年看不见稻、粱、菽、麦、黍、稷，看不见工人怎样做工，看不见农民怎样种田，看不见怎样做买卖，身体也搞坏了，真是害死人"①。这才有了后来的"到农村去"。

在强化劳动精神方面，劳动者通过深入劳动和接受宣传教育等，自然提高了对劳动的认识。所以从经验来看，要讲好劳动者的故事，广泛宣传、长久宣传，使劳动精神、劳模精神、工匠精神等深入人心，从而汇聚劳动力量，释放劳动能量。同时，完善劳动保障政策和制度，维护劳动者权益，推动更多劳动的先进力量输出劳动价值。

参考文献：

《马克思恩格斯选集》第2卷，人民出版社2012年版。
《马克思恩格斯文集》第4卷，人民出版社2009年版。
《毛泽东年谱（1893—1949）》（修订本）中卷，中央文献出版社2013年版。
《毛泽东文集》第2卷，人民出版社1999年版。
《毛泽东选集》第3卷，人民出版社1991年版。
《邓小平文选》第1卷，人民出版社1994年版。
《李大钊选集》，人民出版社1959年版。
中共中央文献研究室编：《新中国成立以来周恩来文稿》第2册，中央文献出版社2008年版。
中共中央文献研究室编：《建国以来重要文献选编》第11册，中央文献出版社1995年版。

---

① 《毛泽东年谱（1949—1976）》第5卷，中央文献出版社2013年版，第548页。

日常生活形态思想政治教育探析[*]

王 哲[**]

【摘　要】 日常生活形态思想政治教育指关注日常生活情境中现实个人的思想状况、在人们日常生活世界中以适当形式加以开展，基于空间转向而在内容、形式上相应调整以呈现出整体面貌改变的思想政治教育新形态。其出场理由源于常规学校课堂教育形态内容相对枯燥、覆盖面有限、针对性不足等问题。日常生活形态思想政治教育的开展应处理好内容供给与对象需要、宏观"大道理"与微观"小事件"、思想性内容与生活化形式间的关系等，并在实践中将生活事件作为承载内容的问题域、生活情境作为开展教育的情境场、信息技术作为不可或缺的支撑柱。

【关键词】 思想政治教育；日常生活形态出场；原则；实践进路

党的十九大报告指出，"中国特色社会主义进入新时代，我国社会主要矛盾已经转化为人民日益增长的美好生活需要和不平衡不充分的发展之间的矛盾。"[①] 将"美好生活需要"作为新时代我国社会主要矛盾的一个方面，这一表述体现出党对人民群众生活世界的关注和重视。事实上，人民群众的点滴生活小事与国家发展的宏大政治叙事之间从来都不是相

---

[*] 基金项目：江苏省社科基金青年项目"新发展阶段思想政治教育形态转型与建构研究"（项目编号 21MLC010）。

[**] 王哲，南京理工大学马克思主义学院讲师，江苏省习近平新时代中国特色社会主义思想研究中心南京理工大学基地研究员，研究方向为思想政治教育基础理论。

[①] 习近平：《决胜全面建成小康社会　夺取新时代中国特色社会主义伟大胜利——在中国共产党第十九次全国代表大会上的报告》，人民出版社 2017 年版，第 11 页。

互孤立和脱节的,二者间通过人的思想观念和精神世界发生关联。具体来说,生活世界是人们置身其中日常起居的现实情境,人们在日常情境中获得最为直观真切的生活体验,这些体验对人们思想认识、价值观念的形塑起着潜移默化却深远持久的影响;而思想观念上的倾向和态度直接关涉人们对国家大政方针的理解与认同,进而影响国家政治生活的发展走向。因此,思想政治教育必须重视人民群众的日常生活世界,将其纳为自身开展并实现的空间和场域,建构一种生活化运作形态。

一 日常生活形态思想政治教育的出场及含义

通常来说,思想政治教育作为一项特殊的教育活动,其开展和实现的场所主要是学校,学校教育基于其系统性、正规性特征与家庭教育、社会教育相区分。作为我们党一项在革命、建设、改革各个时期发挥"生命线"作用的光荣传统,思想政治教育在对人民群众澄清观念认识、协调价值冲突、凝聚思想共识方面发挥了不可替代的重要作用。正是基于此,思想政治教育历来被视为一项严肃、认真的工作,多数情况下是在正式场合中进行的,较少涉及人民群众的日常生活世界。这种运行方式的优势自然不必多说,但随着社会实践的发展,人民群众思想观念及其接受理论教育的方式日渐多元,由此产生的问题也逐渐显露出来。

常规思想政治教育以理论宣讲形态为主,其弊端主要表现为:首先,内容形式相对抽象和枯燥,针对性不强。学校教育基于自身特点比较注重系统性和理论性,在内容设计和呈现方式上讲求逻辑性与整体性,理论体系的内在条理与逻辑具有抽象性特征,理解和接受起来具有一定难度,要求具备一定的思维基础和能力。同时,逻辑严密的理论体系相对较为稳定,在输出方式上注重整齐划一,由此不可避免地带来忽视受教育者个体差异的问题,产生理论体系的整体性宣讲与受教育者具体个性的思想状况之间的矛盾,从而出现针对性不强、指向性不够的现实问题。其次,涵盖面有限,难以波及社会各阶层人群。从广义的角度来理解思想政治教育,主要包含以下几种形式:学校教育通常采用课堂教学方式,受教育者为各年龄段在校学生;政府机关和企事业单位通常采用学习研讨、开会、谈话等形式进行，对象基本为本单位员工；社会层面最常见的宣传方式有书报、电视、网络等媒体，以及宣传标语、公益广告等形式。相比较而言，这几种方式的教育效果前两种要好于第三种，但只能针对特定人群进行；第三种社会教育虽然覆盖面广，但实际效果远不如前两种。因此内容效度与覆盖广度的矛盾成为传统形态思想政治教育所面临的一个现实困境。最后，教育内容与人的发展需要、生活体验存在脱节。传统思想政治教育在价值取向上注重整体价值，突出满足国家发展需要的社会本位，在内容上多为宏观、抽象的"大道理"，而这些"大道理"与民众具体生活和现实需要间难免存在一些距离。尽管从理论上看个体只有在一定社会关系中才能够生存和发展，国家与社会的繁荣稳定是个人发展的前提；但对普通民众而言这一朴素的道理并不容易理解，他们更加关心和在乎的是柴米油盐这些日常琐碎，是摆在眼前的现实焦虑和困惑。因此，如果不能将"大道理"有机地融入"小事情"中去，思想政治教育便会与人民群众的实际生活和思想问题相脱节，从而产生思想政治教育"假大空"的负面认识。

这些问题表明，尽管传统形态的思想政治教育有其自身独特方式和价值，但随着社会存在的发展也需要在内容设计、实现方式、运行场域等方面进行相应的调整和扩展，以适应新的形势和需要，由此呼唤一种面向生活世界、克服传统弊端的思想政治教育新形态。

这种日常生活形态，指关注日常生活情境中现实个人的思想状况，在人们日常生活世界中以适当形式加以开展，是一种基于空间转向而在内容、形式上相应调整以呈现出整体面貌改变的思想政治教育新形态。首先，日常生活形态思想政治教育是以空间和场域作为基本标准加以认定和划分的。一般来说，形态是指事物的外在形象和样态，是一种整体性的感性直观，而思想政治教育形态是指"思想政治教育具体的存在状态与表现样式"[1]。形态总是在情境中呈现的，随着情境和视角的变化，事物的形态有多种呈现；因此划分思想政治教育形态同样具有多重视角与标准。从运行和开展的空间场域来看，与学校教育形态相对应，思想政治教育可以进一步衍生出日常生活形态。这里所说的空间，指具体的

---

[1] 叶方兴：《论思想政治教育形态》，《学术论坛》2019年第4期。

思想政治教育活动开展时所直接依托并影响的时空环境,从这个意义上讲,思想政治教育空间属于思想政治教育环境系统的一个组成部分,与思想政治教育活动产生直接关联和影响。其次,将空间场域作为形态划分的依据,并不是说日常生活形态思想政治教育与其他形态思想政治教育的区别仅仅在于在什么地方开展和进行,而是基于空间场域的不同所引发的教育内容、方式等的整体性适应与调整。一方面,由于日常生活空间与学校空间相比有很大区别,系统性、理论性、注重整齐划一的学校教育方式很难在日常生活空间中开展和进行,因此必须相应作出调整;另一方面,尽管划分标准是基于特定视角,但正如概念所示,形态是对事物整体性状态和样貌的描绘与表征,因此日常生活形态也是对思想政治教育整体运作状态的概括,而不只是针对其某一方面。最后,从人的思想品德结构来看,日常生活形态思想政治教育更加注重"情"和"行"这两方面要素,强调直观的体验性。人们思想观念的养成与践行需要一个内化外化的过程,其间涉及知情意行多重因素,这些因素相互作用影响,是一个不可分割的有机整体。其中认知是前提和基础,行为是落脚点,情感意志是中介与纽带。通常课堂教育形态主要强调认识因素,但这是不够的,没有情感意志的催化作用,认知只是一种中立的客观评价,而不会转变为内在认同,这种情况下即使作出一定的行为表现,也并非发自内心,而是出于某种外在约束。而日常生活形态注重在具体情境和问题中渗透价值观念,突出情感和行为要素,具有强烈的参与感与体验性,能够有效弥补学校教育形态中的问题,从而促进人的思想品德结构各要素完整协调,相互作用提升教育实效。

二 日常生活形态思想政治教育的原则遵循

将思想政治教育的实施场域扩展到人民群众的日常生活空间,需要特别关注并处理好几对关系,对这些关系的理解和把握构成其得以运作和实现的基本原则遵循。

供给与需要的关系。从生发缘由的角度讲,之所以主张日常生活形态的思想政治教育,就是为了关注并重视人民群众的现实需要。传统形态思想政治教育由于其预先设定好的内容逻辑及其偏向社会本位的价值取向，对受教育者个体的现实情况及其需要关注不够，导致供给与需求间衔接不畅，在一定程度上出现了"独角戏"式的自说自话局面；日常生活形态思想政治教育正是为了弥补传统形态这一弊端，力求将"一厢情愿"的单向输出转化为"你情我愿"的双向互动，实现由"供给侧"向"需求侧"的转化。马克思曾论述过需要对于人类社会历史发展的重要意义，"已经得到满足的第一个需要本身、满足需要的活动和已经获得的为满足需要而用的工具又引起新的需要，而这种新的需要的产生是第一个历史活动"[1]，从中不难看出需要的产生与满足对人的实践活动具有原发性意义。进一步讲，满足主体需要的属性构成客体较之于特定主体而言的价值，而是否具有价值以及价值程度的大小则是衡量事物存在属性的重要标准，因而对人民群众思想观念和精神文化需要的满足为思想政治教育赋予了存在论依据。

满足需要取决于两个方面，一是供给的内容，二是供给的方式，对思想政治教育来说，这两个方面共同指向了人民群众的现实生活世界。具体而言，就需要和供给的内容方面，思想政治教育所要解决的是人的思想困惑，在当下主要表现为理想与现实、个人与社会间的矛盾关系，而这些思想困惑的产生归根到底源自现实的物质生活。思想政治工作者应明确这一认识，回避现实问题而单纯停留在思想领域并不能够解决实际问题，"'思想'一旦离开'利益'，就一定会使自己出丑"[2]。这里所说的"利益"，包含而不局限于经济利益，但都源自人的现实物质生活及其需要。因此，思想政治教育绝不能仅仅停留在观念层面空喊口号，必须自觉主动关注人民群众的实际需要和问题，在其现实生活中寻找答案并以自身的方式去推动问题的解决。当然，这只是问题的一个方面。另一方面是，思想政治教育要解决思想问题离不开对现实物质生活的关注，但仅仅依靠思想政治教育也难以解决这些问题特别是"利益"问题。因此，思想政治教育并不能"孤军奋战"，而必须同发展生产、合理分配、政策安排与导向等社会生活其他方面有机结合在一起，同向发

---

[1] 《马克思恩格斯文集》第1卷，人民出版社2009年版，第531—532页。
[2] 《马克思恩格斯文集》第1卷，人民出版社2009年版，第286页。

力才能够从根本上解决这一问题。

从思想政治教育供给方式的角度看，习近平总书记对思政课有过精彩的论述和比喻，一方面，"思想政治理论课是落实立德树人根本任务的关键课程"①，对处于人生"拔节孕穗期"的青少年而言至关重要，其作用不可替代；另一方面，思政课对青少年成长的作用有如盐对人体的重要意义，虽必不可少，但只有做到"盐溶于水"，才能够被接受和吸收。要做到"盐溶于水"，实际就是对思想政治教育供给方式加以探索和创新，而日常生活形态便是对此的一个探索与尝试。日常生活形态思想政治教育，从教育方式的角度看最主要的特征是注重生活性，在具体问题中以人民群众喜闻乐见的方式加以引导，使其易于接受、乐于接受；在此基础上应力求渗透性，使其"日用而不觉"，在看似无关的问题和情境中接受熏陶与引导，做到潜移默化、润物无声，切忌生硬说教。

宏观与微观的关系。这实质上是指思想政治教育所要传导的理念与其载体间的关系。就内容理念而言日常生活形态思想政治教育同其他形态思想政治教育一样都是相对宏观的"大道理"，就方式载体而言日常生活形态思想政治教育则偏向于具体微观的"小事件"，因此处理好"大道理"与"小事件"之间的关系便是其需要认真思考的问题。总体上日常生活形态思想政治教育主张以微观叙事的方式传递宏大话语，既要做到以宏观政治话语统摄和引导日常生活，同时不能够将其掩盖和遮蔽；又要在具体生活实践中隐喻抽象价值观念却不将其抛掷和消解。这一矛盾的处理实质上涉及思想价值导向在多大范围、何种语境下可能的问题。一方面，思想价值取向作为一种观念性导引，自然具有一定的抽象性与宏观性，是对具体事件的上升和概括，否则便不能称之为"观"；另一方面，思想认识和价值取向必须以具体事件作为支持，否则便是纯粹抽象和空洞的观念。因而合理的"度"便成为解决这一问题的关键。在哲学中"度"是"事物保持自己质的量的限度、幅度、范围，是和事物的质相统一的数量界限"②。也就是说，"度"意味着一定的范围和边

---

① 习近平：《用新时代中国特色社会主义思想铸魂育人　贯彻党的教育方针落实立德树人根本任务》，《人民日报》2019年3月19日第1版。
② 李秀林、王于、李淮春：《辩证唯物主义和历史唯物主义原理》（第五版），中国人民大学出版社2004年版，第173页。

界，在这一边界之内事物能够保持自身的属性与稳定。具体到日常生活形态思想政治教育而言，思想性内容与生活化形式都是不可或缺的基本规定，离开前者便不是思想政治教育，离开后者便同常规形态无异。这两重规定在"度"的意义上较之于常规学校教育形态，思想性内容的成分相对较少。生活化形式的比例相对较高，唯有如此才能够保证这一形态的存在与稳定。此外还需注意的一点是，思想政治教育必须尽可能协调生活事件与理论主张的关系。当遇到难以避免的冲突矛盾时思想政治教育要能够作出合理的解释并尽可能协调，使之同向而行，不相互掣肘，否则教育效果将大打折扣。

思想性内容与生活化形式的关系。日常生活形态思想政治教育注重在具体日常、轻松愉悦的情景中开展教育活动，这很容易导致另一极端即过分强调娱乐性形式而忽视思想性内容，进而消解了对人的思想观念进行教育引导的本意。这种情况近年来即使是在常规的学校教育形态中也已经出现，例如在思政课堂上，一些老师为了改变以往思政课内容枯燥、不受欢迎的问题，设计了许多形式新颖、生动有趣的手段，如交互式探讨、沉浸式体验等。这些新颖的形式确实能够抓住学生眼球，课堂氛围和参与度有了很大提升；但同时新颖、有趣的教学方式也很容易将学生的注意力和关注点转移到形式本身，而真正要传递的思想内容被遮蔽和架空，出现喧宾夺主的问题。再如实践活动，本意是通过考察、参观等途径进一步强化理论认识，促进观念的内化认同与外化践行，但现实中出于人力物力等原因，很多实践活动流于形式、缺乏管理引导，其真正收到的效果微乎其微。较之于常规课堂和实践教学中已经出现的这些问题，日常生活形态思想政治教育更易产生问题，更应加以注意。究其原因，还是在于日常生活情境的自在性、随意性，每日起居的日常情境使人感到轻松自在，有助于放下戒备从而成为开展教育引导的切入口，但同时也极大地降低了思想政治教育的严肃性，导致出现表面上轻松自在、敞开心扉、热热闹闹，然而实际上并没有太多收获的尴尬局面。

从学理性角度看，这实际上体现出内容与形式的对立统一关系。思想观念与价值取向是任何思想政治教育活动的核心所在，其作为内容是构成事物的基本要素；生活化情境与轻松自在的氛围作为形式则是内容的组织结构与呈现方式。从根本上讲，内容决定形式，但形式也会对内容产生反作用。日常生活形态思想政治教育之所以可能，从内容的角度看，是因为人们的思想观念归根结底源自现实的物质生活；而日常生活形态思想政治教育之所以必要，从形式的角度看，正是由于这种轻松自在的方式有助于人们更好地接受和认可其背后所传递的理念。因此，在内容与形式这对矛盾的处理上，日常生活形态思想政治教育要做到"执两端而取其中"，既不能将传统的学校教育形式简单移植，将课堂上的理论宣讲搬到生活中，以内容掩盖形式，丧失日常形态的特色；更不能过分拘泥于具体问题和情境而忽视思想观念的引导，以形式消解内容，失去思想政治教育的本意。

以上三对关系作为基本前提，是在日常生活形态思想政治教育开展前必须认真思考并在实际运作中有效协调的矛盾，是关乎其能否进行、有无意义的关键因素，因而构成根本性的原则遵循。

三　日常生活形态思想政治教育的实践进路

在处理好以上三对关系的基础上，如何将思想政治教育的理念主张有机融入并不显生硬地体现到日常生活情境之中，还需要通过一些具体的路径和方式才能实现，而这些方式则构成日常生活形态思想政治教育的实践进路。

其一，将生活世界中的点滴小事作为承载思想观念的"问题域"。这里的关键是要体现问题意识，突出现实性和针对性，而不能抽象空洞地宣讲和说教。以往思想政治教育实效性不强，一个很重要的原因就是其问题性和指向性不够，注重讲大道理，这些道理因其抽象宏大，与受教育者具体境况存在一定距离，因而不易与之发生共鸣。要解决这一问题，思想政治教育就应当从宏大的政治话语向具体的微观叙事转化，关注现实个人的差异性，明确个体特征及其思想困惑和需求，有针对性地加以观照和引导；应当遵循生活—理论—生活的螺旋式上升进路，从具体生活的问题和情境出发，在解决具体问题的过程中有目的、有技巧地加以思想理论的渗透和引导，帮助受教育者以积极正向的价值观念和心态，运用科学合理的思维方式重新看待和审视日常生活情境，从而得到不同于先前的思想认识和行为倾向。

举例来说，低结婚欲、低生育率是当下我国青年人群中一个较为普遍的现象。结婚、生育看似是个人意愿，但实际上是一个严肃的社会问题。这一问题基于具体的个人，指向社会和国家整体，是日常生活形态思想政治教育可以有所作为的典型情境。首先对这一问题的分析应当遵循历史唯物主义基本原理，从具体的物质生活、现实的"利益"出发寻找原因。当前青年人不愿意结婚生育，很重要的一个原因在于结婚和养育子女的成本十分高昂，对于在大城市竞争激烈的职场中打拼的年轻人来说，这会直接导致生活质量的下降，因此越来越多的年轻人持有这种婚恋观便不难理解。从这一问题和情境出发，日常生活形态思想政治教育要抓住受教育者的思想的"痛点"和"要害"，那么在此基础上接下来的工作便是问题澄清和观念引导。一方面，要帮助受教育者认识社会的发展具有历史性和阶段性，在社会发展进程的特定阶段出现某些问题是难以避免的，这并非停滞和倒退，也不是不能解决的，而是作为社会发展的"代价"以历史的更大进步为"补偿"；同时，还应以有说服力的具体措施为例，让受教育者懂得在这一问题上国家并不是无动于衷，而是采取了许多举措加以应对，因此不能一味狭隘地抱怨。其实在很多情境中，负面消极的言语多数是因为存在认识上的误区，如果思想政治教育能够有效地澄清，那么多数时候是能够得到理解的。另一方面，还可以运用"两种生产理论"。"历史中的决定性因素，归根结底是直接生活的生产和再生产。但是，生产本身又有两种。一方面是生活资料即食物、衣服、住房以及为此所必需的工具的生产；另一方面是人自身的生产，即种的繁衍。"[①] 从宏观的角度看，社会的发展当然需要以现实的个人的存在为前提；从微观的角度看，作为社会和历史的主体，个体有责任承担生育和繁衍的责任，这一点是衡量其能否作为一个社会意义上的人的重要标准。因此，通过从受教育者最关心最直接的现实困惑出发，经过原因分析、问题澄清、观念引导，能够在一定程度上改变其先前的认识，从而起到思想政治教育的效果。

其二，将思想政治教育的实现方式扩展到生活情境中。如果说将日

---

① 《马克思恩格斯文集》第 4 卷，人民出版社 2009 年版，第 15—16 页。

常情境作为思想政治教育的问题场是一种逆向进入的话，那么将思想政治教育的实现方式扩展到生活情境中便是一种主动的积极输出。传统的学校教育形态虽然也有情感体验、实践活动等成分，但相比较而言它更多地注重和强调理性认识，由此便容易产生"知而不认""知而不行"或者"行而不认"等问题。这实际上还是反映出思想政治教育的观念主张并没有被受教育者内化和外化，而仅仅停留于表面。根据人的思想品德形成规律，情感认同与意志塑造是思想观念得以内化和外化的关键，而这两方面的强化需要思想政治教育在实现方式上加以探索和尝试。而生活情境恰好为此提供了一个广阔的空间。比如说顶岗实习，通过一些合适的岗位让受教育者切身体验，对其树立正确的劳动观、金钱观、勤俭节约意识等远比空洞的概念阐释有力得多。再如一些具有强烈仪式感和气氛感的文体活动，如节日庆典、竞技比赛等，对于集体意识、荣誉意识、家国情怀等的养成效果同样远胜于枯燥的课堂教学。究其原因，正是由于这些生活化的实现方式具有强烈的情景感、体验感、参与感，通过调动人的兴奋神经起到情感认同和意志塑造作用，从而增强思想观念的内化与外化。当然，需要注意和避免的问题是形式掩盖内容，要把握好一个度，合理控制情境所引发的神经兴奋程度，以免遮蔽真正需要强化的思想观念。日常生活形态思想政治教育这种积极主动、生活化的实现方式，其目的在于通过具体直观的方式增进对抽象观念的认同和理解，从而将外在"要我做"的律令转化为内在"我要做"的动机，真正实现思想认同与行为践履。

其三，注重运用现代信息技术和手段，为有针对性、个性化的思想政治工作开展提供便利和支持。以往学校课堂教学最大的优势在于高效集中，在精心设计好教学方案的基础上能够在短时间内传递给更多的受教育者。当然，这种教育形态的问题也是比较明显的，正是为了克服这些问题，日常生活形态思想政治教育才得以出场。然而，当思想政治教育进入日常生活空间中时，必然面临的一个问题就是化整为零，对不同受教育者不同的思想问题加以有针对性的引导，这样传统"一刀切"的方式显然是行不通的，由此势必带来工作量的激增。在这种情况下，现代信息技术的作用便凸显出来。以人工智能为例，作为"引领新一轮科技革命和产业变革的重要驱动力，正深刻改变着人们的生产、生活、学习方式，推动人类社会迎来人机协同、跨界融合、共创分享的智能时代"①。人工智能基于自身强大的算法与逻辑，能够"有效识别教育对象的思想动态、提升教育内容的精准程度、拓展思想政治教育的空间维度"②，从而将受教育者的实际需要与教育内容的精准供给有效衔接，极大地减轻了思想政治工作者信息获取、筛选比对、差异供给的精力和成本。又如虚拟现实技术，通过对现实情境的数字化处理，仿制出生动逼真、安全可靠、利用率高的虚拟情境，将这些情境作为开展思想政治教育的场域空间，较之于现实物理情境而言在相同或近似体验感的前提下极大降低了时空成本，同时避免了现实情境中潜在的危险因素，其优势是显而易见的。此外，互联网交互性、隐匿性、生动性等特征也为思想政治教育进入日常生活世界开辟了广阔空间，这些现代信息技术的应用，对于个性化、情景化的日常生活形态思想政治教育而言，其作用已不仅仅停留于技术辅助层面，而是扮演着不可或缺的重要角色。

参考文献：

《马克思恩格斯文集》第 1 卷，人民出版社 2009 年版。

《马克思恩格斯文集》第 4 卷，人民出版社 2009 年版。

《习近平向国际人工智能与教育大会致贺信》，《人民日报》2019 年 5 月 17 日第 1 版。

习近平：《决胜全面建成小康社会　夺取新时代中国特色社会主义伟大胜利——在中国共产党第十九次全国代表大会上的报告》，人民出版社 2017 年版。

习近平：《用新时代中国特色社会主义思想铸魂育人　贯彻党的教育方针落实立德树人根本任务》，《人民日报》2019 年 3 月 19 日第 1 版。

叶方兴：《论思想政治教育形态》，《学术论坛》2019 年第 4 期。

---

① 《习近平向国际人工智能与教育大会致贺信》，《人民日报》2019 年 5 月 17 日第 1 版。
② 陈清：《论人工智能融入高校思想政治教育的深层逻辑》，《江苏高教》2022 年第 1 期。

思想政治教育赋能中国式现代化的三重逻辑[*]

魏日盛[**]

【摘　要】 思想政治教育是党和国家各项事业的"生命线",也是中国式现代化的重要组成部分。新时代新征程,思想政治教育赋能中国式现代化增强实现中华民族伟大复兴的精神力量,体现出深厚的理论逻辑、历史逻辑和实践逻辑。思想政治教育赋能中国式现代化的历史逻辑是遵循"大历史观",坚定中国式现代化的历史自信;其理论逻辑是弘扬党的优良传统和政治优势,丰富中国式现代化的思想基础;其现实逻辑是有机融入和服务党的中心任务,增强中国式现代化的现实力量。

【关键词】 思想政治教育;中国式现代化;历史逻辑;理论逻辑;现实逻辑

一　引言

中国式现代化是实现中华民族伟大复兴的必由之路,是近代以来中国共产党团结带领中国人民矢志不渝的理想追求。尤其是党的十八大以来,以习近平同志为核心的党中央不断实现在理论和实践上的创新突破,成功推进和拓展了中国式现代化。习近平总书记在庆祝中国共产党成立

---

[*] 基金项目:2023年江西省社科基金高校思想政治理论课研究专项"思想政治教育赋能中国式现代化的内在逻辑研究"(项目编号SZ222007)。

[**] 魏日盛,江西师范大学马克思主义学院讲师,研究方向为党的建设与基层社会治理。

100周年大会上的讲话中提出"中国式现代化新道路"这一重要论断。此后,党的十九届六中全会通过的《中共中央关于党的百年奋斗重大成就和历史经验的决议》明确提出"以中国式现代化推进中华民族伟大复兴",阐明了中国特色社会主义与中国式现代化、中华民族伟大复兴的关系。党的二十大将"以中国式现代化全面推进中华民族伟大复兴"作为党的中心任务,系统回答了中国式现代化的科学内涵、中国特色和本质要求。推进中国式现代化,不仅需要厚植强大的物质基础,而且要以磅礴的精神力量作为支撑,即"中国人民的前进动力更加强大、奋斗精神更加昂扬、必胜信念更加坚定,焕发出更为强烈的历史自觉和主动精神"[1]。作为党和国家各项事业的"生命线"和"中心环节",思想政治教育在推进和拓展中国式现代化进程中发挥着"政治保证功能、理论解释功能、价值引领功能、凝聚激励功能与铸魂育人功能"[2],从而教育、引导、激励和鼓舞人民自觉投入全面建设社会主义现代化国家,进一步彰显中国特色社会主义制度显著优势和中国共产党领导的政治优势。

  作为观念上层建筑的思想政治教育,贯穿于阶级社会发展全过程,是"现代化进程的生命线"[3],学界围绕着思想政治教育如何为国家治理现代化服务的论题展开了广泛研讨,理论成果颇丰。一是思想政治教育与中国式现代化的关系研究。从根本上看,思想政治教育与国家治理现代化反映了经济基础和上层建筑的辩证关系,国家治理现代化奠定了思想政治教育现代化的物质基础,而思想政治教育服务于国家治理现代化的中心任务。刘宏达指出要在国家治理现代化进程中完善思想政治教育现代化体系,认为思想政治教育现代化贯穿于国家治理现代化全过程和体现着国家治理现代化的历史性成就。[4] 任志锋将思想政治教育现代化作为伴随我国社会主义现代化建设而提出的重要议题,为新时代思想政

---

  ① 习近平:《高举中国特色社会主义伟大旗帜　为全面建设社会主义现代化国家而团结奋斗——在中国共产党第二十次全国代表大会上的报告》,《人民日报》2022年10月16日第1版。

  ② 旷永青、卢俞成:《多重功能透析:思想政治教育服务国家治理现代化的五个向度》,《思想教育研究》2021年第9期。

  ③ 陈立思:《现代化进程的生命线——当代世界的思想政治教育》,《教学与研究》2000年第5期。

  ④ 刘宏达:《中国式现代化进程中完善思想政治教育现代化体系》,《思想理论教育》2023年第2期。

治教育现代化明确了历史方位、拓展了世界视野、提升了价值自信。① 二是关于思想政治教育在国家治理现代化进程中的功能研究。作为国家治理现代化的重要组成部分，各个历史时期的思想政治教育表现方式和实现路径呈现出明显的阶段性特征，但其功能和任务始终围绕党和国家的工作重心和中心任务进行相应的调整和转换。项久雨、孟维嘉认为思想政治教育在国家治理现代化中发挥着"生命线"功能、"资政建言"功能以及"立德树人"功能，分别为国家战略提供基础保障、智力支持与人才支持。② 郑永廷、田雪梅认为思想政治教育是党和国家事业的重要组成部分，在社会治理中发挥着政治功能、经济功能和文化功能，以引领方向、激发动力、凝聚力量、化解矛盾。③ 三是关于思想政治教育在国家治理现代化进程中的实现机制与路径研究。思想政治教育作为治国理政的重要方式，必须立足于国家治理现代化的时代特征、中心任务、发展规律，充分发挥其价值引领、理论解释、铸魂育人等政治优势。罗珍、蒋晓明认为思想政治教育是国家治理现代化的重要方式，提出建立健全思想政治教育功能实现的导向机制、育人机制、评价机制，以思想政治教育现代化助力国家治理现代化。④ 黄蓉生、耿靖认为，思想政治教育赋能中国式现代化价值引领力、精神推动力、理论指导力、关键保障力，从而激发思想政治教育服务中国式现代化的效能。⑤

上述研究分别从思想政治教育赋能国家治理现代化的关系、功能、机制和路径进行深入探讨，并形成具有较强现实指导性的理论成果。在此基础上，本文在研究视域上将思想政治教育现代化放置于中国式现代化的宏大框架下，立足于新时代新征程增强实现中华民族伟大复兴的精神力量，从思想政治教育与中国式现代化的内在关系出发，揭示思想政治教育赋能中国式现代化的内在逻辑。具体而言，以历史、现实、未来为经，以理论、实践、价值为纬，在纵向研究和横向研究的结合中揭示

---

① 任志锋：《论思想政治教育现代化的守正创新》，《思想理论教育》2021年第7期。
② 项久雨、孟维嘉：《新时代思想政治教育服务国家战略的功能向度》，《思想理论教育》2020年第3期。
③ 郑永廷、田雪梅：《社会治理与思想政治教育的发展》，《思想理论教育》2017年第6期。
④ 罗珍、蒋晓明：《思想政治教育功能在国家治理现代化中的实现机制探微》，《湘潭大学学报》（哲学社会科学版）2021年第2期。
⑤ 黄蓉生、耿靖：《思想政治教育赋能中国式现代化》，《理论与改革》2023年第1期。

思想政治教育赋能中国式现代化的历史逻辑、理论逻辑、现实逻辑，以期为中国式现代化提供充分的思想保证、精神动力和文化条件。

二 思想政治教育赋能中国式现代化的历史逻辑：遵循"大历史观"，夯实从站起来、富起来到强起来伟大飞跃的合法性基础

马克思指出："人们自己创造自己的历史，但是他们并不是随心所欲地创造，并不是在他们自己选定的条件下创造，而是在直接碰到的、既定的、从过去承继下来的条件下创造。"① 作为马克思主义中国化的概念，思想政治教育既是党的百年奋斗历程的理论支撑，同时服务于党在不同历史时期的中心任务。

（一）以"站起来"为核心使命的思想政治教育

自中国共产党成立伊始，思想政治教育就被认为是一项极端重要的工作，作为"团结全党进行伟大政治斗争的中心环节"②，并将其贯穿于新民主主义革命始终。1921年7月中共一大明确规定加强党对宣传工作的领导，对党的思想政治教育原则、对象、内容和目的进行了明确规定。此后，党的思想政治教育工作便围绕传播马克思主义思想唤醒广大民众的思想觉悟，动员其投身于革命斗争以解放自身开展。1925年10月，中共中央颁布的《宣传问题决议案》指出"宣传动员必须要征调全党的力量及一切势力"③，强调动员全党全员的力量来参与宣传鼓动工作。在大革命失败后，1929年12月古田会议创造性提出了思想建党、政治建军的原则，指出"红军的打仗，不是单纯地为了打仗而打仗，而是为了宣传群众、组织群众、武装群众，并帮助群众建设革命政权才去打仗

---

① 《马克思恩格斯选集》第1卷，人民出版社2012年版，第669页。
② 《毛泽东选集》第3卷，人民出版社1991年版，第1094页。
③ 中共中央文献研究室编：《建党以来重要文献选编（1921—1949）》第2册，中央文献出版社2011年版，第528页。

的"①，对人民军队提出了战斗员、组织员、宣传员的多重角色期待。在抗日战争时期，中国共产党将党的思想政治教育范围覆盖了军队、学校、农村、党内等各个领域，指明思想政治教育工作的根本目的，"我党的宣传鼓动工作就是为着全民族与全国人民的利益而服务"②。在解放战争时期，毛泽东提出要通过办好报纸旗帜鲜明地坚持真理，"教育人民认识真理，要动员人民起来为解放自己而斗争"③。

这一时期，思想政治教育始终围绕着党在新民主主义革命中的中心任务而进行调适，以意识形态宣传、鲜明的革命性、"灌输"为主的策略为主要特征，为完成民族独立、人民解放的历史任务准备了坚实的理论基础，也为新中国成立后的思想政治教育奠定了深厚根基。

（二）以"富起来"为中心任务的思想政治教育

新中国成立后，为了巩固新生政权，党在全社会开展马克思主义理论教育和社会主义思想教育。1951年5月中国共产党第一次全国宣传工作会议通过的《关于加强党的宣传教育工作的决议（草案）》，提出思想政治工作要解决把党的群众宣传工作经常化、整顿党内外的政治教育工作、加强党对思想工作的领导、改善党对宣传教育工作的管理和党的宣传工作机构等主要问题。1957年2月，毛泽东在《关于正确处理人民内部矛盾的问题》中提出对知识分子和青年学生进行思想政治教育的必要性，指明了建设党、青年团、政府主管部门、学校的校长教师齐抓共管的思想政治教育格局。此后，党中央开展思想政治教育制度化探索，对军队、农业、工业、教育等领域思想政治教育进行总结。

党的十一届三中全会开启了建设社会主义现代化和改革开放的序幕，推动思想政治教育工作成为一个迫切的任务。1979年3月，邓小平在理论工作务虚会上发表《坚持四项基本原则》的重要讲话，进一步强调思想政治教育工作的重要性，"这是一项十分重大的任务，既是重大的政

---

① 《毛泽东文集》第1卷，人民出版社1993年版，第79页。
② 中共中央文献研究室编：《建党以来重要文献选编（1921—1949）》第18册，中央文献出版社2011年版，第423页。
③ 《毛泽东选集》第4卷，人民出版社1991年版，第1322页。

治任务，又是重大的理论任务"①。1986年《中共中央关于社会主义精神文明建设指导方针的决议》明确将"培养有理想、有道德、有文化、有纪律的社会主义公民，提高整个中华民族的思想道德素质和科学文化素质"②作为思想政治教育的根本任务。1999年9月出台《关于加强和改进思想政治工作的若干意见》，站在党和国家工作全局的战略高度强调思想政治教育"必须坚持在党的领导下，依靠全社会共同来做"③。2004年8月《关于进一步加强和改进大学生思想政治教育的意见》明确指出"建立健全党委统一领导、党政群齐抓共管、有关部门各负其责、全社会大力支持的领导体制和工作机制"④，推动构建高校"大"思政育人格局。

这一时期，思想政治教育中心任务上由经济工作衍生到其他一切工作、育人格局由党政主导到党政社共同参与、目标指向由意识形态领域到人的全面发展的根本转变，充分凸显了思想政治教育的时代性、现实性、能动性和实践性，走上了一条科学化、专业化、制度化发展的新路。

（三）以"强起来"为价值目标的思想政治教育

党的十八大以来，中国特色社会主义进入新时代，以习近平同志为核心的党中央提出了一系列新理念、新思想、新论断、新战略，推动党和国家事业取得历史性成就、发生历史性变革，对思想政治教育提出了更高要求。2015年1月，《关于进一步加强和改进新形势下高校宣传思想工作的意见》从宣传思想的角度对高校思想政治教育的战略任务、指导思想、基本原则、主要任务等作出明确规定，进一步强调思想政治教育在巩固马克思主义在意识形态领域的指导地位和全党全国人民团结奋斗的共同思想基础上的作用。2016年12月，《关于加强和改进新形势下高校思想政治工作的意见》将思想政治教育作为一项重大政治任务和战

---

① 《邓小平文选》第2卷，人民出版社1994年版，第180页。
② 中共中央文献研究室编：《十三大以来重要文献选编》下，人民出版社1993年版，第1509页。
③ 中共中央文献研究室编：《十五大以来重要文献选编》中，人民出版社2001年版，第1040页。
④ 中共中央文献研究室编：《十六大以来重要文献选编》中，中央文献出版社2006年版，第190页。

略工程,关乎办好中国特色社会主义大学和中国特色社会主义事业后继有人的根本问题。2019年习近平总书记在全国教育大会上指出,"思想政治工作是学校各项工作的生命线,各级党委、各级教育主管部门、学校党组织都必须紧紧抓在手上。"① 2021年7月,中共中央、国务院印发《关于新时代加强和改进思想政治工作的意见》指出"思想政治工作是党的优良传统、鲜明特色和突出政治优势,是一切工作的生命线"②,强调构建党委统一领导、党政齐抓共管、宣传部门组织协调、有关部门和人民团体分工负责、全党全社会共同参与的思想政治工作大格局。2022年10月,党的二十大再次强调"用社会主义核心价值观铸魂育人,完善思想政治工作体系,推进大中小学思想政治教育一体化建设"③,从增强全面建设社会主义现代化国家精神力量的高度对新时代新征程思想政治教育进行重大部署。

这一时期,党和政府从整体性战略地位的高度统筹谋划思想政治教育在治国理政中的改革创新,将其充分融入国家战略和社会治理的发展大局,在推进思想政治教育法治化、制度化方面取得重要进展,并站在新的历史方位成功开创了思想政治教育新模式。

三 思想政治教育赋能中国式现代化的理论逻辑:坚持弘扬党的优良传统和政治优势,丰富中国式现代化的思想基础

马克思指出:"批判的武器当然不能代替武器的批判,物质力量只能用物质力量来摧毁;但是理论一经掌握群众,也会变成物质力量。"④ 思想政治教育是无产阶级政党实现"理论掌握群众"的重要途径,是党一

---

① 《习近平在全国教育大会上强调:坚持中国特色社会主义教育发展道路培养德智体美劳全面发展的社会主义建设者和接班人》,《人民日报》2018年9月11日第1版。
② 《中共中央国务院印发〈关于新时代加强和改进思想政治工作的意见〉》,《人民日报》2021年7月13日第1版。
③ 习近平:《高举中国特色社会主义伟大旗帜 为全面建设社会主义现代化国家而团结奋斗——在中国共产党第二十次全国代表大会上的报告》,《人民日报》2022年10月16日第1版。
④ 《马克思恩格斯选集》第1卷,人民出版社2012年版,第9页。

切工作的生命线和中心环节。新时代新征程推进中国式现代化，要始终发挥这一优良传统和思想动力，切实把思想政治教育的独特优势转化为推进中国式现代化的深层动力。

（一）无产阶级政党是思想政治教育赋能中国式现代化的领导力量

在社会主义运动中，无产阶级既是思想政治教育的主体，也是工人运动和全人类解放事业的主体。马克思、恩格斯、列宁等无产阶级领袖在领导工人运动中逐步认识到，资产阶级除了在政治上、经济上对工人和农民群众进行剥削和压迫，也建立了系统的意识形态和思想观念为巩固自身统治地位和根本利益作辩护。马克思以"批判的武器"来形容理论批判与武装斗争具有同等的重要性，认为物质力量在推翻资产阶级统治过程中固然重要，但同时不能忽视了理论力量，因为理论力量能够教育和说服工人群众，从而将思想力量转化为物质力量，而思想政治教育正是实现这种转化的关键所在。列宁用"牧师的职能"来形容资产阶级意识形态统治的欺骗性和虚伪性，"牧师的使命是安慰被压迫者，给他们描绘一幅在保存阶级统治的条件下减少苦难和牺牲的前景"，"从而使他们顺从这种统治"[①]。为了更好地领导俄国工人阶级进行革命斗争，列宁始终强调用先进的革命理论来武装和塑造具有先进性的无产阶级政党，"我们现在肩负着一项极其重大的责任，就是尽一切力量对无产阶级进行党的教育，把无产阶级的先进部队团结成为一个真正的政党，一个完全不依赖其他一切政党的完全独立的政党"[②]。同时，列宁还指出无产阶级政党对工人群众进行思想政治教育的方法，认为单靠工人自身的力量只能形成工联主义意识，而社会主义民主意识只能从外面灌输进去，才能"把社会主义思想和政治自觉性灌输到无产阶级群众中去"[③]。在新民主主义革命时期，为了组织动员农民群众参与革命斗争，中国共产党将思想政治教育作为基层党组织建设的重要任务，"依据群众当时的觉悟程度，有计划地在群众中解释党的政策和口号，散布党的报纸，宣传共

---

① 《列宁选集》第2卷，人民出版社2012年版，第478页。
② 《列宁全集》第11卷，人民出版社2017年版，第267页。
③ 《列宁选集》第1卷，人民出版社2012年版，第285页。

产主义，使群众走到党的方面来"①。习近平总书记也指出，"加强思想教育和理论武装，是党内政治生活的首要任务"②，要将思想政治教育作为党引领方向、凝聚共识、化解矛盾的重要方式。因此，无产阶级政党承担着向自己的成员和广大人民群众传播马克思主义和社会主义理论的重要使命，在新时代新征程中则体现为在思想政治教育赋能中国式现代化进程中发挥领导核心作用。

（二）思想政治教育顺应中国式现代化发展的历史使命

作为党和国家各项事业的生命线，思想政治教育始终服从并服务于国家战略和决策部署。中国式现代化是一项复杂、艰巨、长期的工程，涵盖政治、经济、文化、社会、生态、党的建设等方方面面，它离不开坚持和加强党的全面领导、中国特色社会主义道路、以人民为中心的发展思想、深化改革开放、发扬斗争精神等重大原则，更离不开思想政治教育的"在场"和"出场"。正如习近平总书记所指出的："改革推进到哪一步，思想政治工作就要跟进到哪一步。"③ 不同于经济和物质层面，思想政治教育是一种精神力量，能够通过内涵阐释、理论宣传、道德践行、价值培育、情感认同等方式能动介入中国式现代化的全部实践过程和环节，推动形成实现中华民族伟大复兴的磅礴伟力。一方面，思想政治教育与人类现代化同向同行，思想政治教育现代化是全人类现代化的必然趋势。自工业革命以来，人类文明正式迈入现代化的历史进程和必然趋势，思想政治教育也在遵循现代化趋势、服务现代化进程中不断发展、不断进步，其主题、内容、任务和目标都在很大程度上凸显了现代化社会的基本特征，体现了人类文明传承中的思想领域和价值层面。另一方面，思想政治教育作为社会意识的重要构成部分，又反作用于全人类现代化的根本目标。习近平总书记指出："理论对规律的揭示越深刻，对社会发展和变革的引领作用就越显著。"④ 思想政治教育是一种强大的

---

① 《陈云文选》第1卷，人民出版社1995年版，第148页。
② 《习近平谈治国理政》第2卷，外文出版社2017年版，第180页。
③ 《把握改革大局 自觉服从服务改革大局 共同把全面深化改革这篇大文章做好》，《人民日报》2015年5月6日第1版。
④ 《习近平关于社会主义文化建设论述摘编》，中央文献出版社2017年版，第65页。

精神变革力量，一旦这种精神力量被人们所掌握并付诸实践将会产生强大的物质力量。在推进中国式现代化进程中，思想政治教育推动党的最新理论成果入脑入心，切实提升辩证思维能力、历史思维能力、系统思维能力、战略思维能力、底线思维能力、创新思维能力，避免"脚踩西瓜皮、滑到哪里算哪里"，才能在全面推进中国式现代化进程中赢得主动。

（三）思想政治教育现代化是中国式现代化的重要组成部分

中国式现代化理论科学阐明全面建设社会主义现代化国家的一系列重大理论和实践问题，系统回答了新时代新征程全面推进中华民族伟大复兴的时代之问、人民之问、世界之问。其中，丰富人民精神世界、提升精神文明水平是中国式现代化的鲜明特征之一，"大力发展社会主义先进文化，加强理想信念教育，传承中华文明，促进物的全面丰富和人的全面发展"[1]。究其本质，现代化是新时代新征程中国特色社会主义最鲜明的主题和最重大的任务，其视野之深邃、内容之丰富、意义之重大不言而喻，必然涵盖了思想政治教育的现代化，而思想政治教育现代化则是"伴随着我国社会主义现代化建设提出的重要议题"[2]。所谓思想政治教育现代化，就是指教育理念、教育主体、教育方式、教育内容、教育机制等各方面积极适应现代化发展需要，"在思想政治教育的理念、目标、内容、方法、管理等各个方面不断增添现代性因素，推动思想政治教育从传统向现代的过渡、从低层次现代化向高层次现代化不断提高的过程"[3]。从中国式现代化的角度来推进思想政治教育现代化主要体现在以下两个方面：其一，思想政治教育现代化推进党的思想理论创新。中国共产党坚持将思想政治教育贯穿于理论创新，将马克思主义基本原理与中国具体实际和中华优秀传统文化相结合，开辟了马克思主义中国化的历史进程，实现了马克思主义中国化时代化新的飞跃，对于新时代

---

[1] 习近平：《高举中国特色社会主义伟大旗帜　为全面建设社会主义现代化国家而团结奋斗——在中国共产党第二十次全国代表大会上的报告》，《人民日报》2022年10月16日第1版。
[2] 任志锋：《论思想政治教育现代化的守正创新》，《思想理论教育》2021年第7期。
[3] 平章起、梁禹祥：《思想政治教育基本理论问题研究》，南开大学出版社2010年版，第385页。

新征程引领伟大时代、指引伟大实践提供了真理力量。其二，思想政治教育现代化体现精神文明建设成果。中国共产党坚持以社会主义核心价值观引领思想道德建设，以思想政治教育推进以伟大建党精神为源头的精神谱系建设，大力开展爱国主义、集体主义和社会主义建设，努力巩固全党全国各族人民团结奋斗的共同思想基础。

四 思想政治教育赋能中国式现代化的现实逻辑：有机融入和服务党的中心任务，增强中国式现代化的现实力量

毛泽东指出："理论若不和革命实践联系起来，就会变成无对象的理论，同样，实践若不以革命理论为指南，就会变成盲目的实践。"① 以中国式现代化全面推进中华民族伟大复兴的中心任务为新时代新征程党和国家的路线、方针、政策和决策部署指明了方向，客观上要求思想政治教育顺应和服务于这一中心任务和大局，将自身发展融入中国式现代化的全过程，凝聚形成推进中国式现代化的思想基础和现实力量。

（一）发挥价值引领功能，保证思想政治教育赋能中国式现代化的正确方向

旗帜决定方向，道路决定命运。中国式现代化是中国共产党领导中国人民在长期探索和实践的基础上作出的重大判断，关乎中国特色社会主义朝什么方向走的根本性问题，也是必须面对的首要问题和基本问题。习近平总书记多次强调："中国是一个大国，决不能在根本性问题上出现颠覆性错误。"② 推进中国式现代化并不是一项轻轻松松、敲锣打鼓就能完成的事业，必须充分发挥思想政治教育的价值引领功能以牢牢把握正确的发展方向，才能避免出现颠覆性、根本性错误。思想政治教育的价值引领功能，是指以社会主义核心价值观为引领，将中国式现代化的

---

① 《毛泽东选集》第1卷，人民出版社1991年版，第293页。
② 《习近平谈治国理政》第1卷，外文出版社2018年版，第348页。

根本目标贯穿于党和国家各项事业发展始终，在凝聚思想共识、强化价值认同、深化价值实践中稳步推进中国式现代化，并在理论创新和实践探索中实现思想上统一、政治上团结、行动上一致。发挥价值引领功能，一是保证中国式现代化符合社会主义的前进方向。通过思想政治教育的价值引领功能，明确中国式现代化是不同于西方现代化的新道路，明确中国式现代化是对中国特色社会主义制度的完善和发展，明确中国式现代化彰显经济、政治、文化、社会、生态文明"五位一体"总体格局，从而保证沿着中国特色社会主义道路和中国特色社会主义制度的正确方向前进。二是坚持中国共产党在中国式现代化中的领导核心地位。习近平总书记强调："全面建设社会主义现代化国家、全面推进中华民族伟大复兴，关键在党。"① 思想政治教育赋能中国式现代化，要将党的领导优势、根本保证作用向人民进行有效传达，大力推进党史、新中国史、改革开放史、社会主义发展史宣传教育，在推进中国式现代化征程中增进人们对"中国共产党为什么能"的理解。三是体现以人民为中心在中国式现代化中的价值取向。思想政治教育要深刻揭示全面推进中国式现代化与满足人民日益增长的美好生活需要之间的内在关系，系统回答中国式现代化是全体人民共同富裕的现代化，坚持中国式现代化为了人民、依靠人民的根本立场，让人民群众共享中国式现代化的发展成果，不断提升自身的获得感、幸福感和安全感。

（二）发挥宣传阐释功能，增强思想政治教育赋能中国式现代化的理论指导

马克思指出："理论只要说服人，就能掌握群众；而理论只要彻底，就能说服人。"② 中国式现代化是以习近平同志为核心的党中央立足于世情、国情、党情、社情提出的新思想、新观点、新论断，是对现代化理论的丰富和发展，体现了对共产党执政规律、社会主义建设规律、人类社会发展规律的认识达到了新高度。从本质上看，思想政治教育担负着

---

① 习近平：《高举中国特色社会主义伟大旗帜　为全面建设社会主义现代化国家而团结奋斗——在中国共产党第二十次全国代表大会上的报告》，《人民日报》2022年10月16日第1版。
② 《马克思恩格斯文集》第1卷，人民出版社2009年版，第11页。

理论武装、思想宣传、价值阐释的重要职能，是思想政治教育把握时代、切中现实的必然选择。① 因此，思想政治教育要充分阐释中国式现代化的领导力量、中国特色、本质要求、价值取向、战略安排、重大原则、重点任务、队伍保障等一系列重大理论和实践问题，推动党的创新理论"飞入寻常百姓家"，保证人们对中国式现代化具有正确的理论认知和清晰的思维逻辑，在此基础上凝聚思想共识、促成集体行动。发挥宣传阐释功能，一是阐明中国式现代化的科学内涵。中国式现代化具有人口规模巨大、全体人民共同富裕、物质文明和精神文明相协调、人与自然和谐共生、走和平发展道路的鲜明中国特色，而思想政治教育要通过科学理论进行答疑解惑，让人们深刻认知中国式现代化不是对西方现代化的"翻版"，而是坚持走自己的现代化道路的"新版"，帮助人们尽快准确理解中国式现代化的科学内涵。二是揭示中国式现代化的客观规律。中国式现代化是科学社会主义理论逻辑和中国社会发展历史逻辑的辩证统一过程②，是植根于中国大地、反映中国人民意愿、适应中国和时代发展进步要求的现代化，而思想政治教育要充分发挥其生命线作用，教育和指引人们从坚持和发展中国特色社会主义道路的客观规律中推进中国式现代化。三是论述中国式现代化的战略部署。中国式现代化延续了党的十九大提出的以两步走战略对全面建成社会主义现代化强国进行宏观展望的战略部署，而思想政治教育要教育引导人们正确认识中国式现代化进程中面临的难题，以踔厉奋发、笃行不怠的信心和决心持续推进这一中心任务。

（三）发挥铸魂育人功能，夯实思想政治教育赋能中国式现代化的人才基础

现代化的关键在于人的现代化，正如英格尔斯所指出的，"一个国家，只有当它的人民是现代人……这样的国家才可真正称之为现代化的国家……人的现代化是国家现代化必不可少的因素"。③ 推进中国式现代化离不开一支规模宏大、结构合理、素质优良的人才队伍。

---

① 项久雨：《思想政治教育服务国家治理论纲》，《思想理论教育》2021年第2期。
② 贺新元：《中国式现代化的发展规律》，《光明日报》2023年2月20日第1版。
③ [美]英格尔斯：《人的现代化》，殷陆君译，四川人民出版社1985年版，第8页。

正如习近平总书记所强调的："我们比历史上任何时期都更加接近实现中华民族伟大复兴的宏伟目标，也比历史上任何时期都更加渴求人才。"① 思想政治教育关系着高校"培养什么人、怎样培养人以及为谁培养人"这个根本问题，坚持以培养有理想、敢担当、能吃苦、肯奋斗的时代新人作为历史使命。因此，必须充分发挥思想政治教育铸魂育人功能，紧紧围绕中国式现代化的目标任务，以实现人的自由全面发展为根本指向，着力提高全社会文明程度，为全面推进中国式现代化提供坚实的人才支撑。发挥铸魂育人功能，一是聚焦实现人的现代化的本质目标。现代化的本质是人的现代化。② 思想政治教育要紧紧围绕人的现代化的精神内核，以维护社会共同体中每一个成员的平等权利和合理利益为目标，全面提升人们的科学文化素质、思想道德素质、物质生活水平等，切实实现好、维护好、发展好最广大人民的根本利益。二是深入实施人才强国战略。聚焦中国式现代化的环境、条件、任务、目标发生的新变化和新特点，通过思想政治教育"为党育人、为国育才"，推行更加积极、开放、有效的人才引进和培养政策，从顶层设计做好让高质量人才投身于中国式现代化伟大实践的行动方略。三是大力培育新时代好青年。青年一代有理想、有担当，国家就有前途，民族就有希望。思想政治教育要注重青年群体责任和担当意识的培育，深入研究新时代青年大学生的成长规律、心理特征、行为方式、价值理念，使其练就过硬本领、厚植家国情怀、彰显担当精神，自觉肩负实现中华民族伟大复兴的历史大任。

（四）发挥正向激励功能，提升思想政治教育赋能中国式现代化的精神动力

习近平总书记指出："对马克思主义的信仰，对中国特色社会主义的信念，对实现中华民族伟大复兴中国梦的信心，都是指引和支撑中国人

---

① 习近平：《深入实施新时代人才强国战略　加快建设世界重要人才中心和创新高地》，《求是》2021年第24期。

② 中共中央文献研究室编：《十八大以来重要文献选编》上，中央文献出版社2014年版，第594页。

民站起来、富起来、强起来的强大精神力量。"①以中国式现代化全面推进中华民族伟大复兴是近代以来中华儿女向往现代化、追求现代化、奋进现代化的必然结果，是全体人民共同建设、共同参与、共同享有的现代化，必须以最大限度和可能激发社会活力，调动各方力量投身于中国式现代化建设的积极性、主动性和创造性。思想政治教育作为一项实践育人工程，在推进中国式现代化进程中发挥正向激励功能，通过价值引领、共识构筑、力量凝聚等方式"把人民群众中蕴藏着的智慧和力量充分激发出来"②，促使人民更加积极、更加自觉、更加主动地投身到推进中国式现代化的伟大实践中。发挥正向激励功能，一是加强社会主义意识形态建设。思想政治教育本质上是意识形态工作，带有鲜明的阶级性、政治性和质的规定性。在全面推进中国式现代化进程中，思想政治教育要赋能和服务意识形态建设工作，用党的创新理论武装全党、教育人民和指导实践，以社会主义核心价值引领意识形态建设，巩固全党全国各族人民团结奋斗的共同思想基础。二是发挥榜样的示范引领作用。榜样的力量是无穷的，是推进中国式现代化不可或缺的力量。思想政治教育要加强对榜样先进事迹和人格魅力的宣传，展示其在中国式现代化进程中艰苦创业、无私奉献、努力拼搏、开拓进取的精神，在潜移默化中增进人们对榜样的尊重、认同、学习，不断为中国式现代化凝聚社会力量和精神力量。三是激发群众参与的主人翁意识。人民群众既是中国式现代化最大的受益者，也是中国式现代化最重要的参与者。思想政治教育要通过思想政治引领、坚定理想信念、明确自身使命等方式提升广大人民群众在推进中国式现代化进程中的主人翁意识，变被动接受到主动作为再到统一行动，在实践中"努力寻求最大公约数、画出最大同心圆，形成海内外全体中华儿女心往一处想、劲往一处使的生动局面"③，从而为实现中华民族伟大复兴的中国梦凝聚思想共识、促成集体行动、形成强大合力。

---

① 中共中央党史和文献研究院编：《十九大以来重要文献选编》上，中央文献出版社 2019 年版，第 739 页。
② 《习近平谈治国理政》第 4 卷，外文出版社 2022 年版，第 136 页。
③ 《习近平谈治国理政》第 4 卷，外文出版社 2022 年版，第 13 页。

参考文献：

《马克思恩格斯选集》第 1—4 卷，人民出版社 2012 年版。

《列宁选集》第 1—4 卷，人民出版社 2012 年版。

《毛泽东选集》第 1—4 卷，人民出版社 1991 年版。

《习近平谈治国理政》第 4 卷，外文出版社 2022 年版。

黄蓉生、耿靖：《思想政治教育赋能中国式现代化》，《理论与改革》2023 年第 1 期。

罗珍、蒋晓明：《思想政治教育功能在国家治理现代化中的实现机制探微》，《湘潭大学学报》（哲学社会科学版）2021 年第 2 期。

习近平：《高举中国特色社会主义伟大旗帜　为全面建设社会主义现代化国家而团结奋斗——在中国共产党第二十次全国代表大会上的报告》，《人民日报》2022 年 10 月 16 日第 1 版。

项久雨、孟维嘉：《新时代思想政治教育服务国家战略的功能向度》，《思想理论教育》2020 年第 3 期。

郑永廷、田雪梅：《社会治理与思想政治教育的发展》，《思想理论教育》2017 年第 6 期。

伟大建党精神引领青年理想信念教育的路径探析

董兴彬　刘美辰[*]

【摘　要】 以伟大建党精神引领青年理想信念教育具有重要的现实意义，它既是时代需要，同时也是民族需要和青年需要。在当前的实践中，以伟大建党精神引领青年理想信念教育还存在着社会主要矛盾和现实的变化、中国传统精神传承路径的变化、教育格局和教育阵地的变化和国际环境的复杂变化等多重挑战，通过强化多主体参与的整合传播、注重多层级的教育实施、坚定文化自信并把握文化交流话语权可以有效应对当前挑战。

【关键词】 建党精神；青年；理想信念；路径

党的二十大报告明确指出："青年强，则国家强。全党要把青年工作作为战略性工作来抓，用党的科学理论武装青年，用党的初心使命感召青年，做青年朋友的知心人、青年工作的热心人、青年群众的引路人。"[①] 习近平总书记指出"坚持真理、坚守理想，践行初心、担当使命，不怕牺牲、英勇斗争，对党忠诚、不负人民[②]"的伟大建党精神是中国共产党的精神之源。我们要继续弘扬光荣传统、赓续红色血脉，永

---

[*] 董兴彬，电子科技大学马克思主义学院讲师，研究方向为网络思想政治教育；刘美辰，电子科技大学马克思主义学院博士研究生，研究方向为网络思想政治教育。
① 习近平：《高举中国特色社会主义伟大旗帜　为全面建设社会主义现代化国家而团结奋斗——在中国共产党第二十次全国代表大会上的报告》，人民出版社2022年版，第71页。
② 习近平：《在庆祝中国共产党成立100周年大会上的讲话》，人民出版社2021年版，第8页。

远把伟大建党精神继承下去、发扬光大,让伟大建党精神所蕴含的丰富内涵构成青年理想信念教育的重要内容,也为青年的理想信念教育提供指引,让青春在全面建设社会主义现代化国家的火热实践中绽放绚丽之花。

一 以伟大建党精神引领青年理想信念教育的重要意义

未来属于青年,希望寄予青年,一百年来,在中国共产党的旗帜下,一代代中国青年把青春奋斗融入党和人民事业,成为实现中华民族伟大复兴的先锋力量。今天,我们比历史上任何时期都更加接近中华民族伟大复兴的目标,也更有信心、更有能力实现中华民族伟大复兴的目标,新时代的中国青年肩负着民族复兴的伟大使命,树立牢固的理想信念是青年完成历史使命的重要精神动力,因而,以伟大建党精神引领青年的理想信念教育既是时代需要,也是民族需要和青年需要。

(一) 以伟大建党精神引领青年理想信念教育是时代进步需要

一是以伟大建党精神引领青年理想信念教育是应对新时代新要求的现实需要。在《历史哲学》中,黑格尔指出,时代精神是扬弃了旧原则的带来新的冲动的"一个新的原则,一个新的民族精神";"每个时代都有它中心的一环,都有为它所规定的特色之所在"。① 习近平总书记在党的十九大报告中指出:"经过长期努力,中国特色社会主义进入了新时代,这是我国发展新的历史方位"②,并强调,进入新时代,我国社会发展的主要矛盾已经发生了转化,即转化为人民日益增长的美好生活需要和不平衡不充分的发展之间的矛盾,而新时代也是中国特色社会主义道

---

① [德]黑格尔:《历史哲学》,王造时译,生活·读书·新知三联书店1956年版,第117页。

② 习近平:《决胜全面建成小康社会 夺取新时代中国特色社会主义伟大胜利——在中国共产党第十九次全国代表大会上的报告》,人民出版社2017年版,第10页。

路、理论、制度和文化不断发展的时代，以伟大建党精神引领青年理想信念教育就是在符合时代变化和需要前提下培育时代精神，使之成为这个时代青年所共同具有的理想追求、价值标准和理论信仰，进而进入社会生活的各个方面，发挥其本身所具有的巨大精神推动作用；以伟大建党精神引领青年理想信念教育也是在不断增强青年的斗争精神，提升青年的使命感和责任感，引导青年以昂扬的精神面貌和积极的行动姿态参与到社会发展的进程中，创建美好生活。

二是以伟大建党精神引领青年理想信念教育是坚持马克思主义在意识形态领域指导地位的内在需要。马克思列宁主义是建党精神的理论来源，中国共产党的百年实践验证了马克思主义的真理性，"坚持真理、坚守理想"就是坚持对马克思主义的信仰，坚守对中国特色社会主义理想、对共产主义远大理想的信念，也是青年奋斗方向的集中表达。以伟大建党精神引领青年理想信念教育是要引导青年坚持爱国爱党、爱社会主义和爱人民相统一，青年的理想信念只有同国家民族的前途命运相结合才有价值，青年的价值追求只有同人民利益和社会需要相契合才有意义。党的十九届四中全会提出"坚持马克思主义在意识形态领域指导地位的根本制度"[1]，表明党对社会发展规律的认识上升到了新高度。国家意识形态作为一种软权力，是观念上层建筑的重要组成部分，为国家政权体系的稳定运行提供合法性基础。当前，随着我国生产力水平的极大提高，社会利益主体不断分化，意识形态领域斗争错综复杂，对培育共同的价值观提出挑战，以伟大建党精神引领青年理想信念教育是应对这些挑战的有效形式，也是坚持马克思主义在意识形态领域指导地位的必要之举。

（二）以伟大建党精神引领青年理想信念教育是民族复兴需要

一是以伟大建党精神引领青年理想信念教育是传承弘扬民族精神的需要。民族精神是时代精神的思想来源和前进动力，是在长期的历史传承中积淀下来的优秀文化，并以一定的载体形式被保存下来。"人们自

---

[1] 习近平：《中共中央关于坚持和完善中国特色社会主义制度 推进国家治理体系和治理能力现代化若干重大问题的决定》，《人民日报》2019年11月6日第1版。

己创造自己的历史,但是他们是在既定的、制约着他们的环境中,是在现有的现实关系的基础上进行创造的。"① "传统并不仅仅是管家婆……而是生命洋溢的,有如一道洪流,离开它的源头愈远,它就膨胀得愈大。"② 伟大建党精神既有对传统文化的继承,也有在新的实践中对传统文化的发展,在百年的奋斗历程中,由革命先驱开创的伟大建党精神不断传承和丰富,逐步构成了中国共产党人的精神谱系,作为中国共产党精神之源的伟大建党精神及以此为开端的中国共产党人的精神谱系是中国精神的重要组成部分,在与不同的历史环境、不同的历史任务相结合的过程中,形成的精神谱系内容丰富、各具特色,但百年来在其中所蕴含的红色血脉和基因始终在变化中保持着稳定,在代代相传中丰富着中国精神的内涵,也以新的革命、改革和建设的实践拓展着中国精神的内容,构成新时代青年理想信念教育的重要内容,因而,以伟大建党精神引领青年理想信念教育也成为传承弘扬民族精神的题中之义。

二是以伟大建党精神引领青年理想信念教育是实现中华民族复兴梦想的需要。近代以来,中华民族最伟大的梦想就是实现民族复兴,一个民族要复兴,强大的物质力量和精神力量都不可或缺。在几千年的历史演进和流变中,中华民族积淀了深沉的精神追求,其独一无二的理念气度和智慧反映着中国人民内心深处的自信和自豪,成为民族和人民不断奋发进取思维强大精神支撑和动力之源。习近平总书记早在十二届全国人大闭幕会上就讲道:"实现中国梦必须弘扬中国精神"③,以伟大建党精神引领青年的理想信念教育,一方面是要将伟大建党精神的丰富内涵融入青年的理想信念教育中,另一方面也是将伟大建党精神作为青年理想信念教育的价值根基和价值导向,"践行初心,担当使命"就是"为中国人民谋幸福,为中华民族谋复兴,这是中国共产党人始终不变的初心和使命,也是激励中国共产党人不断前进的根本动力"④。

---

① 《马克思恩格斯选集》第 4 卷,人民出版社 2012 年版,第 649 页。
② [德] 黑格尔:《哲学史讲演录》第 1 卷,贺麟等译,上海人民出版社 2013 年版,第 6 页。
③ 习近平:《在第十二届全国人民代表大会第一次会议上的讲话》,人民出版社 2013 年版,第 4 页。
④ 《社会主义发展简史》编写组:《社会主义发展简史》,人民出版社、学习出版社 2021 年版,第 278 页。

（三）以伟大建党精神引领青年理想信念教育是青年成长需要

一是以伟大建党精神引领青年理想信念教育可以为青年成长提供精神动力。建党精神"既是中国共产党的精神之源，又是精神之流，既是精神谱系中处于'管总'位置、'源头'位置的最为重要的精神，又是精神谱系中的一种具体精神；既可作为共产党员个体的自我激励，又可作为中国共产党全党的精神标识；既是属于昨天的，更是属于今天和明天的"[1]。以伟大建党精神引领青年理想信念教育可以为青年成长提供精神动力。自1840年以来，民族独立、人民解放和国家富强、人民幸福始终是近代以来中国历史发展的主线，也是中国共产党历史发展的主题和主线，在中国共产党成立之前，无数仁人志士前仆后继进行了不屈不挠的斗争和探索，但都以失败告终。随着马克思列宁主义在中国的传播，并在广泛同中国工人运动结合中，中国共产党应运而生，从而肩负起了民族独立和人民解放的历史任务，建党精神贯穿其中并不断引领中国共产党和中国人民从一个胜利走向另一个胜利。以伟大建党精神引领青年理想信念教育就是要使青年理解中国共产党和中国人民不断取得胜利的历史必然性，使青年深刻认识到我们所取得的伟大历史成就和对国家、民族乃至世界的历史性贡献是伟大建党精神发挥作用的必然结果，从而更加坚定青年对中国特色社会主义事业发展的信念和信心，从中汲取力量，进一步弄清楚中国共产党为什么能、马克思主义为什么行、中国特色社会主义为什么好，让广大青年理解他们正是实现中华民族伟大复兴的历史进程的一代人，成为自觉为中国特色社会主义事业奋斗终身的有用人才。

二是以伟大建党精神引领青年理想信念教育可以为青年成长提供身份认同。一方面伟大建党精神是对民族精神的继承，另一方面伟大建党精神也具有特定的时代性，以伟大建党精神引领青年理想信念教育可以为青年提供民族和时代的双重身份认同，以帮助青年在社会的不同层面和全球化的视野中确立"我是谁"的稳固标准。青年只有清晰地理解

---

[1] 欧阳淞：《建党精神与建党伟业》，《光明日报》2021年8月11日第11版。

"我是谁"和"为了谁"的问题，才能正确看待国家利益和个人利益、整体利益和局部利益之间的关系，才能站稳立场，清醒和理智地对待我们当前所面临的各种问题，推动社会发展，维护国家和民族的团结统一。网络化时代的青年生活较以往有着巨大的变化，青年对自主化、个性化和娱乐化的追求远甚于对传统、一致和严肃的追求，以伟大建党精神引领青年理想信念教育在为青年提供身份认同的同时，也可以从供给侧实现青年理想信念教育的针对性和有效性。

二　以伟大建党精神引领青年理想信念教育面临的挑战

当前以伟大建党精神引领青年理想信念教育的研究和实践尚未充分展开，多集中在"加强教育引导、注重实践养成、加强制度保障"等对青年进行理想信念教育的宏观描述层面。深入社会实践，可以看到以伟大建党精神引领青年理想信念教育所面临的挑战主要集中在以下几个层面。

（一）社会主要矛盾和现实生活的变化

人民日益增长的美好生活需要和不平衡不充分的发展之间的矛盾是当前中国社会的主要矛盾，在全面建成小康社会的背景下，人民日益增长的精神生活需要越发凸显。理想信念具有历史性和阶级性，不同的时代、不同的群体在理想信念的教育上也必然存在差异，其内容也会随着时代的变化而变化。当前，青年的理想信念教育一直是宣传思想工作的重中之重，也是培育社会主义核心价值观的核心环节，但不可忽视的是，随着社会主要矛盾的变化，以伟大建党精神引领青年理想信念教育需要重视社会矛盾变化所带来的挑战，这些变化应该直接反映在教育内容上，要解决当前理想信念教育内容不聚焦的问题，进行精而深的聚焦性挖掘，满足青年群体的精神需要。

从当前的社会发展来看，技术成为我们在进行理想信念教育时不可忽视的现实因素。在某种程度上技术是实现人类目的的重要手段，技术的进化对于技术创新与管理具有重大的影响，进而对人类产生更大影响，在这个意义上，技术也构成以伟大建党精神引领青年理想信念教育的重要手段。正如马克思在《哲学的贫困》中所言，"手推磨产生的是封建主的社会，蒸汽磨产生的是工业资本家的社会"①，其充分肯定了技术发明在社会发展中的火车头作用，在"以人工智能、新材料技术、分子工程、石墨烯、虚拟现实、量子信息技术、可控核聚变、清洁能源以及生物技术"②为技术突破口的第四次绿色工业革命中，中国第一次与发达国家站在同一起跑线上，青年理想信念教育的展开既要以此为基础进行相应理念更新、制度创新和技术革新，也要以此为重要内容与伟大建党精神结合进行丰富和拓展。

（二）中华优秀传统精神传承路径的变化

不可否认，技术的发展不仅拓宽也改变了中国传统精神的传承路径，网络社会的不断向前推进，网络信息传播的碎片化、去中心化大大改变了以往传统精神以家族、学校、特定区域等为载体进行自上而下的传承方式，当前的青年群体更加注重自主化、平等化交流，这也使得网络"圈层化"盛行，这类现状致使自上而下的传播方式遇到了层级切割，自然导致偏向传统方式的青年理想信念教育通道不畅。

在《〈政治经济学批判〉导言》中，马克思指出，炸药和炮弹发明之后，阿喀琉斯这样的英雄还可能诞生吗？在印刷机存在的情况下，《伊利亚特》还可能出现吗？印刷机出现以后，说唱和歌舞随即停止，缪斯女神止步不前，史诗出现的条件随即消失，难道这不是必然的结果吗？③ 这提醒我们一方面可以认为这是技术进步对社会发展的促进；但另一方面，我们也不妨将其理解为技术进步对传统的挑战甚至破坏，当技术在某种层面成为抹平过去的存在时，人类精神的失落或者说人类的集体无意识消失也会不可避免地出现。教育主体要保持对技术的审慎态

---

① 《马克思恩格斯文集》第1卷，人民出版社2009年版，第602页。
② 夏文斌：《新文科建设的目标、内涵与路径》，《北京教育》（高教）2021年第5期。
③ 参见《马克思恩格斯文集》第8卷，人民出版社2009年版，第35页。

度，长存反思，才能够深刻地把握住社会发展和历史前进的人文精神。以伟大建党精神引领青年理想信念教育，其背后依旧是深刻的主体人文关怀和道德关怀，我们在面临中国传统精神传承路径变化的挑战时，也要抓住变化中的机遇，以符合时代发展特征的方式推进理想信念教育和精神传承。

（三）理想信念教育格局和教育阵地的变化

以伟大建党精神引领青年理想信念教育所涵盖的对象就不仅包括在校青年，同时也必须涵盖广大未在校青年群体，这直接影响我们对此教育主题下教育格局和教育阵地的认识。从教育格局上来讲，将"三全育人"格局延伸到学校教育、社会教育和家庭教育中的各个层级是当前面临的巨大挑战。"三全育人"格局下的青年理想信念教育目标尚未系统化，具体表现在没有完全因教育对象的不同设置相应的社会目标、群体目标和个体目标，虽然在根本目标上保持了一致性，但在具体目标中其系统性尚未形成，影响理想信念教育的最终效果呈现。教育对象分类不精准，主要表现为对不同的青年群体几乎适用了无侧重的理想信念教育内容，没有针对群体特征进行细分教育，使得理想信念教育的针对性不强，无法使不同的青年群体形成各自不同的文化认同，也无法表达文化发展过程中的多样性和多元性。

随着技术的不断发展，以建党精神引领青年理想信念教育的阵地在不断扩大。但从当前的教育实践来看，我们尚未追赶上这种变化。新兴自媒体的勃发，会聚了大批青年群体，2022年CNNIC发布的第50次《中国互联网络发展状况统计报告》显示，截至2022年6月我国的手机网民规模已经达到10.51亿人，其中9.62亿人看短视频，7.16亿人看直播，3.77亿人使用在线教育；在网民的年龄结构中，10—19岁占比为13.5%，20—29岁占比为17.2%。[1] 由此可见，在新的教育阵地上，我们所面临的青年教育群体也是庞大的，但自媒体阵地尚未

---

[1] 国家图书馆研究院：《中国互联网络信息中心发布第50次〈中国互联网络发展状况统计报告〉》，《国家图书馆学刊》2022年第5期。

完全开发，对青年的理想信念教育只局限在主流媒体的宣传中，在自媒体失声。同时，新媒体的不断发展催生了不同的网络文化，而网络文化的更新和发展也为网络意识形态安全建设带来了一定挑战。在网络环境下，维护网络意识形态安全成为新的课题和任务，也是事关旗帜和道路、安全和发展的重大战略问题，"在新的历史条件下，互联网已经成为舆论斗争的主战场。在这个战场上，我们能否顶得住、打得赢，直接关系我国意识形态安全和政权安全。习近平同志多次讲，过不了互联网这一关，就过不了长期执政这一关。管好用好互联网，是新形势下掌控新闻舆论阵地的关键。掌控网络意识形态主导权，就是守护国家的主权和政权。要高度重视网络斗争，把党管媒体的原则贯彻到新媒体领域"[1]。

(四) 国际意识形态与文化环境的复杂变化

以伟大建党精神引领青年理想信念教育需要把握时代大势，在"百年未有之大变局"中，我们所面临的国际形势也在发生着变化。一是在国家意识形态领域，西方国家的围堵并未减弱，各种形式的意识形态斗争层出不穷。所谓"中国威胁论""涉港""涉台"错误言论层出不穷，在抗击新冠疫情中，西方媒体对中国抗击疫情的措施和成效进行污名化，这都是意识形态斗争在具体领域的体现，给青年的理想信念教育造成了极大挑战。二是在国际文化交流领域，良好的历史机遇造就了文化发展的优良环境，但也不能忽视优秀文化在成长过程中所面临的困境，这是以伟大建党精神引领青年理想信念教育必须面对的现实境遇。一段时期内"新自由主义""历史虚无主义"等错误社会思潮盛行，给青年理想信念教育带来了危害。"所谓历史虚无主义，就是虚无自己对立面的历史功绩，放大或聚焦自己对立面的失误，夸大或美化自己的历史、现在和未来，以达到自己的某种不可告人的政治目的，即打着'反思历史''还历史以真实''将真相告诉人''告别革命'的旗号，行否定中国历史和中国共产党历史、否定中国革命、否定中国共产党、否定社会主义、

---

[1] 史一棋:《坚定文化自信 建设社会主义文化强国》,《人民日报》2017 年 9 月 16 日第 6 版。

否定马克思主义、抹黑党的领袖、抹黑英雄人物、抹黑人民群众之实，用以消解主流意识形态、主流价值观，适应敌对势力分化、西化、'和平演变'我社会主义国家制度的战略图谋，从根本上改变社会主义中国的立国之本和强国之路，以达到颠覆中国特色社会主义制度的目的。"① 2013年1月5日习近平总书记在新进中央委员会的委员、候补委员学习贯彻党的十八大精神研讨班上讲话时指出："古人说：'灭人之国，必先去其史。'国内外敌对势力往往就是拿中国革命史、新中国历史来做文章，竭尽攻击、丑化、污蔑之能事，根本目的就是要搞乱人心，煽动推翻中国共产党的领导和我国社会主义制度。"② 面对错综复杂的意识形态斗争形势，需要继承和发扬伟大建党精神，继续斗争、敢于斗争，赢得意识形态领域和文化领域发展的空间和自主权。

三　以伟大建党精神引领青年理想信念教育的路径选择

（一）强化整合传播，体现多主体联动参与

当今社会，媒介对人的影响以及人们对媒介的依赖，媒介对社会发展的影响，以及媒介社会化和社会媒介化已经成为不可扭转的社会发展现实，若从社会发展和人的生存角度，媒介对文化、对社会以及对人的解构和建构也都成为不可辩驳的现实，整合媒介结构进行宣传传播是行之有效的选择。

从媒体和传播的角度，技术的发展使媒体组织可以通过音频、视频及印刷载体，以鉴别、细分、挑选和吸引更小的、更专注的且更集中的受众，"从逻辑上看，媒体分化似乎是与整合营销沟通不相容的。如果我们能够将媒体信息有区分地送达每个人，那么就不需要进行整合。每

---

① 中国社会科学院编：《中国社会科学院历史虚无主义批判文选》，中国社会科学出版社2015年版，第3—4页。
② 《习近平在新进中央委员会的委员、候补委员学习贯彻党的十八大精神研讨班开班式上发表重要讲话强调　毫不动摇坚持和发展中国特色社会主义　在实践中不断有所发现有所创造有所前进》，《人民日报》2013年1月6日第1版。

条信息都有固定的受众。当可选择的媒体越多，整合的理由就越不充分。"① 问题是，尽管对于每种媒体的受众变小了，但呈现在主体面前的媒体却越来越多，他们不会区分是从何种媒体上受到影响，信息来源于哪种媒介也无关紧要，它仅仅被看作媒体信息，如果要使主体能够从众多的混杂的信息中摆脱出来，就有必要依照主体如何挑选、处理和储存信息以及如何建立信息之间的联系进行整合，现今在传媒中广泛运用到的"分类标签"就是一种整合策略，这种简化类别和概念能够使主体在储存量有限的情况下储存大量的信息。当信息成为一种可以明确定义的要素，尤其是主体不易区分信息的不同来源时，可以通过整合来管理信息流。

在以伟大建党精神引领青年理想信念教育的传播路径选择上，可以采取多主体参与整合传播策略，让政府部门、教育部门、社会传媒等联动起来，通过多种传播形式和活动，并以适合不同群体的语言，向不同的社会群体进行传递。

一是政府出台政策，进行宏观指导，从管理人员和教师两个群体出发，明确其各自进行价值观教育的责任，同时关注管理和课程。二是学校大力宣传，推动责任落实。比如在各级学校官方网站上建立相应板块，进行各自学校课程设置和课外活动中相关内容的介绍，并以事例形式进行推广。三是社会团体助力，协助学校更好地将理想信念教育融入学校的整个教育过程。在整合传播策略的具体应用中，各传播主体相互分工合作，在明确目标和受众定位，优化整合传播主体、传播渠道、传播内容的基础上形成卓越有效的整合传播体系，在其中居于主要地位，担当首要角色的还是教育部门。

中国正处在"百年未有之大变局"的时代环境下，这种变局除了政势之变和经济之变外，还有数字之变。② 近年来，随着大数据以及人工智能等数字技术的不断发展，给社会各领域带来了全方位的影响。习近平总书记在 2019 年给国际人工智能和教育大会的贺信中指出："人工智能

---

① ［美］舒尔茨等：《整合营销传播》，孙斌艺、张丽君译，上海人民出版社 2006 年版，第 24 页。

② 王文、贾晋京等：《百年变局》，北京师范大学出版社 2020 年版，第 1 页。

是引领新一轮科技革命和产业变革的重要驱动力，正深刻改变着人们的生产、生活、学习方式，推动人类社会迎来人机协同、跨界融合、共创分享的智能时代"，而"把握全球人工智能发展态势，找准突破口和主攻方向，培养大批具有创新能力和合作精神的人工智能高端人才，是教育的重要使命"。① 以伟大建党精神引领青年理想信念教育的传播路径选择也必然随着数字之变的背景展开。当这种变化不仅是技术手段的革新，而且成为深刻影响人们生活方式、构成个体教育和生活内容的时候，也必然构成对意识形态领域的挑战。一方面，以伟大建党精神引领青年理想信念教育要应对通过数字技术传播的意识形态内容的增加，并积极参与其中，成为引导主流意识形态建设和发展的力量；另一方面，以伟大建党精神引领青年理想信念教育在更为重要的层面是需要关注数字技术本身所蕴含的意识形态内容，避免成为算法的迎合因素。教育理性存在的意义在于教会主体成为独立的个体，使自己能够成为自己的主人，以伟大建党精神引领青年理想信念教育也应该在这个意义上不断扩展内容，丰富对象认知。美国学者桑斯坦在其2006年出版的《信息乌托邦——众人如何生产知识》中提出了信息茧房的概念，他通过对互联网的考察，认为公众在信息传播过程中对信息的需求并不是全方位的，只会注意到自己选择的信息和能够使自己愉悦的领域，久而久之，就会将自己束缚于像蚕茧一样的茧房中。尽管彼时个人化和定制化尚不构成信息发布的主流，但这种趋势已然显现。随着信息数字技术的发展，"量身定制"的信息在自然增加，大数据对个体信息数据进行汇集和分析，形成"个人画像"，这种画像是个体偏好的数据呈现，通过对"画像"的参考，各类算法对信息进行有针对性的推送，用户如果缺乏主动搜索、筛选等信息能力，往往会被困于算法之中，并在算法的强化下固化自己的价值偏向，信息的多元化在算法中成为"定向传播"，信息流动状态在某种程度上被打破。从意识形态的角度看，"信息茧房"就构成了意识形态建设的危局，如果服从于算法，鉴于个体往往对主流意识形态缺乏偏好的现状，主流意识形态的推送量和接收量自然会大打折扣，这就意味着

---

① 《习近平向国际人工智能与教育大会致贺信》，《光明日报》2019年5月17日第1版。

以伟大建党精神引领青年理想信念教育工作的展开，需要在正确的政治方向的引领下，同社会信息媒介"抢夺"受众，突破"信息茧房"限制，积极构建主流意识形态传播空间。

（二）注重教育实施，促进多层级全面贯通

"精神的存在是和人的教化联系在一起的，一切精神皆是通过教育所获得的纯粹价值思维形式。"① 以伟大建党精神引领青年理想信念教育一方面是要通过教育强化精神内容，另一方面也是需要以伟大建党精神来丰富青年理想信念教育的内容，从源头把握中国共产党精神谱系的内涵，将伟大建党精神所包含的价值追求、时代责任、历史使命、精神风范、意志品质、政治担当和人民立场内化到青年自身的思想中，并促进其在实践中将伟大建党精神发扬光大。

注重多层级的教育实施首先要以伟大建党精神作为聚焦点引领青年理想信念的教育内容，同时要有效分类不同的教育对象，针对不同青年群体观照内容的分类和层次性，以实现内容和群体的精准对接；在教育形式上，在注重课堂讲授和官方媒体宣传之外，还要积极拓展其他社会媒体和自媒体渠道，实现理想信念教育形式的多样化，同时积极推进社会实践，以伟大建党精神为指引拓展红色社会实践基地，利用革命红色遗址使抽象的理想信念教育内容具体化、生动化，增强教育对象的感受力。在利用新技术方面，可以开发线上红色资源，运用VR等虚拟技术实现沉浸式体验，使教育形式符合当下青年的成长特点和规律，使教育内容和形式与青年成长获得双重契合。在教育目标的系统化上，要使根本目标和具体目标统一起来，使政治目标、道德目标、职业目标和生活目标统一起来，使长期目标和近期目标统一起来。这些目标在相互影响和相互作用的过程中形成系统合力，共同推动青年理想信念教育内容的实现。同时要进行多层级的机制创新，促进"三全育人"机制从家庭、学校到社会的全面贯通，实现线上线下教育的有效衔接，借助网络信息技术的发展更新教育方式，丰富教育载体，使理想信念教育实现广辐射、深影响、真行动。

---

① 司马云杰：《中国精神通史》第1卷，华夏出版社2016年版，第2—3页。

（三）坚定文化自信，把握文化交流话语权

2014年2月，习近平总书记在中央政治局第十三次集体学习中指出，培育社会主义核心价值观要从传统文化中汲取养分，因为要讲清楚中国传统文化的历史发展和时代特色，"增强文化自信和价值观自信"[①]。其后在多个场合，习近平总书记都强调了文化自信的问题，指出"增强文化自觉和文化自信是坚定道路自信、理论自信和制度自信的题中应有之义"，"文化自信是基础"，等等，到2016年7月1日，习近平总书记明确要求中国共产党人要"坚持不忘初心、继续前进"就要有对"中国特色社会主义的道路自信、理论自信、制度自信、文化自信"[②]，这就凸显了中国特色社会主义文化在社会主义现代化建设事业中的突出地位，同时也彰显了文化自信在国际文化交流中的重要作用。以伟大建党精神引领青年理想信念教育实际上也是一个复杂的文化过程，包含了文化传播、文化认同及文化整合等必要环节。当前，文化要素在主流意识形态的结构中愈加突出，意识形态的凝聚力除了传统的政治方式之外，也更加向以文化为主的综合方式转变。

推动社会文化建设，就是把文化当成以伟大建党精神引领青年理想信念教育工作的重要抓手。在网络社会，网络文化已经成为文化的主要表现形式，加强网络文化建设和管理，有利于扩大以伟大建党精神引领青年理想信念教育工作的阵地。当前，要建设、繁荣社会主义网络文化，必须高度关注网络文化中的"信息说""文化说""审美说""技术说""休闲说"等几种非意识形态倾向，科学把握网络文化建设的主题，处理好网络文化建设的主题把握与网络文化多样性发展的关系、处理好网络文化建设的传统性与时代性的关系、处理好借鉴学习与自主创新的关系。网络是信息时代所构建起来的多功能网络信息共享与思想交流的平台，加强网络文化建设是以伟大建党精神引领青年理想信念教育的新要

---

① 《习近平在中共中央政治局第十三次集体学习时强调 把培育和弘扬社会主义核心价值观作为凝魂聚气 强基固本的基础工程》，《人民日报》2014年2月26日第1版。

② 习近平：《在庆祝中国共产党成立95周年大会上的讲话》，《人民日报》2016年7月2日第2版。

求和新趋势。要积极探索网络文化建设的内在规律与路径，不断提升网络文化建设专业化水平，充分发挥以伟大建党精神引领理想信念教育对青年的塑造和引导作用。推动网络社会的文化建设以实现伟大建党精神对青年理想信念教育的引领，就是通过文化获取坚实支撑，并使之伴随青年日常文化消费活动进入他们的世俗生活，潜移默化地影响他们的精神追求。

参考文献：

《马克思恩格斯选集》第 1 卷，人民出版社 2012 年版。

习近平：《高举中国特色社会主义伟大旗帜　为全面建设社会主义现代化国家而团结奋斗——在中国共产党第二十次全国代表大会上的报告》，人民出版社 2022 年版。

《习近平谈治国理政》第 3 卷，外文出版社 2020 年版。

夏文斌：《新文科建设的目标、内涵与路径》，《北京教育》（高教）2021 年第 5 期。

中国社会科学院编：《中国社会科学院历史虚无主义批判文选》，中国社会科学出版社 2015 年版。

［德］黑格尔：《历史哲学》，王造时译，生活·读书·新知三联书店 1956 年版。

［德］黑格尔：《哲学史讲演录》第 1 卷，贺麟等译，上海人民出版社 2013 年版。

英雄精神融入高校思想政治理论课的价值考量[*]

张业振[**]

【摘　要】 党的二十大报告指出，要推动全社会见贤思齐、崇尚英雄、争做先锋。习近平总书记高度重视英雄精神弘扬和思想政治理论课（以下简称思政课）建设，强调要将英雄精神融入思政课的全过程、各环节。作为意识形态工作前沿阵地，高校要主动将英雄精神融入思政课这一立德树人的关键课程。面对大力弘扬英雄精神的任务，高校思政课必须发挥好主渠道作用；面对"两个大局"的时代境遇，高校思政课必须培养具有英雄精神的时代新人；面对历史虚无主义等错误思潮，高校思政课必须用英雄精神旗帜鲜明地反击；面对教学效果欠佳的现实，高校思政课必须从英雄精神中汲取前进的强大力量。

【关键词】 英雄精神；高校；思政课；价值

党的二十大报告指出，要"发挥党和国家功勋荣誉表彰的精神引领、典型示范作用，推动全社会见贤思齐、崇尚英雄、争做先锋"[①]。在学校思政课教师座谈会上，习近平总书记强调思政课"要注重引导学生传承民族气节、崇尚英雄气概，引导学生学习英雄、铭记英雄，自觉反对那些数典忘祖、妄自菲薄的历史虚无主义和文化虚无主义，自觉提升境界、

---

[*] 基金项目：本文系江西省社会科学青年基金项目"英雄精神融入高校思政课教学的基本问题研究"（项目编号21KS29）。

[**] 张业振，江西师范大学马克思主义学院讲师，研究方向为思想政治教育与价值观传播。

[①] 《习近平著作选读》第1卷，人民出版社2023年版，第37页。

涵养气概、激励担当"①。在考察中国人民大学时，习近平总书记明确"思政课的本质是讲道理"，希望广大青年"向英雄学习、向前辈学习、向榜样学习，争做堪当民族复兴重任的时代新人"②。不难看出，这其实就要求我们将英雄精神融入思政课的全过程、各环节，用英雄精神教育和引导学生成长成才。高校作为意识形态工作前沿阵地，要主动在英雄精神融入思政课上发挥积极作用。这是弘扬英雄精神的内在要求，是培养时代新人的时代要求，是应对错误思潮的必然要求，同时也是提升教学效果的现实要求。

一 英雄精神融入高校思政课是弘扬英雄精神的内在要求

英雄精神源自中华民族崇尚英雄的优秀文化传统，在中国革命、建设和改革的伟大实践之中逐渐形成和发展起来。习近平总书记强调："全党全社会要崇尚英雄、学习英雄、关爱英雄，大力弘扬英雄精神，汇聚实现中华民族伟大复兴的磅礴力量。"③ 面对大力弘扬英雄精神的任务，高校要自觉在思政课中创造性地融入英雄精神，充分发挥思政课的主渠道作用，积极营造良好的社会氛围。

（一）英雄精神是跨越时空、历久弥新的宝贵财富

经过长期积淀，英雄精神已经发展为具有独立形态的精神体系，即与伟大建党精神、伟大抗战精神、伟大抗疫精神等具有相似性，都是中国共产党人精神谱系中的具体形态之一。作为一种独立形态的精神体系，英雄精神是对英雄人物或英雄群体光荣事迹和崇高品格的提炼和升华。

---

① 习近平：《思政课是落实立德树人根本任务的关键课程》，人民出版社 2020 年版，第 19 页。
② 《习近平在中国人民大学考察时强调：坚持党的领导传承红色基因扎根中国大地 走出一条建设中国特色世界一流大学新路》，《人民日报》2022 年 4 月 26 日第 1 版。
③ 《习近平给四川省革命伤残军人休养院全体同志回信强调：全党全社会要崇尚英雄学习英雄关爱英雄 汇聚实现中华民族伟大复兴的磅礴力量》，《人民日报》2020 年 10 月 22 日第 1 版。

根据习近平总书记关于英雄精神的重要论述，我们可以尝试将英雄精神的理论内涵概括为：服务人民的担当精神、至诚报国的爱国精神、视死如归的牺牲精神、顽强拼搏的奋斗精神、忘我奉献的无我精神、敢于胜利的斗争精神等。这六个主要方面相互联系、相辅相成，共同构筑起英雄精神的基本内涵，使英雄精神以独立形态存在于中国共产党人精神谱系之中。

每个时代都有每个时代的思想精华。在中国共产党百年辉煌中，锻造的伟大建党精神以坚持真理、坚守理想，践行初心、担当使命，不怕牺牲、英勇斗争，对党忠诚、不负人民为核心内容；锻造的伟大抗战精神以天下兴亡、匹夫有责的爱国情怀，视死如归、宁死不屈的民族气节，不畏强暴、血战到底的英雄气概和百折不挠、坚忍不拔的必胜信念为核心内容；锻造的伟大抗疫精神以生命至上、举国同心、舍生忘死、尊重科学、命运与共为核心内容。通过比较不难发现，这些伟大精神都体现英雄气概、凸显英雄壮举、蕴含英雄精神。可以说，英雄精神其实是中国共产党人精神谱系中的共有元素，深度融入各具体形态的中国共产党人伟大精神之中。

综合来看，英雄精神既是一种独立形态的精神体系，同时又是中国共产党人精神谱系中的共有要素，即以独立形态和共有要素的形式共同推进中国共产党人精神谱系的丰富和发展，同时也推动自身与时俱进，成为跨越时空、历久弥新的宝贵精神财富。

（二）高校思政课是大力弘扬英雄精神的关键环节

思政课这一立德树人的关键课程是弘扬英雄精神的主渠道，高校思政课是弘扬英雄精神的关键环节。要使英雄精神得到广泛传播和大力弘扬，就必须站稳高校这个主阵地，必须抓住思政课这个主渠道和关键环节。

高校思政课是学生了解英雄事迹的重要窗口。没有对英雄先进事迹和崇高品质的充分了解，就很难真正体悟到英雄精神的内涵和实质，也很难在英雄精神的指引下作出英雄壮举。我们已经进入信息社会，学生获取信息的渠道早已多元化，这对高校思政课的传统信息优势提出了巨大挑战。不过，高校思政课仍然是学生了解英雄事迹的重要窗口。在短视频、碎片化信息霸屏的时代，高校思政课更要形成"一股清流"，充分挖掘和利用信息社会中的教育要素，实现信息资源的整合与优化，生动、深刻地向学生讲清楚英雄人物或英雄群体的先进事迹和崇高品质。

高校思政课是学生体悟英雄精神的重要途径。在日常生活中，学生对英雄、英雄精神会有一些感性认识，这是上升为理性认识的必要条件。然而，感性认识存在一定的缺陷，甚至出现不少偏颇和严重错误。例如，有学生认为，英雄天生就不是凡人，只有个人能力超群的人才可以成为英雄；英雄精神就是那些已经牺牲了的伟人或烈士留给后人的精神财富，等等。大力弘扬英雄精神，要加强英雄精神的系统阐释。在高校思政课上，教师要解答好学生关于英雄、英雄精神的种种疑惑，帮助学生真正理解以担当精神、爱国精神、牺牲精神、奋斗精神、无我精神、斗争精神为主要内容的英雄精神，从而引导学生更好地体悟科学、完整的英雄精神，为在推进强国建设、民族复兴中践行英雄精神奠定坚实的理论基础。

高校思政课是学生争做时代英雄的重要触点。"学习英雄事迹，弘扬英雄精神，就是要把非凡英雄精神体现在平凡工作岗位上。"[①] 弘扬英雄精神不是喊喊口号，最终要体现在具体实践之中、体现在平凡的工作之中，要在日常生活中看得出来、在关键时刻冲得出来、在危难关头豁得出来，有为人民群众利益献出一切的勇气、魄力和行动。高校思政课要鼓励和支持学生的英雄壮举，触发学生在新时代奉献青春力量、争做时代英雄的无限热情。当然，高校思政课也要加强正面引导，避免学生将英雄精神庸俗化、简单化，在具体实践中做无谓的牺牲。

二 英雄精神融入高校思政课是培养时代新人的时代要求

教育的首要问题是培养什么人。学校思想政治工作要为党育人、为

---

① 《习近平在会见四川航空"中国民航英雄机组"全体成员时强调：学习英雄事迹 弘扬英雄精神 将非凡英雄精神体现在平凡工作岗位上》，《人民日报》2018年10月1日第1版。

国育才，培养堪当民族复兴重任的时代新人。这是中国共产党百年奋斗的一贯主张，也是人的全面发展根本目标在新时代的高度凝练和具体体现。面对"两个大局"的时代境遇，需要高校思政课落实好育人责任，培养具有英雄精神的时代新人。

（一）培养时代新人是高校思政课的重要目标追求

高度重视思政课建设，以思政课为主渠道培养时代发展需要的人才，是中国共产党百年奋斗积累的一条宝贵经验。党的十九大报告指出，党在新时代的育人目标以培养堪当民族复兴大任的时代新人为着眼点。中共中央、国务院印发《关于新时代加强和改进思想政治工作的意见》明确："育新人"是新时代思想政治工作的职责使命之一，要实施时代新人培育工程，培养德智体美劳全面发展的社会主义建设者和接班人。习近平总书记在中国人民大学考察时再次强调："立足新时代新征程，中国青年的奋斗目标和前行方向归结到一点，就是坚定不移听党话、跟党走，努力成长为堪当民族复兴重任的时代新人。"[①]

"思政课是落实立德树人根本任务的关键课程"[②]，要以培养时代新人为目标追求。古往今来，教育的具体目标、办学宗旨等发生了巨大变化。各个国家对教育问题的具体回答也存在巨大差异，但都强调必须培养社会发展所需要的人才，即都按照自己的政治要求来培养人。在社会主义中国，思政课的目标追求就是"努力培养担当民族复兴大任的时代新人，培养德智体美劳全面发展的社会主义建设者和接班人"[③]。高校是培养一流人才的重镇，要利用好学科、资源、人才等方面的优势办好思政课，在实现培养时代新人的目标上担起责、带好头。

思政课要办好，思政课教师是关键。思政课教师要自觉担起培养时代新人的时代重任。邓小平指出："一个学校能不能为社会主义建设培养合格的人才，培养德智体全面发展、有社会主义觉悟的有文化的劳动

---

① 《习近平在中国人民大学考察时强调：坚持党的领导传承红色基因扎根中国大地 走出一条建设中国特色世界一流大学新路》，《人民日报》2022年4月26日第1版。

② 习近平：《思政课是落实立德树人根本任务的关键课程》，人民出版社2020年版，第2页。

③ 习近平：《思政课是落实立德树人根本任务的关键课程》，人民出版社2020年版，第10页。

者，关键在教师。"① 能不能办好高校思政课，能不能培养出堪当民族复兴重任的时代新人，关键在于思政课教师是否"用心"，是否能做到"经师"和"人师"的统一。教师是人类灵魂的工程师，是人类文明的传承者，"承载着传播知识、传播思想、传播真理，塑造灵魂、塑造生命、塑造新人的时代重任"②。要实现培养时代新人的战略目标，高校思政课教师必须以坚定信仰、深厚情怀、创新思维、宽广视野、严格自律、正直人格自觉担起这份时代责任和光荣使命。

（二）高校思政课要培养具有英雄精神的时代新人

"广大青年要做社会主义核心价值观的坚定信仰者、积极传播者、模范践行者，向英雄学习、向前辈学习、向榜样学习，争做堪当民族复兴重任的时代新人，在实现中华民族伟大复兴的时代洪流中踔厉奋发、勇毅前进。"③ 向英雄学习、向前辈学习、向榜样学习，是新时代大学生成长为时代新人的重要途径，具有强烈的英雄精神是时代新人重要的内在精神素养。面对中华民族伟大复兴战略全局和世界百年未有之大变局，高校思政课要增强培养具有英雄精神的时代新人的历史自觉，主动引导新时代大学生"要像英雄模范那样坚守、像英雄模范那样奋斗，共同谱写新时代人民共和国的壮丽凯歌"④！

培养具有英雄精神的时代新人是由实现中华民族伟大复兴的艰巨性决定的。中国特色社会主义进入新时代，当代中国取得了历史性成就，发生了历史性变革。但我们必须清醒地认识到：实现中华民族伟大复兴，"绝不是轻轻松松、敲锣打鼓就能实现的，前进道路上仍然存在可以预料和难以预料的各种风险挑战"⑤。一百多年来，中国共产党团结带领人民锻造和发扬英雄精神，成功应对了一个又一个重大挑战、抵御了一个

---

① 《邓小平文选》第 2 卷，人民出版社 1994 年版，第 108 页。
② 习近平：《思政课是落实立德树人根本任务的关键课程》，人民出版社 2020 年版，第 12 页。
③ 《习近平在中国人民大学考察时强调：坚持党的领导传承红色基因扎根中国大地　走出一条建设中国特色世界一流大学新路》，《人民日报》2022 年 4 月 26 日第 1 版。
④ 习近平：《论党的宣传思想工作》，中央文献出版社 2020 年版，第 412 页。
⑤ 《中共中央关于党的百年奋斗重大成就和历史经验的决议》，人民出版社 2021 年版，第 72 页。

又一个重大风险、克服了一个又一个重大阻力、解决了一个又一个重大矛盾，使中国人民真正成为国家、社会和自己命运的主人，使中华民族迎来了从站起来、富起来到强起来的伟大飞跃，创造了人类文明的一种新形态。"新时代是需要英雄并一定能够产生英雄的时代。"① 无论是解决当前的问题还是应对未来的挑战，我们都需要进行许多具有新的历史特点的伟大斗争，必须继续发扬英雄精神，必须培养具有英雄精神的时代新人。概言之，"实现我们的目标，需要英雄，需要英雄精神"②，尤其需要具有英雄精神的时代新人。

培养具有英雄精神的时代新人是由世界百年未有之大变局的复杂性决定的。实现中华民族伟大复兴需要英雄，建设更加美好的人类社会也需要英雄。党的二十大报告指出："当前，世界之变、时代之变、历史之变正以前所未有的方式展开。"③ 人类社会正面临前所未有的挑战，世界又一次站在历史的十字路口，何去何从取决于各国人民的抉择，取决于我们是否具有迎接挑战、解决难题的英雄精神。作为新时代的大学生，既要有家国情怀，也要有人类关怀。面对世界百年未有之大变局，在世界新的动荡变革期推动构建人类命运共同体，时代新人没有英雄精神是不行的。可以说，没有英雄精神就不可能是真正的时代新人，根本无法回答世界之问、时代之问，根本无法应对世界之变、时代之变、历史之变，当然也就无法真正为建设更加美好的人类社会而贡献力量。

三 英雄精神融入高校思政课是应对错误思潮的必然要求

民族的脊梁是由英雄挺立起来的，他们的光荣事迹和崇高品质是激励我们前行的强大力量。然而，历史虚无主义、文化虚无主义等错误思潮沉渣泛起，以各种各样的形式诋毁、亵渎英雄和英雄精神。思政课对

---

① 习近平：《在"七一勋章"颁授仪式上的讲话》，人民出版社2021年版，第4页。
② 习近平：《在纪念中国人民抗日战争暨世界反法西斯战争胜利70周年系列活动上的讲话》，人民出版社2015年版，第19页。
③ 《习近平著作选读》第1卷，人民出版社2023年版，第49页。

此既不能唯唯诺诺，更不能避而远之，而"要在传播马克思主义立场、观点、方法的基础上用好批判的武器，直面各种错误观点和思潮，旗帜鲜明进行剖析和批判"①。因此，高校要旗帜鲜明地将英雄精神融入思政课的方方面面，使其成为应对错误思潮的有力武器，引导学生自觉反对那些数典忘祖、妄自菲薄的历史虚无主义和文化虚无主义。

（一）诋毁、亵渎英雄是历史虚无主义等错误思潮的惯用伎俩

当前，"有些人刻意抹黑我们的英雄人物，歪曲我们的光辉历史，要引起我们高度警觉"②。其中，具有代表性的错误思潮有历史虚无主义、文化虚无主义等。这些错误思潮将矛头指向我们的英雄，其险恶的政治目的在于通过否定革命领袖和英雄人物等，否定中国共产党的领导，否定中国特色社会主义道路、中国特色社会主义制度、中国特色社会主义理论和中国特色社会主义文化。

习近平总书记指出，"要旗帜鲜明反对历史虚无主义，加强思想引导和理论辨析"③。历史虚无主义是一种极具迷惑性的错误思潮。它打着"还原历史""寻找真相""重新评价"等旗号，但实际上却在诋毁、亵渎革命领袖和英雄人物，其惯用伎俩主要有：一是无限放大缺点。英雄是"现实的个人"而不是神，难免有些所谓"缺点"。这被历史虚无主义无限放大，把我们的英雄塑造成了丑陋、虚伪的形象，从根本上否定革命领袖和英雄人物的崇高品质。二是随意编造谎言。历史虚无主义将历史视为"可随意装扮的小姑娘"，不顾已然成为客观事实的历史，而随意编撰所谓的"真实历史"或"历史揭秘"，以子虚乌有的"细节""事实"等解构革命领袖和英雄人物。三是故意戏谑恶搞。历史虚无主义用"时髦"的语言书写历史，对革命领袖和英雄人物及其事迹进行低俗化、庸俗化的比喻，将其矮化并作为冷嘲热讽的"娱乐"对象。四是模糊评价标准。历史虚无主义颠倒黑白，故意模糊历史人物的评价标准，

---

① 习近平：《思政课是落实立德树人根本任务的关键课程》，人民出版社 2020 年版，第 19 页。

② 中共中央文献研究室编：《十八大以来重要文献选编》中，中央文献出版社 2016 年版，第 205 页。

③ 《习近平谈治国理政》第 4 卷，外文出版社 2022 年版，第 20 页。

宣扬"坏人不坏、好人不好"的模糊标准，为汉奸、卖国贼等历史罪人翻案，大言不惭地歌颂他们的"历史功绩"，反诬革命领袖和英雄人物犯下了不可原谅的"历史错误"。

文化虚无主义向中国文化领域发难，选择性虚无中国博大精深、源远流长的文化，通过否定文化传统来否定现实文化，通过推崇外国资本主义文化来贬低中国革命文化、社会主义先进文化。在很长一个时期内，一些文艺作品中的英雄人物，或是冲冠一怒为红颜的"情种"，或是性感少女、"小鲜肉"、油腻大叔等之流，抑或是手撕鬼子、裤裆藏雷、手抓子弹以及凭一己之力拯救世界的"超人"，这看似是对英雄人物及其精神的推崇，但实际上却是一种亵渎。"低级红"并非真的"红"，但"高级黑"却是真的"黑"。文化虚无主义的真实目的与文化繁荣发展毫无关系，其险恶用心在于"通过文化入侵和围剿，腐蚀我们的思想根基，摧毁我们的文化自信，进而动摇中国特色社会主义的理论自信、制度自信和道路自信，最终达到西化和分化中国的图谋"①。

总之，高校思政课必须高度警惕历史虚无主义、文化虚无主义等错误思潮对学生的消极影响，决不能让学生在文化交流交融交锋中沦为这些错误思潮的附庸和鼓吹手，要告诫学生无论如何都不能做亵渎祖先、亵渎经典、亵渎英雄的事。

（二）高校思政课必须旗帜鲜明地运用英雄精神反击错误思潮

习近平总书记强调："一个有希望的民族不能没有英雄，一个有前途的国家不能没有先锋。"② 我们不能任由这些错误思潮诋毁英雄、亵渎英雄，要旗帜鲜明地捍卫英雄、礼赞英雄。高校思政课教师要运用英雄精神深刻揭露这些错误思潮的本质，向广大学生讲清楚谁是真正的英雄、什么是真正的英雄精神。

历史是客观的，也是复杂的。我们既不能随意选择历史，也不能任意改写历史，评价历史人物、历史事件应该放在其所处时代和社会的历史条件中进行。马克思主义并不是简单地否定个人的历史作用，而是主

---

① 孙丽珍、李泽泉：《文化虚无主义的表现、本质及治理》，《红旗文稿》2018年第9期。
② 习近平：《在纪念中国人民抗日战争暨世界反法西斯战争胜利70周年系列活动上的讲话》，人民出版社2015年版，第19页。

张客观地认识和评价个人的历史作用，任何历史功绩都不能简单地归功于个人的才能，任何历史错误也不能简单地归咎于个人的错误。历史虚无主义将个人的历史作用简单化、绝对化、夸张化，将客观历史任意变成了主观历史。文化虚无主义将文化领域的古与今、中与外对立起来，以今否古、以外贬中，掀起数典忘祖、妄自菲薄的思想逆流。历史虚无主义、文化虚无主义的错误体现在多个方面，最根本的还是其历史观出了问题，以唯心主义英雄史观对待英雄和英雄精神。因此，在高校思政课中，教师要旗帜鲜明地传承英雄精神，深刻批判历史虚无主义、文化虚无主义的错误本质，引导学生正确认识个人的历史作用及其局限。

谁才有资格成为真正的英雄？"同历史唯心主义英雄史观相对立，历史唯物主义群众史观第一次彻底解决了这个重大问题，提出人民是历史的创造者。"[①] 马克思主义政党始终与人民群众同呼吸、共命运、心连心，始终坚持"人民是历史的创造者，是真正的英雄"[②]。科学的英雄观本质上是历史唯物主义群众史观。中国人民是伟大的人民、英雄的人民，书写了波澜壮阔的中华民族发展史，创造了博大精深的中华文明，培育了历久弥新的中华民族精神，奋斗出来了一个又一个"伟大飞跃"。高校思政课要努力向学生讲清楚科学的英雄观，引导学生树立"人民是真正的英雄"的基本观念，正确认识和处理人民群众与其杰出代表之间的关系，自觉抵制错误思潮，主动践行英雄精神。

四 英雄精神融入高校思政课是提升教学效果的现实要求

党的十八大以来，高校思政课建设取得明显成效，但也存在不少突出问题。高校必须直面教学效果欠佳的现实，不断提升思政课教学的实际效果，使思政课真正成为学生真心喜爱、终身受益的人生大课。英雄精神是高校思政课的重要内容，能够深度融入各门思政课，为教学效果

[①] 习近平：《坚持历史唯物主义不断开辟当代中国马克思主义发展新境界》，《求是》2020年第2期。
[②] 《习近平谈治国理政》第4卷，外文出版社2022年版，第8页。

积淀深厚力量。可以说，融入英雄精神是丰富高校思政课教学内容、提升高校思政课教学效果的现实途径。

（一）英雄精神是高校思政课教学的重要内容

目前，在大学本科阶段，"马克思主义基本原理概论""毛泽东和中国特色社会主义理论体系概论""中国近现代史纲要""思想道德与法治""习近平新时代中国特色社会主义思想概论""形势与政策"等是必修的思政课。党中央、国务院和教育部对这些课程的具体性质、任务和内容作出了明确规定。事实上，英雄精神是贯穿高校思政课课程体系的一条重要线索。英雄精神与高校思政课具有内在互通性，能够融入高校思政课的具体实践，成为高校思政课教学的重要内容之一。

"马克思主义基本原理概论"主要讲授反映马克思主义世界观和方法论的最基本的原理。科学的英雄观、宝贵的英雄精神是马克思主义基本原理中的重要内容。英雄精神集中体现了历史唯物主义群众史观，强调人民群众是历史的主体，人民群众是真正的英雄。该课程教学要注重英雄观的历史唯物主义阐释，引导学生牢固树立人民群众是真正的英雄的科学英雄观，夯实学生弘扬和践行英雄精神的马克思主义哲学基石。

"毛泽东思想和中国特色社会主义理论体系概论"主要讲授马克思主义中国化时代化百年历程及其理论成果。在创造新民主主义革命伟大成就、社会主义革命和建设伟大成就、改革开放和社会主义现代化建设伟大成就、新时代中国特色社会主义伟大成就的过程中，英雄精神得以生成和发展。马克思主义中国化时代化的百年历史是中国共产党造就和提升英雄精神的百年历史，也是中国共产党人践行和发展英雄精神的百年历史。该课程教学要注重挖掘在马克思主义中国化时代化百年进程中锻造的英雄精神，引导学生从马克思主义中国化时代化的高度理解和把握英雄精神。

"中国近现代史纲要"主要讲授中国近代以来争取民族独立、人民解放和实现国家富强、人民幸福的辉煌历史。近代以来，无数仁人志士探求救国救民之路，一切为中华民族和中国人民光明前景而奋斗的人都是民族英雄。英雄精神是完成两大历史任务的关键精神动力，没有英雄的艰苦奋斗，没有英雄精神的强大支撑，就不会爆发辛亥革命，就不会诞生中国共产党，就不会成立中华人民共和国，就不会开创、坚持、捍卫和发展中国特色社会主义。该课程教学要注重讲好近代以来的民族英雄故事，引导学生铭记英雄、捍卫英雄，守护好、建设好英雄烈士打下的红色江山，努力创造不负革命先辈期望、无愧于历史和人民的新业绩。

"思想道德与法治"主要讲授马克思主义的人生观、价值观、道德观、法治观。英雄精神生动再现了英雄人物和英雄群体的崇高人生观、价值观、道德观等，是新时代大学生应当学习的榜样。同时，捍卫英雄是全面依法治国的内在要求，要用法治思维和法治方式捍卫英雄、保护英雄。该课程教学要注重引导学生树立崇尚英雄、学习英雄、争做英雄的高尚人生追求，自觉学习《中华人民共和国英雄烈士保护法》等相关法律法规，敢于运用法律武器同诋毁、亵渎英雄和英雄精神的错误言行作坚决斗争，积极营造全社会大力弘扬英雄精神的浓厚氛围。

"习近平新时代中国特色社会主义思想概论"和"形势与政策"主要讲授党的理论创新最新成果，新时代坚持和发展中国特色社会主义的生动实践以及国内外形势及其热点难点问题。新时代中国特色社会主义是英雄精神在新时代创造的伟大成就，英雄精神是新时代中国特色社会主义的时代精华。在新时代，涌现出了一大批时代英雄，他们是英雄精神在新时代最直接、最有力的诠释者。英雄并不遥远，就存在我们身边；英雄精神并不缥缈，可以被我们感知和学习。这两门课程教学要注重向学生阐释习近平总书记关于英雄精神的重要论述，分享时代英雄的先进事迹和崇高品质，激励学生在英雄精神的指引下奋进新征程、建功新时代。

（二）英雄精神助力高校思政课教学效果提升

"思政课的本质是讲道理，要注重方式方法，把道理讲深、讲透、讲活，老师要用心教，学生要用心悟，达到沟通心灵、启智润心、激扬斗志。"[①] 英雄精神不仅是高校思政课的重要教学内容，同时也是创新高校思政课方式方法、助力高校思政课提质增效的深厚力量。

---

① 《习近平在中国人民大学考察时强调：坚持党的领导传承红色基因扎根中国大地 走出一条建设中国特色世界一流大学新路》，《人民日报》2022年4月26日第1版。

英雄精神有利于高校思政课教师精气神的增强。"办好思政课，有不少问题需要解决，但最重要的是解决好信心问题。"①讲深、讲透、讲活思政课确实很不容易。世情、国情、党情、学情在不断变化，给思政课教师提出了许多新的更高要求，既要有丰富的知识储备，又要能够从容直面学生的种种质疑、批判，等等。正因为如此，有的思政课教师畏难情绪明显，对思政课教学内容本身缺乏认同，或是照着文件念，或是以所谓趣味性消解甚至是对抗政治性。高校思政课教师要向英雄学习，从英雄精神中获取前进力量，敢于面对困难、勇于应对挑战，主动落实好立德树人责任，增强办好思政课的信心，用心教好每一堂思政课，"努力做精于'传道授业解惑'的'经师'和'人师'的统一者"②。

英雄精神有利于高校思政课亲和力的增强。高校思政课不能只是重复国家战略、文件内容，需要不断增强教学的话语亲和力、内容亲和力和方法亲和力，等等。英雄很伟大，同时也很平凡，他们是人民群众中的杰出代表，本质上仍然是人民群众中的一分子。英雄来自人民群众，英雄精神是人民群众精神财富的集中表达和高度凝练的重要部分。这样的英雄精神使学生切实感受到英雄既真实可信又和蔼可亲，能够增强高校思政课话语、内容和方法的亲和力，将国家战略等宏大叙事转化为情感叙事、生活叙事、青年叙事，更好地把"大道理"讲深、讲透、讲活。

英雄精神有利于高校思政课感染力的增强。高校思政课既要讲清楚道理，但同时也要富有情感、充满情怀，"让思政课成为一门有温度的课"③。英雄精神是马克思主义理论逻辑与实践逻辑的辩证统一，是逻辑严密、内涵丰富的理论体系，因而具有强烈的理论感染力。同时，英雄精神蕴含着英雄们对祖国、对中国共产党、对社会主义的真挚情感，体现了人世间最深层、最持久的情感之一，因而具有深厚的情感感染力。英雄精神兼具理论感染力和情感感染力，将从整体上增强高校思政课的

---

① 习近平：《思政课是落实立德树人根本任务的关键课程》，人民出版社2020年版，第8页。

② 《习近平在中国人民大学考察时强调：坚持党的领导传承红色基因扎根中国大地　走出一条建设中国特色世界一流大学新路》，《人民日报》2022年4月26日第1版。

③ 习近平：《思政课是落实立德树人根本任务的关键课程》，人民出版社2020年版，第14页。

感染力,使英雄精神能更深刻地感染学生,激励学生"在全面建设社会主义现代化国家新征程中勇当开路先锋、争当事业闯将"①。

结　　语

英雄精神既是一种具体形态的中国共产党人伟大精神,又是中国共产党人精神谱系中的共有元素,是中华民族和中国人民的宝贵精神财富,是我们创造历史、实现梦想的强大精神力量。作为一种具体形态的中国共产党人伟大精神,英雄精神主要由服务人民的担当精神、至诚报国的爱国精神、视死如归的牺牲精神、顽强拼搏的奋斗精神、忘我奉献的无我精神、敢于胜利的斗争精神等构成。作为中国共产党人精神谱系的共有元素,英雄精神是伟大建党精神、伟大抗战精神、伟大抗疫精神等伟大精神的共同基因。我们要深刻理解英雄精神融入高校思政课,在弘扬英雄精神、培养时代新人、应对错误思潮、提升教学效果等方面的重大价值。高校思政课要创新方式方法,讲深、讲透、讲活英雄精神,切实将英雄精神融入各门课程、各个环节,营造崇尚英雄、学习英雄、争做英雄的良好社会氛围,培养具有英雄精神的时代新人,旗帜鲜明地反击历史虚无主义、文化虚无主义等错误思潮,提升学生的高校思政课获得感。

参考文献:

《习近平新时代中国特色社会主义思想学习纲要》(2023年版),学习出版社、人民出版社2023年版。

方俊良:《英雄精神的科学内涵、育人价值及实现路径》,《思政理论教育导刊》2023年第3期。

何彦霏:《思想政治课如何讲好英雄故事》,《思想政治课教学》2022年第10期。

李昂、李晓元:《习近平总书记关于英雄重要论述的产生逻辑、科学内涵和原创

---

① 《习近平在中国人民大学考察时强调:坚持党的领导传承红色基因扎根中国大地　走出一条建设中国特色世界一流大学新路》,《人民日报》2022年4月26日第1版。

性贡献》,《重庆大学学报》(社会科学版)2022年第2期。

《习近平著作选读》第1、2卷,人民出版社2023年版。

曾成贵:《论大力弘扬英雄精神的内涵》,《社会科学动态》2023年第4期。

张强:《习近平关于弘扬英雄精神的重要论述探析》,《思想教育研究》2020年第10期。

陈华洲、张映:《建党百年来大学生英雄精神培育的历史演讲、宝贵经验及重要启示》,《学校党建与思想教育》2022年第5期。

践行"三个务必" 奋进新征程

刘爱玲[*]

【摘　要】 习近平总书记立足新的历史方位和新的使命任务，对全党同志提出了"务必不忘初心、牢记使命，务必谦虚谨慎、艰苦奋斗，务必敢于斗争、善于斗争"的新要求。"三个务必"是我们党在长期实践中培育并坚持的光荣传统和优良作风，是我们党的性质和宗旨的集中体现。"三个务必"彰显了百年大党的高度清醒和政治自觉，锚定了新的历史方位下全党的奋斗坐标。

【关键词】 三个务必；新征程；优良作风；政治自觉；现实指向

党的二十大报告宣告："从现在起，中国共产党的中心任务就是团结带领全国各族人民全面建成社会主义现代化强国、实现第二个百年奋斗目标，以中国式现代化全面推进中华民族伟大复兴。"[①] 这昭示了我们党带领全国人民踏上了实现第二个百年奋斗目标的新征程。习近平总书记立足新的历史方位和新的使命任务对全党同志提出了"务必不忘初心、牢记使命，务必谦虚谨慎、艰苦奋斗，务必敢于斗争、善于斗争"的新要求。"三个务必"是我们党在长期实践中培育并坚持的光荣传统和优良作风，是我们党的性质和宗旨的集中体现。"三个务必"彰显了百年大党的高度清醒和政治自觉，锚定了新的历史方位下全党的奋斗坐标。

---

[*] 刘爱玲，中国社会科学院马克思主义研究院思想政治教育研究室主任、副研究员，中国社会科学院习近平新时代中国特色社会主义思想研究中心特约研究员。

[①] 习近平：《高举中国特色社会主义伟大旗帜　为全面建设社会主义现代化国家而团结奋斗——在中国共产党第二十次全国代表大会上的报告》，人民出版社2022年版，第21页。

一 "三个务必"是对党的光荣传统和
优良作风的赓续继承

中国共产党的初心和使命是为人民谋幸福、为民族谋复兴,这是马克思主义政党区别于其他政党的鲜明标志,《共产党宣言》明确提出:共产党人"他们没有任何同整个无产阶级的利益不同的利益"[1]。中国共产党自建立之始,就确立了为人民谋幸福、为民族谋复兴的初心使命。纵观党史、新中国史、改革开放史、社会主义发展史,我们党百年来所进行的一切斗争、付诸的一切努力归根结底都是为了人民的幸福、民族的复兴。正如习近平总书记所强调的,"党除了人民利益之外没有自己的特殊利益,党的一切工作都是为了实现好、维护好、发展好最广大人民根本利益"[2],党的全部历史也是一部为人民奋斗的历史。

谦虚谨慎、艰苦奋斗是中华民族的优良传统,是马克思主义政党的政治本色。1949年3月5日,在党的七届二中全会上,毛泽东同志在讲话中分析了因为巨大胜利可能出现的四种情绪——骄傲的情绪、以功臣自居的情绪、停顿起来不求进步的情绪、贪图享乐不愿再过艰苦生活的情绪,并告诫全党:"务必使同志们继续地保持谦虚、谨慎、不骄、不躁的作风,务必使同志们继续地保持艰苦奋斗的作风。"[3] 正是靠着谦虚谨慎、艰苦奋斗的精神,中国共产党人在物质条件极其匮乏的条件下,面对复杂的国际国内形势和艰巨的建设任务,经过艰苦卓绝的斗争取得了新民主主义革命的胜利;党迎难而上、艰苦奋斗,团结带领中国人民确立了社会主义基本制度,取得社会主义建设重大成就;解放思想、实事求是、与时俱进,团结带领人民开辟了中国特色社会主义道路。新时代,我们党带领全国人民实现了小康,打赢了脱贫攻坚战,正信心百倍地推进中华民族从站起来、富起来到强起来的伟大飞跃。

---

[1] 《马克思恩格斯文集》第4卷,人民出版社2009年版,第3页。
[2] 《习近平谈治国理政》第3卷,外文出版社2020年版,第137页。
[3] 中共中央文献研究室编:《建党以来重要文献选编》第26册,中央文献出版社2011年版,第212页。

敢于斗争、善于斗争集中体现了中国共产党人的精神风范和意志品格，是我们党最鲜明的特质和特点。在中国革命、建设、改革和发展的历史进程中敢于斗争、善于斗争突出表现为中国共产党人一以贯之的坚定信念、不畏艰险的斗争意志和运筹帷幄的斗争智慧。习近平总书记指出："中华民族伟大复兴，绝不是轻轻松松、敲锣打鼓就能实现的，实现伟大梦想必须进行伟大斗争。"①一百年来我们党遭遇过无数的艰难险阻，经历过千千万万的生死考验，付出过数以万计的牺牲，中国共产党人以"越是艰险越向前"的英雄气概和"狭路相逢勇者胜"的斗争气魄，跨越了无数的"雪山""草地"，攻克了无数的"娄山关""腊子口"。

二 "三个务必"彰显百年大党的高度清醒和政治自觉

"三个务必"是从中国共产党的百年奋斗历程中总结概括出来的宝贵经验，彰显了我们党在新征程上管党治党、兴党强党的高度清醒和政治自觉。百年大党恰是风华正茂，党百年奋斗的历史经验深刻揭示了党跳出历史周期率，保持党兴盛不衰的密码。其中最重要的是我们党百年沧桑不改初心，始终坚守为中国人民谋幸福、为中华民族谋复兴的历史使命。作为立志于实现中华民族千秋伟业，致力于推动人类和平与发展的大党，新时代新征程我们要依然矢志不渝，始终把握历史主动、锚定奋斗目标，清晰认识前进路上的风险、挑战，攻克前进路上的难关、险滩，创造更加辉煌的成就。

"三个务必"彰显了党对政治方向的清醒和坚定。方向决定道路，道路决定成败。政治方向是党生存发展的第一要务，关乎命运和前途。共产主义远大理想和中国特色社会主义共同理想、全面推进中华民族伟大复兴是我们党矢志不渝的政治方向。但是前进路上有的党员同志迷失了方向、失去了动力，出现了精神懈怠的危险、能力不足的危险、脱离群众的危险、消极腐败的危险，这些危险随着国际形势的发展呈现出更

---

① 《习近平谈治国理政》第 3 卷，外文出版社 2020 年版，第 225 页。

加尖锐、紧迫的态势。党中央清醒认识到了这些危险，"三个务必"对全党同志提出了新目标、新要求、新遵循，有助于廓清其思想迷雾、坚定理想信念，有助于澄清模糊认识、增强历史主动，有助于增强战略定力、增强行动自觉。

"三个务必"彰显了党对执政环境的清醒认识和政治自觉。前途是光明的，但前进道路不可能一帆风顺，越是取得成绩的时候，越要有清醒的认识、坚定的信念，越要有居安思危的忧患，越要有顽强奋斗的信念，越要有开展艰苦卓绝的斗争的决心。新时代新征程，党仍然面临着并将长期面临着复杂的、严峻的执政考验、改革开放考验、市场经济考验和外部环境考验。践行"三个务必"有助于我们党员同志特别是领导干部保持居安思危的政治清醒、坚如磐石的战略定力、勇于斗争的奋进姿态，以更加昂扬的姿态迎接前进路上的风险、挑战，应对新征程上的困难、矛盾。

三 践行"三个务必"的现实指向

新征程上，唯有增强践行"三个务必"才能让思想自觉转化全党凝心聚力为全面建设社会主义现代化国家、全面推进中华民族伟大复兴而不懈奋斗的强大合力。

坚定理想信念、筑牢思想之基。理想信念是中国共产党人安身立命之根。新时代新征程，要用习近平新时代中国特色社会主义思想武装党员领导干部的头脑，筑牢理想信念之基，深刻领会"两个确立"的决定性意义，增强"四个意识"、坚定"四个自信"、做到"两个维护"。新征程践行"三个务必"要不断筑牢党员干部信仰之基、补足精神之钙、把稳思想之舵，引导党员同志以坚定的理想信念应对风险挑战，增强艰苦奋斗的意识、增强担难担重的自觉、提升担险应险的本领，创造无愧于党、无愧于人民、无愧于时代的业绩。

发扬斗争精神、提高斗争本领。我们党要继承和发扬敢于斗争、善于斗争的优良作风，在大是大非问题上要坚持社会主义核心价值观的指导，不偏不倚、不动摇不妥协。在事关民族、国家和政党的前途命运上，在社会发展根本方向上，要旗帜鲜明坚持马克思主义指导，坚持社会主义方向，用共产主义远大理想和中国特色社会主义共同理想武装头脑，敢于同社会上的错误思潮和舆论攻击开展斗争。斗争的形势要求我们提升斗争智慧，党员领导干部应该深入了解我国新发展阶段的新要求，掌握人民群众在新发展阶段的新需求，勇于抓住机遇，巧妙应对挑战，以科学的斗争态度、高超的斗争艺术同改革发展中遇到的困难险阻作斗争、同制约党的发展、影响党的向心力的人作斗争，在斗争中提升党的凝聚力、战斗力和创新力。

弘扬奋斗精神、永葆党员本色。历史经验表明，越是接近胜利，我们的同志越容易犯急性病、患乐观症，越容易受到来自外界的攻击和利诱。新征程我们的成绩是显而易见的，但是要警惕在喝彩声、赞扬声中丧失斗争精神和革命意志，逐渐陷入安于现状、不思进取、贪图享乐的状态，最终丢掉共产党员的初心和使命。新征程，践行"三个务必"，我们要以"赶考"的责任感和居安思危的自我负压思想锤炼不自满、不懈怠的意志品格，擦亮攻坚克难、艰苦奋斗的精神底色，增强迎难而上的思想自觉，把人民对我们党的"考试"考好、把我们党正在经受和将要经受的"考试"考好，使我们的党永远不变质、我们的红色江山永远不变色。

参考文献：

《马克思恩格斯文集》第4卷，人民出版社2009年版。

《马克思恩格斯选集》第1卷，人民出版社2012年版。

《毛泽东选集》第1卷，人民出版社1991年版。

《习近平谈治国理政》第3卷，外文出版社2020年版。

《习近平谈治国理政》第4卷，外文出版社2022年版。

习近平：《高举中国特色社会主义伟大旗帜　为全面建设社会主义现代化国家而团结奋斗——在中国共产党第二十次全国代表大会上的报告》，人民出版社2022年版。

马克思主义系统观视域下中国共产党的国际形象传播

王 晶[*]

【摘 要】 马克思主义系统观是指导我们认识中国共产党国际形象传播问题的科学方法之一。从马克思主义系统观的视角看，中国共产党国际形象传播过程是由多个要素构成的有机整体，这些要素相互联系和作用，共同影响中国共产党国际形象传播的实际效果。针对当前中国共产党国际形象传播过程中存在的传播主体与传播客体不协调、文化软实力的不对称等问题，本文尝试从四个方面分析如何完善中国共产党国际形象传播系统。

【关键词】 中国共产党；国际形象；传播；系统观

马克思认为，"世界表现为一个统一的体系，即一个有联系的整体，这是显而易见的"[①]。从马克思主义系统观的视角看，中国共产党国际形象传播过程是由传播主体、传播客体、传播环境等多个要素构成的有机整体，这些要素相互联系和作用，共同影响中国共产党国际形象传播的实际效果。本文从马克思主义系统观的视角，分析当前中国共产党国际形象传播过程中存在的问题，如传播主体与传播客体不协调、文化软实力的不对称等，尝试从主体意识、主客体互动、国际传播体系、网络文艺发展四个方面探索中国共产党国际形象传播的新路径。

---

[*] 王晶，中国社会科学院马克思主义研究院副研究员，研究方向为舆论与治国理政、宣传史论及战略、政党政治。

[①] 《马克思恩格斯文集》第9卷，人民出版社2009年版，第346页。

一 马克思主义系统观的主要观点

马克思主义系统观主要包含了三个观点。第一，世界是由若干要素构成的整体，但这个整体不等于部分的简单相加。在《反杜林论》中，恩格斯写道："许多人协作，许多力量融合为一个总的力量，用马克思的话来说，就产生'新力量'，这种力量和它的单个力量的总和有本质的差别。"① 列宁也要求从整体上把握联系着的事实："如果不是从整体上、不是从联系中去掌握事实，如果事实是零碎的和随意挑出来的，那么它们就只能是一种儿戏，或者连儿戏也不如。"② 第二，世界作为有机整体在不断发展变化。在《资本论》第一卷第一版序言中，马克思明确写道："现在的社会不是坚实的结晶体，而是一个能够变化并且经常处于变化过程中的有机体。"③ 他在《路德维希·费尔巴哈和德国古典哲学的终结》中指出，"世界不是既成事物的集合体，而是过程的集合体"④。列宁也曾指出，"辩证方法要我们把社会看做活动着和发展着的活的机体"⑤。第三，系统的各要素之间是相互联系和作用的。马克思指出："不同要素之间存在着相互作用。每一个有机整体都是这样。"⑥ 恩格斯指出："当我们深思熟虑地考察自然界或人类历史或我们自己的精神活动的时候，首先呈现在我们眼前的，是一幅由种种联系和相互作用无穷无尽地交织起来的画面。"系统是一种矛盾性存在，其生成和演进要遵循和体现唯物辩证法的对立统一规律。恩格斯指出："辩证法在考察事物及其在观念上的反映时，本质上是从它们的联系、它们的联结、它们的运动、它们的产生和消逝方面去考察的。"⑦

---

① 《马克思恩格斯全集》第 26 卷，人民出版社 2014 年版，第 134 页。
② 《列宁全集》第 28 卷，人民出版社 2017 年版，第 364 页。
③ 《马克思恩格斯文集》第 5 卷，人民出版社 2009 年版，第 10—13 页。
④ 《马克思恩格斯全集》第 28 卷，人民出版社 2018 年版，第 352 页。
⑤ 《列宁全集》第 1 卷，人民出版社 2013 年版，第 159 页。
⑥ 《马克思恩格斯选集》第 2 卷，人民出版社 2012 年版，第 699 页。
⑦ 《马克思恩格斯文集》第 9 卷，人民出版社 2009 年版，第 25 页。

在社会系统中，人是主体。马克思将社会主体界定为处于一定社会历史联系中，有意识、有目的地进行认识世界和改造世界活动的人，并且强调"创造这一切，拥有这一切并为这一切而斗争的，不是'历史'，而正是人，现实的、活生生的人"①。在《关于费尔巴哈的提纲》中，马克思批判了仅仅从认识主体或客体方面来理解认识的缺陷，提出了马克思主义的实践观。从系统观的角度来看，也就是要把认识的主体和客体、主观和客观作为在实践基础上联系起来的系统来加以理解。

在社会系统中，人与人、人与其他要素之间在实践中相互作用和影响。因此，认识是人的认识，而且人并不仅仅是个体意义上的人，人受制于环境，也改变着环境，人只能放在社会系统中、放在与环境的关系之中来加以理解。马克思写道："人的本质并不是单个人所固有的抽象物，实际上，它是一切社会关系的总和。"②马克思在《政治经济学批判》序言中写道："人们在自己生活的社会生产中发生一定的、必然的、不以他们的意志为转移的关系，即同他们的物质生产力的一定发展阶段相适合的生产关系。这些生产关系的总和构成社会的经济结构，即有法律的和政治的上层建筑竖立其上并有一定的社会意识形式与之相适应的现实基础。物质生活的生产方式制约着整个社会生活、政治生活和精神生活的过程。不是人们的意识决定人们的存在，相反，是人们的社会存在决定人们的意识。社会的物质生产力发展到一定阶段，便同它们一直在其中运动的现存生产关系或财产关系（这只是生产关系的法律用语）发生矛盾。于是这些关系便由生产力的发展形式变成生产力的桎梏。那时社会革命的时代就到来了。随着经济基础的变更，全部庞大的上层建筑也或慢或快地发生变革。"③

马克思主义系统观如今正成为新时代中国共产党人"基础性的思想和工作方法"的系统观念。《中共中央关于制定国民经济和社会发展第十四个五年规划和2035年远景目标的建议》指出："党的十八大以来，党中央坚持系统谋划、统筹推进党和国家各项事业，根据新的实践需要，形成一系列新布局和新方略，带领全党全国各族人民取得了历史性成就。

---

① 《马克思恩格斯全集》第2卷，人民出版社1957年版，第118页。
② 《马克思恩格斯全集》第3卷，人民出版社1960年版，第7页。
③ 《马克思恩格斯全集》第31卷，人民出版社1998年版，第412—413页。

在这个过程中，系统观念是具有基础性的思想和工作方法。"①《中共中央关于党的百年奋斗重大成就和历史经验的决议》则向全党发出了要"坚持系统观念，统筹推进'五位一体'总体布局，协调推进'四个全面'战略布局"②的号召。党的二十大报告强调："必须坚持系统观念。万事万物是相互联系、相互依存的。只有用普遍联系的、全面系统的、发展变化的观点观察事物，才能把握事物发展规律。"③

马克思主义系统观也是指导我们认识中国共产党国际形象传播问题的科学方法。从马克思主义系统观的视角看，中国共产党国际形象传播是一个由中国共产党（传播主体）、海外受众（传播客体）、传播内容、媒介和环境等多个要素构成的有机整体，这些要素之间相互联系和作用，共同影响着中国共产党国际形象传播效果。

二 中国共产党国际形象传播的系统论分析

从马克思主义系统论的视角看，在当前中国共产党的国际形象传播系统中，存在着传播主体与传播客体不协调、新闻过滤器意识形态色彩过浓、文化软实力不对称等问题，影响到了中国共产党国际形象传播的实际效果。

（一）传播主体与客体的不协调影响传播效果

从马克思主义哲学的角度看，中国共产党的国际形象由传播主体和传播客体共同塑造，蕴含着主体与客体的统一。传播主体层面指的是中国共产党自身的塑造与传播，传播客体指的是国际社会、海外各地民众通过媒介对于中国共产党形象的认知和评价。

关于主体与客体的关系研究，当前学界存在四种不同的理论观点，

---

① 《中共中央关于制定国民经济和社会发展第十四个五年规划和2035年远景目标的建议》，人民出版社2020年版，第56页。
② 《中共中央关于党的百年奋斗重大成就和历史经验的决议》，人民出版社2021年版，第73页。
③ 习近平：《高举中国特色社会主义伟大旗帜 为全面建设社会主义现代化国家而团结奋斗——在中国共产党第二十次全国代表大会上的报告》，人民出版社2022年版，第20页。

即"单主体论""双主体论""多主体论""主体间性论"。"单主体论"也称为"唯我论",该观点强调主体的主导性,体现了作为客体(又称"他者")的无力性;"双主体论""多主体论"把主体与客体作为共同存在主体,赋予了同样的主导者地位;"主体间性论"是两个或多个主体之间通过一定的媒介客体,秉承相互平等、相互尊重、相互促进的原则进行交流互动,达成共同认识的过程。"主体间性实际上是人的主体性在主体间的延伸,它在本质上仍然是一种主体性。"① 主体间或主体际是指两个或两个以上主体的关系,尤其是指主体之间的共同联系。这一概念重在解决主体与客体之间、主体与主体之间如何达成理解或沟通的问题。

主体间性(intersubjectivity)是 20 世纪哲学中的一个概念。在不同的语境中,又可译为主体际性、主体间性、主体通性。其范畴是这样界定的:"主体间性通常是与主观性而不是客观性相比,它可以包括在客观性范围中。"② "主体间的东西主要与纯粹主体性的东西相对照,它意味着某种源自不同心灵之共同特征而非对象自身本质的客观性。心灵的共同性和共享性隐含着不同心灵或主体之间的互动作用和传播沟通,这便是它们的主体间性。"③

但是,西方哲学家强调主客体间的主观性因素,没有建立在人的生存实践的基础之上,缺乏实践的品格。马克思主义理论用辩证的视角看待主体与客体之间的关系,将实践视为人的主体性行为,把实践作为联系主客体的桥梁,强调主体与客体的辩证统一。在传播过程中,传播主体与传播客体是相互构建的过程,当两者相协调一致时,就会达成良好的形象效果;当两者不协调一致,尤其是传播客体的负面影响大于传播主体时,就会造成形象的损伤。在进行中国共产党国际形象传播时,要尽可能地扩大作为传播主体的中国共产党自身的塑造与传播,加强其与西方受众的沟通,同时采取措施尽可能地弱化作为传播客体的国外的负面认知和评价。

---

① 郭湛:《论主体间性或交互主体性》,《中国人民大学学报》2001 年第 3 期。
② [法]莱西:《哲学词典》,麦克米伦出版公司 1986 年版,第 113 页。
③ [英]尼古拉斯·布宁、[中]余纪元编著:《西方哲学英汉对照词典》,王柯平等译,人民出版社 2001 年版,第 58 页。

(二) 新闻过滤器影响传播内容

美国爱德华·S. 赫尔曼（Herman. E. S.）、诺姆·乔姆斯基（Chomsky. N.）在《制造共识：大众传媒的政治经济学》（Manufacturing Consent: The Political Economy of the Mass Media）中提出"新闻过滤器"这个概念。

该书作者认为，在传播主体与客体之间存在作为控制因素的新闻过滤器。第一层过滤器是媒体规模、所有权的集中化、股东财富水平和主要大众传媒企业的利润趋向，对新闻选择构成强大影响，而工人阶级的报纸因为资金限制无法形成影响力。第二层过滤器是广告，广告作为大众媒体的主要收入来源，使得许多企业拒绝支持意识形态上的敌人或他们认为会损害其利益的机构，工人阶级媒体和激进媒体由于存在针对广告商的政治歧视而不会得到他们的支持。第三层过滤器是媒体对政府、企业及这些主要信息源和权力机构所资助的专家人士的信息依赖。强势信息源可以利用自身地位和媒体影响力阻止批评意见在媒体发表，还通过操控手段使媒体遵循特定的议程和框架；对非官方的信息源，"专家是由现有普遍观点的既得利益者构成的"[1]。第四层过滤器是政府和大型企业的新闻批评，用于阻止媒体偏离其设定的路线。第五层过滤器是"反共"理念，作为政治工具对左派和劳工运动进行分化。只要为损害有产者利益的政策辩护或赞同与共产党国家及所谓激进派进行合作都可以用这一概念对付。依据这些过滤器，西方新闻媒体对不同的事物有不同的判断标准。对于本国和盟友国内发生的虐待或伤害事件，美国政府或附庸政府的消息源会被大量且不加批判地引用；而在对付敌国的时候会大量引用源自难民和持不同政见者的消息。[2] 新闻素材经过了这层层过滤，最后所余才是适合发表的。

由于意识形态、国家利益、文化价值观等因素的影响，国外传媒在传播中国共产党的形象时不可避免地会带有一定的偏见，或多或少表现

---

[1] [美] 爱德华·S. 赫尔曼（Herman. E. S.）、诺姆·乔姆斯基（Chomsky. N.）：《制造共识：大众传媒的政治经济学》，邵红松译，北京大学出版社2011年版，第20页。

[2] [美] 爱德华·S. 赫尔曼（Herman. E. S.）、诺姆·乔姆斯基（Chomsky. N.）：《制造共识：大众传媒的政治经济学》，邵红松译，北京大学出版社2011年版，第30页。

出一定的误解扭曲的主观性，造成国外受众对于中国国家形象的曲解甚至"妖魔化"认知。这就使中国共产党的国际形象塑造面临着"真实形象"与"媒体形象"、"自塑形象"与"他塑形象"以及"期望形象"与"现实形象"的三大不一致性挑战。① 有学者认为，为了抵消其他国家的妖魔化行为和怨恨，一个国家可以使用的最好的手段就是释放全世界可见的清晰信号，表明把其他国家的全体公民纳入国际道德共同体的意愿。②

（三）文化软实力的不对称影响国际叙事

近年来，中国共产党加强国际形象塑造的主体意识和能力都在增强，传播方法与思想工作吸收了许多新方法和新手段，并善于运用互联网和信息技术，从而建设了强大而具有现代性的传播系统。中国共产党的国际形象已经从无到有、从负面到正面、从弱到强，随着中国国力的强盛逐渐走向世界舞台中央，国际社会对"自我革命""人民至上""胸怀天下"的中国共产党形象的认可度正在稳步提升；国外民众对中国共产党的理性客观认知在不断提升，和善正面的评价更多，推动国际形象向好向善发展。

但是，当前中国共产党国际形象传播仍面临一些现实困难。例如，中国在境外投射文化影响力的能力仍存在一定局限，这与西方文化的全球霸权特征形成鲜明反差。中美之间的软实力不对称与西方几个世纪以来殖民扩张的结果密切相关。在一定时期内，美国的文化影响力会持续存在。首先，西方主导的意识形态和价值观的传播，即自由民主、资本主义、个人主义、世俗主义、女权主义、环保主义等，都是西方尤其是美国依然拥有强大软实力的明显证据。互联网的出现和普及带来的信息和通信技术革命，尤其是由北美资本（脸书、推特、照片墙等）控制的社交媒体的出现，加强了美国在文化产业和数字社交媒体方面的全球主导地位，致使这种霸权趋于深化。其次，现有的国际秩序继续推崇西方的价值观、观念和利益，迫使发展中国家在形式上以美国和欧盟的标准

---

① 周宁：《天朝遥远——西方的中国形象研究》，北京大学出版社 2006 年版，第 335 页。
② ［德］阿克塞尔·霍耐特：《我们中的我：承认理论研究》，张曦、孙逸凡译，译林出版社 2021 年版，第 160—161 页。

为参照。这就形成一种制度框架，为美国作为一个霸权国家的软实力提供了社会文化反哺。

文化影响力投射方面的不对称会影响两国在国际舞台上讲述自己故事的能力。随着中国的和平发展影响了美国的霸权地位，美国针对中国的官方叙事重拾冷战时期自由主义和威权主义的典型话题，意在挑起全球意识形态斗争。在这种情况下，中国在国际上的叙事面临较大阻碍，因为美国持续的文化霸权，有关中国的叙事通常是以符合美国利益的方式进行操纵，而美国对中国的遏制与打压可能助长反华情绪。

三　中国共产党国际形象传播的路径探讨

2021年5月31日，习近平总书记在十九届中共中央政治局第三十次集体学习时的讲话中强调："要加快构建中国话语和中国叙事体系，用中国理论阐释中国实践，用中国实践升华中国理论，打造融通中外的新概念、新范畴、新表述，更加充分、更加鲜明地展现中国故事及其背后的思想力量和精神力量。要加强对中国共产党的宣传阐释，帮助国外民众认识到中国共产党真正为中国人民谋幸福而奋斗，了解中国共产党为什么能、马克思主义为什么行、中国特色社会主义为什么好。"[①] 在党的二十大报告中，习近平总书记强调："坚守中华文化立场，提炼展示中华文明的精神标识和文化精髓，加快构建中国话语和中国叙事体系，讲好中国故事、传播好中国声音，展现可信、可爱、可敬的中国形象。"[②] 我们要把重要讲话精神作为行动指南，充分把握中国共产党国际形象传播的特点和规律，运用马克思主义系统观来表达塑造中国共产党的良好国际形象。

（一）加强主体意识，全面阐释党的最新理论和重大方针政策

新闻媒体在报道党的重要理论、重大方针政策的时候，并不是把中

[①] 《习近平谈治国理政》第4卷，外文出版社2022年版，第317页。
[②] 《习近平著作选读》第1卷，人民出版社2023年版，第37页。

国取得的伟大成就列举一下、理论内容复制粘贴、政策内容公布出来就完成了任务，而是应该进行全面、深入、立体的阐释，有没有把重大方针政策和重要理论的科学性、合理性、必要性、群众性解释出来至关重要。在建立具有共性的叙事体系的同时，还需要加快构建中国话语和中国叙事体系，用中国理论阐释中国实践，从中国视角出发分享关于中国发展和中国变迁的信息，介绍中国共产党治国理政的方案和举措，在展现世界意识、世界情怀、世界责任的过程中树立起东方大党的世界形象，这需要新闻媒体工作者加强马克思主义理论的学习，具备一定的政治理论和艺术素养，具有较高的理解、阐释重要理论和重大方针政策的专业技术能力。在高校教育中，新闻学院的专业教学中也需加入马克思主义理论、政治学专业的选修课，打牢学科基础。

（二）寻找共性与心理接近性，促进传播主体与客体互动

马克思主义系统观向我们揭示了中国共产党国际形象传播过程中内、外部因素协同作用的重要性。我们要尝试建立具有共性的价值符号系统和叙事体系，打造具有心理接近性、反映新时代中国共产党人形象的影视作品，构建强大的国际传播平台，讲好中国故事，展现中华传统文化魅力，积极推动国际文化交流。在不同文明的交流互鉴中，以高度的文化自信传播中国共产党领导下的巨大成就，这不仅符合中华传统文化复兴的需要，也是树立中国共产党国际形象、参与国际互动的现实诉求。

（三）不断创新和发展，构建强大的国际传播体系

新媒体技术的发展和受众媒介接触习惯的改变，使微信、抖音、快手、脸书、Ins、推特等国内外社交媒体一跃成为国际传播的主力。因此，需要发挥新媒体技术的优势，开拓新的社交媒体资源，构建强大的国际传播体系。一是对传统媒体和社交媒体这两个平台的资源进行整合，加强优势互补，多打造并推出一些积极健康、具有创意和吸引力的内容。二是运用大数据、云计算、人工智能等新一代信息技术，不断开拓新的传播业态与信息服务形式，以新技术引领媒体融合发展、驱动媒体转型升级，推动中央和地方、传统媒体和新兴媒体在传播渠道、平台、经营、

管理等方面的深度融合,打造形态多元、手段先进、具有国际竞争力的大型主流媒体传播平台,形成立体多样、融合发展、具有引导力的现代传播体系。

(四) 提炼文化精髓,推动网络文艺作品的繁荣与发展

艾瑞咨询发布的《2020年中国网络文学出海研究报告》显示,中国网络文学的海外用户数量已达到3193.5万人,海外市场规模也达到4.6亿元,91.0%的海外读者几乎每天都会追看中国网络文学,平均阅读时长117分钟,87.1%的海外用户愿意为了中国网文付费。该报告说明中国的网络文学在海外拥有颇具规模的读者队伍,也具有一定的影响力,需进一步推动网络文艺作品的繁荣与发展。开展中国共产党国际形象传播工作时,要坚守中华文化立场,不断创新写作角度,抓好细节,采用灵活的创作方法,增强文字、图片和影像的表现力和感染力;也要根据国外受众的个性心理需求,创新传播技巧,采取接"地气"的方式让他们乐意听、听有所悟。

参考文献:

《马克思恩格斯文集》第5卷,人民出版社2009年版。
《马克思恩格斯文集》第9卷,人民出版社2009年版。
《马克思恩格斯选集》第2卷,人民出版社2012年版。
《马克思恩格斯选集》第4卷,人民出版社2012年版。
《列宁全集》第1卷,人民出版社2013年版。
《列宁全集》第28卷,人民出版社2017年版。
《习近平谈治国理政》第4卷,外文出版社2022年版。
郭湛:《论主体间性或交互主体性》,《中国人民大学学报》2001年第3期。
[美] 爱德华·S. 赫尔曼(Herman. E. S.)、诺姆·乔姆斯基(Chomsky. N.):《制造共识:大众传媒的政治经济学》,邵红松译,北京大学出版社2011年版。

新时代思想政治教育学科高质量发展研究

王桂菊[*]

【摘　要】 新时代思想政治教育学科高质量发展是牢牢掌握意识形态领导权、话语权、管理权的历史诉求和当代愿景。厘定新时代思想政治教育学科高质量发展的内涵、特征、目的、本质的前提下，探寻思想政治教育学科高质量发展的理论品格，探究思想政治教育学科高质量发展的现实途径，以期切实促进思想政治教育学科的高质量发展。

【关键词】 思想政治教育学科；高质量发展；路径

党的十九大报告指出："加快一流大学和一流学科建设，实现高等教育内涵式发展。"[①] 二十大报告进一步指出："加强基础学科、新兴学科、交叉学科建设，加快建设中国特色、世界一流的大学和优势学科。"[②] 促进新时代思想政治教育学科高质量发展，对"建设具有强大凝聚力和引领力的社会主义意识形态"，维护国家安全具有重大现实意义。

一　新时代思想政治教育学科高质量发展的历史诉求和当代愿景

因势而谋、因势而动、顺势而为，牢牢掌握意识形态工作的领导权、

---

[*] 王桂菊，聊城大学讲师，研究方向为思想政治教育理论与方法。
[①]《习近平谈治国理政》第3卷，外文出版社2020年版，第36页。
[②] 习近平：《高举中国特色社会主义伟大旗帜　为全面建设社会主义现代化国家而团结奋斗——在中国共产党第二十次全国代表大会上的报告》，人民出版社2022年版，第34页。

管理权和话语权是顺应新形势下坚持和巩固马克思主义指导地位和形成共同思想基础的必然诉求。思想政治教育学科的创立和发展，恰恰是实现这一诉求的重要举措。

1. 新时代思想政治教育学科高质量发展的历史诉求。"科学揭明当今时代中国人思想政治素质产生、发展、变化的规律，是思想政治教育的理论建设发展到今天，应该予以高度关注的、事关思想政治教育理论和实践发展与创新的重大课题。"[1] 思想政治教育学科的创立和发展就是适应全球化、信息化、数字化、智能化时代的挑战、适应中国社会现代化转型的挑战、适应现代社会人的全面发展的挑战、提升思想政治教育实效性的必然要求。思想政治教育学科作为体现中国独创性、中国品格和中国气派，集思想性、知识性、情感性于一体的综合性、时代性、实践性为特征的新兴学科，几经发展已经初具规模和水平。学科的发展已经一定程度上解决了"思想政治教育有效性的弱化""道德滑坡""困境""有效性不足""功能钝化""网络沉迷"等现实问题，实现了思想政治教育学科的作用、功能和价值。思想政治教育学科发展的历史经验和现实效果催生思想政治教育学科高质量发展，更好地解决思想政治教育现实性问题。

2. 新时代思想政治教育学科高质量发展的当代愿景。当今时代，战争与冲突、竞争与对抗、威胁与挑战、围堵与遏制等众多乱象使得整个世界失序、失衡。世界国际格局和国际体系正在发生深刻调整，全球治理体系正在发生深刻变革，国际力量对比正在发生近代以来最具革命性的变化，世界面临百年未有之变局。不断增强党的政治领导力、思想引领力、群众组织力、社会号召力，确保我们党永葆旺盛生命力和强大战斗力，是思想政治教育及其学科建设不容推脱的使命和责任。资本主义陷入"经济发展'失调'、政治体制'失灵'、社会融合机制'失效'和思想道德'失范'"[2] 的困境，作为担负"为国家立心、为民族立魂"意识形态建设根本任务的思想政治教育学科，如何及时地反映社会现实、认识和改造世界是学科高质量发展的必然要求。为此，"深入实

---

[1] 沈壮海：《实现思想政治教育学科的科学发展》，《思想理论教育》2004 年第 Z1 期。
[2] 刘晓明：《对西方资本主义困境的观察与思考》，《人民日报》2013 年 4 月 12 日第 3 版。

施马克思主义理论研究和建设工程，加快构建中国特色哲学社会科学学科体系、学术体系、话语体系，培育壮大哲学社会科学人才队伍"①是时代发展的紧迫诉求。

在黑格尔看来，"反思以思想的本身为内容，力求思想自觉其为思想"②。随着大数据时代的到来，便利式的生活方式、沉浸式的信息获取渠道、泛在式的学习模式、精准式的需求推送、具象式的结论阐释成为当代思想政治教育及其学科发展的时代印象。思想政治教育的领导权、管理权、话语权在隐性化、生活化的思想政治教育新环境下遭受到极大的挑战。思想政治教育的领导权是指政治"统治"和"智识与道德的领导权"③，表现为决策的制定和执行力、思想道德的渗透力、民族凝聚力和向心力。思想政治教育领导权的实现要诉诸管理权的实施和话语权的强化。思想政治教育的管理权，是指对思想政治教育的理念、导向、人力资源、方法和手段的引领、监管和督导。恩格斯指出，一门科学提出的每一种新见解都包含这门科学的术语的革命。话语权则是指在国际学术和政治舞台上，具有对相关重大问题的发言权并产生作用力、影响力和辐射力的权力。话语体系的重要决定因素与核心问题是话语权的强化。话语权的实现，最终要通过理论话语体系、学术话语体系、政策话语体系、制度话语体系和民间话语体系的建构来实现。凡此种种，都成为新时代思想政治教育学科高质量发展的当代愿景。

二　新时代思想政治教育学科高质量发展需要厘定的几个问题

发展是解决一切问题的基础和关键。"高质量发展是全面建设社会主义现代化国家的首要任务。"④ 2023年12月，习近平总书记在中央经济

---

① 习近平：《高举中国特色社会主义伟大旗帜　为全面建设社会主义现代化国家而团结奋斗——在中国共产党第二十次全国代表大会上的报告》，人民出版社2022年版，第43—44页。
② ［德］黑格尔：《小逻辑》，贺麟译，商务印书馆1980年版，第39页。
③ ［意］葛兰西：《狱中札记》，曹雷雨等译，中国社会科学出版社2000版，第38页。
④ 习近平：《高举中国特色社会主义伟大旗帜　为全面建设社会主义现代化国家而团结奋斗——在中国共产党第二十次全国代表大会上的报告》，人民出版社2022年版，第28页。

工作会议上的讲话指出，必须把坚持高质量发展作为新时代的硬道理，完整、准确、全面贯彻新发展理念，推动质的有效提升和量的合理增长。

1. 新时代思想政治教育学科高质量发展的内涵及特征。思想政治教育学科是一个集思想政治教育专业建设、人才培养、理论研究、教材体系、教学实践等于一体的政治性、综合性的哲学人文社会科学。就学科发展的方式来看，内含外延式和内涵式的共同发展。内涵式发展是指顺应时代发展要求，依赖于现代化的科技手段，解决制约学科发展的瓶颈问题、拓展学科领域、丰富学科内容、增强学科特色、提高学科水平，切实实现学科立德树人根本任务的发展模式；外延式发展是指队伍建设人数的增多、专业建设等多维目标的量的整合发展。从学科发展的协调性来看，思想政治教育学科将逐渐改变"滞后"现状，实现全面性的发展，是内在发展和外在发展的有机结合。内在发展是一种着重追求学科的竞争力、吸引力和实践性为标志的内在品质发展；外在发展紧密联系外延式发展，即量的外在表征。从根本上说，外在发展是内在发展的表现和支撑，内在发展是外在发展的目标和归宿，学科的发展最终要依赖于两者的相互结合、相互联系和相互转化、并行发展，共同促进学科的发展。从学科发展的机制来看，是预设性和生成性发展的有机统一。所谓预设性发展是指学科以顶层设计的内容、目标、原则等为指导的可以预知和预见的发展状态。生成性发展是指学科在发展进程中由于外在或内在因素的影响，而出现的偏离学科预定发展方向和目标的发展，它更多地归于一种偶然性，是一种非逻辑推理和非均衡性发展方式。学科的发展既要遵循预设发展的规律，使其具有更多的可操作性和科学性，又要积极引导或科学运用生成性发展的成果，预设性发展将在很大程度上抵消生成性发展带来的不良影响，并引导学科的生成性发展方向。从学科发展的路径来看，是依托借鉴发展和自主创新发展的统一，是技术性路径、工具性路径、价值性路径和认识性路径相互影响和作用的发展。从学科发展的时间来看，有已有发展、眼前发展和长远发展，学科的发展是多年建设成果积淀和创新的结果，总结学科既有发展的经验、教训，进行质性分析；注重学科发展的定量性分析和可测性，着眼于学科的持续性发展；注重学科发展的潜力和后劲，实现其发展的后发优势。从学科发展的持久性上分析，思想政治教育学科将实现持续性的发展，而非暂时性的发展。从学科发展的主体来看，是决策主体、实践主体和自我主体的共同发展，学科创立是行政决策的结果，反过来，学科的发展又促进主体对学科政策的不断修正和完善；学科的发展依赖于教师的专业发展，而教师的成长和发展又会反哺学科，促进学科的长足发展。从学科发展水平的评价来看，是定性与定量研究的有机统一。定性研究是建立在解释学、现象学和建构主义基础上的一种价值判断；定量研究是建立在随机调查、问卷分析等实证主义方法论基础上的一种实事判断。总之，思想政治教育学科高质量发展是全面性、综合性、持续性、稳健性、协调性的集合发展，而网络化、数字化、智能化的创新驱动是实现学科高质量发展的核心要求之一。

  2. 新时代思想政治教育学科高质量发展的目的及本质。马克思主义人的"自由全面发展"理论是"人性内在向往"与"社会发展外在要求"的有机统一，体现了作为一种"理想、信念、追求"的理想性与社会现实性的统一。现代化首先改变了人的存在方式，实现现实存在和虚拟存在的结合。其次，改变了人的思维方式，非此即彼、非黑即白的绝对性的思维方式和价值观念开始变化和消解。"大数据时代思想政治教育思维方式要顺应思维变革要求，重点促成由样本思维向整体思维、由因果思维向关联思维、由精准思维向模糊思维的转变。"[①] 就人的现代化发展来看，表现为模式化的生活设计、竞争化的生活状态和抽象化的生活样态。为确保思想政治教育发展的社会主义方向，加强网络思想政治教育建设和形成具有广泛人文关怀的道德文化为基础的社会文化生态成为现代人的急迫需求。思想政治教育学科作为研究现代中国人思想、政治、道德观念等的形成、变化和发展规律的学科，随着人主体性的发挥，主体发展性思想政治教育成为其发展的必然趋势，思想政治教育学科对人才的培养也势必要从"匠器培养"实现到时代君子培养的延伸。此外，如何最大限度地抑制网络世界"粗、鄙、俚、俗、恶"等为特征的粗俗文化，限制网络"谣言集散地""风向转向标"和"恶性事件动荡带"的作用，满足人对网络的多维度、多层面诉求，也成为思想政治教

---

① 郭超、王习胜：《论大数据时代思想政治教育思维方式的转变》，《思想教育研究》2017年第4期。

育学科需要研究的重要课题。"'思想'一旦离开'利益',就一定会使自己出丑。"① 从思想政治教育学科高质量发展的价值论视角看,一门学科之所以能够得以创立和发展,根源性的因素是它能够适应和服务于主体的发展,这既是其自省、自觉忧患意识的体现,也是"敬畏人民"价值取向的重要选择。

总之,思想政治教育学科的高质量发展取决于思想政治教育所面临时空境遇的影响和内在矛盾运动影响这两个发展向度的交互作用,是对思想政治教育及其学科发展现实诉求的积极反思和回应,也是深入挖掘和发挥思想政治教育自身学科特性的需要。

三 新时代思想政治教育学科高质量发展的理论品格

大数据时代,习近平总书记指出:"我们要加快推动媒体融合发展,使主流媒体具有强大传播力、引导力、影响力、公信力,形成网上网下同心圆,使全体人民在理想信念、价值理念、道德观念上紧紧团结在一起。"② 要实现思想政治教育学科高质量发展,就需要"高度关注方向的选择、发挥学科上的集群功能、凸现方法上的集约优势、提升学术成果上的集聚特色、凝聚学术过程的集成动力"③。新时代思想政治教育学科高质量发展的核心要义就是要充分发挥思想政治教育学科属性、学科使命、学科功能、学科领域和学科特色,实现集群功能和集约优势。

1. 学科功能:工具性与目的性并行发展。这是基于深层次国家后过渡性理论的现实要求和历史指导,思想政治教育及其学科的工具性功能是一种天然秉性。所谓工具性功能,是指思想政治教育学科的创立、发展始终都是围绕服从和服务于统治阶级统治的需要,体现阶级性属性。所谓目的性功能,是指学科的建设和发展要以促进人的全面发展,以人

---

① 《马克思恩格斯文集》第1卷,人民出版社2009版,第286页。
② 习近平:《加快推动媒体融合发展 构建全媒体传播格局》,《求是》2019年第6期。
③ 顾海良:《高校哲学社会科学要更加注重协同创新》,《光明日报》2012年12月28日第7版。

为学科建设的出发点和归宿，体现价值性属性。其中，工具性功能的发挥要以目的性的发挥为基础，以克服工具性功能所带来的阶级利益的狭隘性和片面性；目的性的发挥也需要以科学的工具性为指导，以确保思想政治教育学科发展的方向和价值导向。总之，思想政治教育学科的工具性，即统治阶级意识形态的生产、再生产是思想政治教育学科的核心与灵魂，决定着思想政治教育学科的性质与方向，而思想政治教育学科的目的性则是工具性的追求和目的，二者相互联系、相互促进，不可分割。

2. 学科领域：横向发展与纵向提升双向互动。思想政治教育学科的横向发展不仅表现为对社会学、政治学、经济学、心理学和管理学等知识的借鉴和移植，更为重要的是要自觉地运用相关学科的观点、借助其独特的视野和立场，为思想政治教育学科的高质量发展提供新的发展生长点：一是思想政治教育学科交叉领域的研究；二是思想政治教育学科宏观领域的研究；三是思想政治教育学科拓展领域的研究。学科的交叉发展"由于在活动对象、核心内容、发展目标、价值功能、实践过程和应用方法等多方面具有复杂性，思想政治教育学所包含的理论和实践上的交叉性也就超越了不同层级的学科界限，成为囊括该学科上下层级、内外领域的交叉，并由此展现出宽领域、跨学科、多维度的复合型特征"①。从高质量发展的具体内容来看，要选择学科前沿、重大理论问题，整合人才、队伍等学科资源，构建学院、学部和校外研究机构的大学科交叉发展平台，以促进人才知识结构的更新和思维方式的拓展。当然，在交叉发展中注意相关学科的契合点，也是突破学科发展瓶颈，拓展学科发展研究视野的现实需要。学科的交叉发展是一个逐步纵向横向过渡、逐级上升的发展过程，既表明了学科发展的价值取向，又展示了学科层递式的发展方式。

思想政治教育学科的纵向提升是指学科理论体系建构的完善、人才培养质量的提升、学科发展水平的提高。具体而言，思想政治教育学科从经验型升华为科学型的理论体系，对重大理论和实践问题进行深刻的

---

① 宇文利：《论思想政治教育学的交叉性》，《思想理论教育导刊》2009年第8期。

哲学反思，使之更合规律性，使学科发展从形式到内容都符合科学性，实现科学化。注重思想政治教育学科的价值挖掘和拓展，使之与社会进步趋势相一致。为此，提升思想政治教育从业人员的素质、格局、学历，丰富经验，明确职责和任务是关键环节。

3. 学科特色：国际化与民族化并存发展。思想政治教育学科国际化，是要在"教育观念的开放、教育对象的开放、教学时空的开放、教学方法的开放"①为特征的国际化潮流中以实现中国立场、维护中国利益、宣扬中国特色社会主义的世界意义，维护社会主义意识形态为目的，以实现思想政治教育学科的创新为直接目标。以学科国际化的理论成果提升马克思主义理论的世界影响，反过来，会强化马克思主义理论的理论基础和指导思想的地位，从而增强学科的社会主义意识形态功能。

思想政治教育学科民族化是指坚持思想政治教育的本土化，不仅方式、方法、内容、策略上要辩证地坚持本土化，而且要根据本民族的行为习惯、思维方式、民族心理等进行有效的引导，发挥深入观察、审慎思考和三思而后行的独特创新方式和智慧，继承、借鉴和创新思想政治教育方法。思想政治教育学科民族性的本质，就是要立足传统文化的根基，进行社会主义意识形态教育，引领社会主流的价值观念。必须确立民族利益和意志为主导，弘扬中华优秀传统文化，加强爱国主义教育和集体主义教育。以集体主义为主要价值导向，增强学科教学的思辨能力，从变革的视角提升课程领导力，树立共享课程权力观。最为关键的是要运用民族思维和语言借助于国际通行的方式进行学科发展的中国式描述和价值表达。学科的建设与发展要通过对学科相关元素或要件的建设来获得发展的智慧和动力，以促成学科的整体性发展。要实现国际化与民族化的并存发展，基于关联理论的阐释，首先，要实现国际视野和本土意识的认知对接。其次，找寻二者的最佳关联。要树立辩证思维，找寻二者的契合点，辩证地看待外国思想政治教育的历史境遇、应用条件和现实基础，以免水土不服，又要结合本国实际创新思想政治教育，进一步提高学科发展主体的反思能力。

---

① 林婉婷：《开放教育的使命：让更多的人得到高质量教育》，《开放教育研究》2003年第6期。

四 新时代思想政治教育学科高质量发展的现实路径

2016年5月,在哲学社会科学工作座谈会上,大数据被赋予助力繁荣发展中国特色哲学社会科学的作用。① 思想政治教育学科的高质量发展也必然要反映、适应时代发展的诉求。

1. 借力大数据助推新时代思想政治教育学科高质量发展。大数据作为"为解决问题提供服务的大数据集、大数据技术和大数据应用的总称"②,是一种社会环境、技术、手段、思维方式,更是一种话语权。"我们已经从信息时代走到了数字时代和智能时代,如果数据被赋予背景,它就成了信息;如果数据能够提炼出规律,它就是知识;如果数据能够借助于各种各样的工具在分析的基础之上为我们提供准确的决策,它就是资源。"③ 在大数据时代背景下,现实世界与网络世界的融合已经成为必然。"网络化与虚拟化、公开化与国际化、自主化与多样化,已成为当代全球教育发展和学习范式转变的三大趋势。"④ 大数据时代,传统的知识资源正日益被多样化的网络资源所替代,文字、音频、视频等网络资源以网络文学、网络视频、网络游戏、网络教学、慕课的形式公开传播。腾讯、阿里、优酷、小红书、抖音、哔哩哔哩等众多App叠加影响,改变思想政治教育主客体的生活方式、学习模式和思维方式。大数据技术丰富思想政治教育内容,转换研究范式,拓展教育与管理时空,变革教育模式。既可以进行双向度的教育反馈、个性化教学改革、精准化概率预测,又可以预警与防控网络舆情、深度参与教育教学、实现教学管理的智能化。"要以大数据意识为指导,通过数据发掘和分析,创新思想政治教育教学和管理,做到整体把握、精准施教,安全预警,科

---

① 张瑞敏:《大数据时代的高校思想政治教育研究综述》,《四川理工学院学报》(社会科学版)2017年第3期。
② 朱扬勇、熊赟:《大数据是数据、技术,还是应用》,《大数据》2015年第1期。
③ 张意轩、于洋:《大数据时代的大媒体》,《人民日报》2013年1月17日第14版。
④ 王旭东:《当代社会信息化的影响及趋势》,《人民日报》2013年11月9日第7版。

学决策。"① 大数据改变了意识形态的生产、传播和接受格局。由印刷时代的纸质传播向数字时代的几何级数式的传播转变,病毒式的传播和离散式的接受,彻底颠覆了意识形态的生产和传播方式,形成了动态的、多向的、点式的意识形态生产格局,改变了自上而下的意识形态传播模式。2017年,习近平总书记指出:"用好大数据,增强利用数据推进各项工作的本领,不断提高对大数据发展规律的把握能力,使大数据在各项工作中发挥更大作用。"② 大数据时代背景下,借助于大数据,众多学科研究方法的综合运用成为现实。

2. 依托中国式现代化助力新时代思想政治教育学科高质量发展。现代化本质是人的现代化。人的现代化在整个现代化进程中,居于核心和基础地位,起着决定性作用。思想政治教育学科的创立和发展植根于改革开放时期人的现代化需求。具体来讲,"人的现代化主要在于确立正确的世界观、人生观、价值观,形成高尚的道德观念、正确的思维方式、良好的社会心态,具备现代知识,有较高的科学文化素养,思想得到解放,创新意识得以增强,个性得到发展、主体性得到发挥,个人价值得以实现,价值取向和行为习惯适应现代社会发展要求"③。人的现代化是思想政治教育学科高质量发展的核心要素。

"主体性思想政治教育逻辑的提出与思想政治教育社会化逻辑是相辅相成的。"④ 主体性的张扬,使得思想政治教育向全民化、生活化和草根化方向发展,也使得学科的研究视野下移,研究视阈拓宽,社会服务常态化,势必引起思想政治教育学科的社会化发展。现代化为思想政治教育学科确立了发展方向、本体论基础和思维转向。从系统论的视角看,有利于提升思想政治教育学科的地位和竞争优势。普遍性的社会认同,能够激发学术研究的规范性,进而形成学术传统并积淀为学术文化,提高理论研究水平和转化能力,增强社会服务功能。从管理学组织论的视

---

① 杨桂兰、刘蕾、鄢章华:《大数据思维在大学生思想政治教育中的应用研究》,《思想理论教育导刊》2016年第11期。
② 习近平:《审时度势 精心谋划 超前布局 力争主动 实施国家大数据战略 加快建设数字中国》,《人民日报》2017年12月10日第1版。
③ 申维辰:《关于发达地区加强思想政治工作创新的若干思考》,《人民日报》2012年11月5日第13版。
④ 张耀灿:《思想政治教育学原理》,人民出版社2006年版,第452页。

角看，有利于实现人才培养、科学研究和社会服务功能的有机结合，有利于提高思想政治教育学科理论研究和实践创新的组织化程度。从思想政治教育学科高质量发展的途径来看，一是要发挥马克思主义理论和中国化最新研究成果和方法论在学科社会化过程中的指导作用，把科学发展观内化为学科发展观，将学科顶层设计切实贯彻到思想政治教育的全过程和学科建设的各个层面，实现教育型认同或认识论认同路径。二是立足于国民性的剖析，充分发挥人的主体能动性，解析世俗化的文化现实，满足人对学科发展提出的新要求，吸引广泛的社会主体参与到学科的维护、建设和发展中来，实现学科的社会认同。三是积极借鉴相关学科的知识和方法，运用不同属性技术或工具性要素的排列组合，在系统与要素之间和各自内部相互的影响、作用下，形成思想政治教育学科高质量发展的内生机制和发展性体制，实现技术性或工具性路径。四是加大学科发展的舆论氛围，通过媒体引导和对国家组织的大型学术研讨活动的宣传，实现舆论型或活动性认同路径。

3. 立足思想政治教育实践助威新时代思想政治教育学科高质量发展。思想政治教育实践是思想政治教育学科高质量发展的天然土壤。传统思想政治教育强化话语体系的建构，借助以理服人、以情感人，单向率民，进行道德的灌输、价值观的塑造。网络思想政治教育强化双向，通过移情、共情个性化价值判断和选择；大数据思想政治教育则是运用技术、资本等手段，研究思想政治教育主、客体运用网络技术手段获取信息的习惯、内容、方式、载体、时间等综合性量化、科学化推理和实证性支撑的方式，精准推送、再现、分析、整理思想政治教育主客体的行为模式、生活习惯、思想道德倾向和法治素养，为立德树人根本任务的实现提供了具象化、数字化、智能化的资料。高屋建瓴地从现实出示范和引领时代与社会的发展。灵活地运用网络宣传形式，借助于网络文字、声音、图像、动画相融合的多媒体文本，讲求宣传艺术；在增强趣味性的同时，强化阵地意识，利用各高校和各企事业单位、党政机构等的马克思主义理论宣传教育网站，做大做好正面宣传；建立网络的反馈机制、评估机制、监督机制和保障机制，唱响马克思主义意识形态的主旋律，实现对网络空间公共话语权的主题引导，传播先进文化，弘扬社会正气，以增强马克思主义理论的吸引力、影响力和战斗力。

相较兴起于20世纪90年代的网络思想政治教育,大数据思想政治教育则是伴随物联网、云计算、移动智能设备、网络技术、网络载体的叠加发展在21世纪初期才兴起的。在智慧校园、智慧教室的建设下,关联性研究被强化,极大地增强了思想政治教育的针对性、有效性和实效性,改变了传统思想政治教育局部化、单一性的模式,实现了形成性评价和阶段性评价的有机结合。

思想政治教育学科与主体之间的效应关系最终要通过思想政治教育实践确立起来,并表现为一种创造性的关系。从生存论的视角看,思想政治教育实践活动是人类进入阶级社会以来赖以生存和发展的思想基础。思想政治教育学科自身所具有的特征、属性赋予了学科特有的责任和使命,即进行意识形态的生产、传播、创新和再生产。总之,以意识形态领导权、管理权和话语权的有机统一,提高思想政治教育的实效性来推动学科的高质量发展。

参考文献:

《马克思恩格斯文集》第1卷,人民出版社2009版。

《习近平谈治国理政》第3卷,外文出版社2020年版。

习近平:《高举中国特色社会主义伟大旗帜 为全面建设社会主义现代化国家而团结奋斗——在中国共产党第二十次全国代表大会上的报告》,人民出版社2022年版。

习近平:《加快推动媒体融合发展 构建全媒体传播格局》,《求是》2019年第6期。

习近平:《审时度势 精心谋划 超前布局 力争主动 实施国家大数据战略 加快建设数字中国》,《人民日报》2017年12月10日第1版。

沈壮海:《实现思想政治教育学科的科学发展》,《思想理论教育》2004年第Z1期。

刘晓明:《对西方资本主义困境的观察与思考》,《人民日报》2013年4月12日第3版。

郭超、王习胜:《论大数据时代思想政治教育思维方式的转变》,《思想教育研究》2017年第4期。

顾海良:《高校哲学社会科学要更加注重协同创新》,《光明日报》2012年12月28日。

宇文利:《论思想政治教育学的交叉性》,《思想理论教育导刊》2009年第8期。

林婉婷:《开放教育的使命:让更多的人得到高质量教育》,《开放教育研究》2003年第6期。

张瑞敏:《大数据时代的高校思想政治教育研究综述》,《四川理工学院学报》(社会科学版)2017年第3期。

朱扬勇、熊赟:《大数据是数据、技术,还是应用》,《大数据》2015年第1期。

张意轩、于洋:《大数据时代的大媒体》,《人民日报》2013年1月17日。

王旭东:《当代社会信息化的影响及趋势》,《人民日报》2013年11月9日。

杨桂兰、刘蕾、鄢章华:《大数据思维在大学生思想政治教育中的应用研究》,《思想理论教育导刊》2016年第11期。

申维辰:《关于发达地区加强思想政治工作创新的若干思考》,《人民日报》2012年11月5日第13版。

张耀灿:《思想政治教育学原理》,人民出版社2006年版。

[德]黑格尔:《小逻辑》,贺麟译,商务印书馆1980年版。

[意]葛兰西:《狱中札记》,曹雷雨等译,中国社会科学出版社2000版。

坚持以问题为导向
推动思想政治教育提质增效

上官苗苗　李宗俊[*]

【摘　要】 强化问题意识，坚持问题导向，是思想政治教育提质增效的根本。针对西方的意识形态渗透、个别思想政治教育工作者素质不高、部分教育内容和方法供给错位和主体责任不明等重点问题，需要我们以"问题导向"引领"解决方向"，从坚持正确的政治方向、建强思想政治教育队伍、促进教育内容和方法精准供给和明晰各层责任主体出发，多措并举、直达靶心，推动思想政治教育落地见效。

【关键词】 问题导向；提质增效；精准供给；责任主体

问题是时代的声音，有发展就会有问题，无视问题就谈不上发展，回答并指导解决问题是理论的根本任务，聚焦问题是推动实践向前的重要突破口。习近平总书记在党的二十大报告中强调"必须坚持问题导向"[①]，为推动新时代思想政治教育工作提质增效提供价值遵循和致思理路。

一　坚持正确的政治方向，增强以马克思主义为指导的理论自觉和行动自觉

当前，以美国为首的西方国家大肆宣扬"去政治化""淡政治化"

---

[*] 上官苗苗，中国社会科学院马克思主义研究院助理研究员，研究方向为马克思主义理论与思想政治教育；李宗俊，共青团潍坊市坊子区委书记，研究方向为公共管理。

[①] 习近平：《高举中国特色社会主义伟大旗帜　为全面建设社会主义现代化国家而团结奋斗——在中国共产党第二十次全国代表大会上的报告》，人民出版社2022年版，第21页。

"去意识形态化",主张以西方所谓"普世价值""通识教育"替代思想政治教育。在西方意识形态渗透下,国内个别领导干部、思想政治教育工作者和学生的思想西化倾向严重,迷恋西方的新自由主义、历史虚无主义等,质疑、否定马克思主义,讳言共产主义,马克思主义空心化、边缘化,其影响逐渐式微。例如,个别学者以"价值中立"为名,主张搞纯粹的学术研究,他们不提甚至是漠视马克思主义,以学术之名规避和淡化意识形态。尤其是在重大国际会议时,西方理论洋洋洒洒讲了一大堆,对马克思主义只字不提。一些思想政治教育工作者教条主义地对待马克思主义,教学只局限于念红头文件,思维方式、授课模式、话语表达的西方逻辑痕迹明显,造成主流意识形态的"空心""漂浮"。一些群众缺乏对马克思主义的系统学习,在对其基本原理和核心理论不了解的基础上,提出"过时论""无用论"等错误观点,甚至将思想政治教育看作"洗脑"工作。

揭露西方国家"去意识形态化"的易旗骗局和夺旗阴谋,我们要从表象看到本质,其实质为遏制马克思主义意识形态、对社会主义国家实施"颜色革命"与和平演变服务,最终实现意识形态的西化目的。坚决抵制意识形态渗透,我们必须以问题为导向,聚焦问题、重拳出击、直达靶心,旗帜鲜明地坚持马克思主义。马克思主义是被实践证明了的科学理论,是人们观察世界、分析问题的有力思想武器。是我们有效应对西方话语霸权和意识形态渗透,把好"方向标"、占领"主阵地"、掌握"话语权"的重要根基。思想政治教育是固本工程、铸魂工程,其鲜明的政治属性和意识形态性,决定了它必须坚持正确的政治方向,不断巩固马克思主义的指导地位,反之则会迷失航向、失去灵魂。时刻增强以马克思主义为指导的理论自觉和行动自觉,这也是始终贯穿于中国共产党思想政治工作的鲜明主线和重要优势。

首先,必须在弄懂弄通马克思主义基本原理上下功夫。在学实真懂活用马克思主义的立场观点方法上见成效,夯实领导干部、党员的思想基础、补足他们的精神之钙,确保他们信仰上坚定、理论上清醒、方法上科学。其次,着力解决好"为谁服务"的问题。解决为什么人的问题,归根到底是要解决为谁服务的问题。时代在变,但我们党永远为人民服务的初心和使命却始终未变。再次,坚持党对思想政治教育的绝对领导。充分发挥党的政治优势、资源整合优势、决策优势和执行优势，确保我国意识形态工作的领导权、管理权和话语权紧紧握在党的手里。最后，坚决同各种非马克思主义错误思潮开展斗争。在事关大是大非和政治原则性的问题上，要下好先手棋，打好主动仗、守好主阵地、当好主力军，帮助领导干部、党员、群众划清是非界限，抵御歪风邪气。要坚决站稳政治立场，敢于亮明我们的政治态度、政治立场和政治主张，让党的声音传万里、润民心。必须坚决抵制各种否定马克思主义、否定中国特色社会主义、否定党的领导、宣扬西方资产阶级错误世界观和价值观的言论，让马克思主义牢牢占领意识形态阵地。

二 建强专职与兼职互动协作的思想政治教育队伍

个别思想政治教育工作人员对马克思主义的研究不深、对共产主义的信仰不真，不读经典著作、不搞学术研究、不提升教学技能，政策讲解、热点解析、思潮批判等，缺乏理论支撑和技术支持，再加之个人经历单一，多岗历练少，实践经验匮乏，出现政策把不准、故事讲不好、道理说不清、写了没人看、说了没人听、问了没人答的问题。对所学、所教都不能做到真信、真懂，谈何真干？作为施教者既丢了看家本领，也丧失了理想信念。同时在思想政治教育队伍的选拔、培训和考核上也存在着来源窄、活力缺、晋升难、保留难等问题。

"打铁必须自身硬"[①]，开展思想政治教育工作必须首先打通施教者这"最先一公里"，教育者必须先受教育。首先，作为思想政治教育工作者必须牢固树立中国特色社会主义理想信念，增强对中国共产党、伟大祖国、中国特色社会主义的理论认同、政治认同和情感认同，坚定忠诚信仰。牢固树立终身学习理念，善当学习之人、紧抓学习之机、提升学习之能，做到对马克思主义理论能够深学细研见真功，对文件政策能

---

① 习近平：《高举中国特色社会主义伟大旗帜　为全面建设社会主义现代化国家而团结奋斗——在中国共产党第二十次全国代表大会上的报告》，人民出版社2022年版，第13页。

吃透精神悟真谛、对教学技能融会贯通见真章。牢固树立改革创新意识，勇于在责任中扛担当、敢于在创新中求突破，以会谈心、懂民心、会施教、能传道、身教好，不断提升教育能力和质量，真正做到为党育人、为民排忧解难。

其次，严把选人用人关，防止"带病上岗""带病提拔"。建立健全准入制度，在思想政治教育施教者的聘用和选拔上，要以"严"的态度、"实"的行动，把好选人用人的政治红线、任职学历标准、理论素养、教育教学要求、职业道德底线等，严格工作程序环节、层层把关，对于那些缺乏党性、人民性、马克思主义信仰的"带病"人员，要一票否决，为培养政治强、业务精、品行高的思想政治教育工作者把好第一关。

再次，严守培养考核关，防止"能力危机""本领恐慌"。一方面，我国要创造条件，加大投入，为思想政治教育工作人员的成长、锻炼整合资源、搭建平台。在党政机关、高等院校、研究机构等部门，采用专题培训和定期教育相结合开展马克思主义理论功底、专业理论素养、教学技能培训，更新思想政治教育队伍的知识结构，拓展专业领域，提升专业能力。采用技术学习和业务培训相结合、采用岗位锻炼与交叉任职相结合的方式，通过政治上主动引导、素质上加强培养、生活上给予保障，促进思想政治教育工作者坚定理想信念、练就过硬本领、锤炼高尚品格。另一方面，要严守考核关。把素养考核与业绩考核相结合，将政治方向、德性品行、理论水平、业务能力、开展效果、工作态度等结合作综合考察，把年终集中性的考核与平时经常性的检查相结合，既肯定工作业绩给予表彰，又及时发现问题，纠偏改错，实现考核评价与监督管理的双重作用。做到有任务、有考核、有奖惩、有淘汰，着力建强一支以政治工作干部为主、其他组教施教人员为辅，功能互补、质量并重、群策群力、同心协力的思想政治教育队伍。

最后，加强政策引导、通畅人才晋级渠道，防止"为别人作嫁衣""自己种树别人摘果子"。人才"引进来"只是第一步，能否"留得住"是能否发挥思想政治教育价值的关键。要构建"有为有位""能上能下"的管理制度，畅通人才晋级渠道，激发人才创新活力，将优秀的思想政治教育工作者吸纳进队伍且育好管好用好，让思想政治教育工作人员引进来、育成才、下得去、留得住、用得上、有发展。

三 解决供给错位问题，实现思想政治教育内容方法供需精准对接

供给错位，即思想政治教育内容、方法存在着供需的不平衡与不充分的矛盾，出现有供给无需求、有需求无供给的匹配错位问题。在教育内容上"一副汤药治百病""一个题目控全局"，单一供给与多元需求之间的矛盾、供给水平与教育对象高质量需求之间存在矛盾。在教育方法上，存在简单化、单向度、不精准等倾向，导致教育方法投入多产出少、领导不满意、教育对象不满意的问题。

首先，精准摸底，找准问题症结、及时分析研判。思想政治教育说到底是做人的工作，了解教育对象，才能服务教育对象。当前，教育对象的年龄、学历、阅历、爱好等差异较大，需求更加个性化、多元化。没有调查就没有发言权，运用现场访谈、调查问卷，结合数据分析等现代技术手段，对教育对象的思想状况、行为习惯、爱好兴趣、现实困惑、发展需求等进行精准量化和分析，读取不同个体、群体的价值取向、思想观念，抓住同一群体具有倾向性、普遍性的问题，科学预测其精神文化需求，把控急难愁盼问题，做好供给的前期准备工作，从而使思想政治教育内容、方法供给有的放矢、直达靶心，提高供给的针对性和有效性。

其次，教育内容供给要固本开新、守正创新，做到精而准、近而实、新而活，提升供给质量。第一，注重理论武装和价值引领，有效推进习近平新时代中国特色社会主义思想进教材、进课堂、进头脑，让主旋律占领主阵地。第二，要紧紧围绕立德树人、铸魂育人目标，聚焦思想政治教育中心任务，紧扣我国社会实践、结合党的百年伟大成就，加强理想信念教育、革命传统文化和红色基因教育、"四史"教育、社会主义核心价值观教育、生态文明教育等。第三，围绕教育对象的思想实际、结构变化、个性需求，区分不同群体、不同人员的困惑，以此设置教育内容，用通俗易懂的道理解答教育对象的真实困惑，做到内容有适应性，增强供给养分。

最后，教育方法供给要遵循规律、因势利导，做到方法运用"因人""因时""因事"而新。习近平总书记指出："思政课的本质是讲道理，要注重方式方法，把道理讲深、讲透、讲活。"[①] 在方法供给上，要遵循思想政治工作规律、教书育人规律、教育对象成长规律，根据教学任务、结合教育对象实际，以中国故事、党史故事为纽带，触及灵魂、解答疑点、戳中泪点、触动笑点，让晦涩的理论具象化，让教学知识鲜活起来，让教育对象听得懂、听进去，内心有所触动，行为有所改变，促进教育对象以知识为载体、以情感为起点，实现从知识体系向价值体系、信仰体系的转化。强调服务意识，以教育对象为中心，运用体验式教学、案例式教学、探究式教学、互动式教学等多种教学方式，增强教育对象参与感，让教学从"独角戏"变成"协奏曲"，从"被动应付"到"主动学习"。要强化线上与线下、理论与实践、教育与自我教育相结合等多维模式，全方位全过程育人。聚焦问题、分类指导、个性定制、跟进教育，让思想政治工作从"大水漫灌"到"精准滴灌"，从"大包大揽"到"私人订制"，帮助教育对象解疑释惑，让教育有温度、有实感、有效度。

四 明晰责任主体，健全工作协调机制，促进思想政治教育有效落地

一是履责意识不明晰。各责任主体对自身所担负的思想政治教育责任、使命和任务认识不够、重视不够、指导不力。例如个别领导干部把思想政治教育当成软指标，出了问题再谈教育，教育成了思想政治教育者的"独角戏"。二是落实不到位。领导部门和执行部门之间权责两分，存在"两张皮"问题，领导部门、执行部门、单位各级责任主体的沟通协作不协调、不顺畅、不平衡，个别执行部门"跟着感觉走""凭以往惯例办"，出现行动乏力、落实不到位、运行效率不高的状况，造成思

---

① 《习近平在中国人民大学考察时强调：坚持党的领导传承红色基因扎根中国大地 走出一条建设中国特色世界一流大学新路》，《人民日报》2022年4月26日第1版。

想政治教育被弱化、虚化和淡化。三是追究问责处理不及时、问责后果不通报。

首先,强化主体责任担当。一是压实党委抓教管教责任。思想政治教育是党的领导和党的工作的重要议题,不仅是分内之事,更是应尽之责。各级党委要树立大局意识、责任意识、担当意识和服务意识,扛起组织责任、领导责任,全力抓好权力清单、责任清单,明确党委、政府、政工的关系,明晰各级主体边界,确保思想政治教育的责任有人担、工作有人做、问题有人管。二是压实思想政治教育工作队伍的施教责任。思想政治教育工作者既要增强责任使命意识,也要转变工作方式,真正把思想政治教育的工作做起来、责任扛起来。三是压实纪检巡视督教促教责任,对存在的问题敢于指出、敢于亮剑、精准问责,以硬约束来倒逼主体责任落实。

其次,健全工作协调机制,形成党委统筹、齐抓共管的思想政治教育大格局,强化推动落实。充分发挥党委统筹协调作用,加强系统谋划、推动部门联通、强化条件保障和资源共享,构建党委统一管理,分管领导具体负责,有关部门相互协作的运行机制,确保思想政治教育开展既有声有色,又有力有序。一是党委要充分发挥好政治优势、资源整合优势、决策优势和执行优势,做好体制机制、项目布局、队伍建设、条件保障等方面的顶层设计与统筹安排,政治机关、党委宣传部门统筹指导、牵头拉动,思想政治教育施教者有力推动,其他部门密切配合、各尽其责、有效落实。二是加强联动,构建"学校主抓、家庭配合、社会协作"联系常态化、教育日常化的协同育人体系。三是从条件保障出发,健全服务、育人、管理的软件和硬件设施,营造教育有为、管理有效、服务到位的育人大格局。四是挖掘和编制思想政治教育"资源图谱",把好、用好和管好思想政治教育的教学资源、师资资源、网络资源、学术资源、红色资源、资金资源,等等,发挥资源聚集效应对铸魂育人的支撑作用。

最后,完善督查报告、责任追究等工作制度,以追究问责促落实。党委书记是思想政治工作第一责任人,要和其他班子成员履行"党政同责、一岗双责"。上级党委要加强对下级党委的提醒、视察、监督和考核,强化结果运用,确保主体责任落地,避免"空喊口号"。政治机关要经常性地向党委汇报思想政治工作开展情况,广泛开展基层、机关双向检查,争取党委支持和指导。以严格的责任追究倒逼党委主动担责、积极履责,对主体责任落实不力的,要根据情节采取相应的惩戒措施,对于情节严重的,要坚持"一票否决"制,以责任求主动、以责任求落实、以责任求实效,加快推进思想政治工作有效落地、落实,高质量完成工作任务。

参考文献:

《中国共产党简史》编写组:《中国共产党简史》,人民出版社2021年版。

《习近平在中国人民大学考察时强调 坚持党的领导传承红色基因扎根中国大地走出一条建设中国特色世界一流大学新路》,《人民日报》2022年4月26日第1版。

习近平:《高举中国特色社会主义伟大旗帜 为全面建设社会主义现代化国家而团结奋斗——在中国共产党第二十次全国代表大会上的报告》,人民出版社2022年版。

《习近平谈治国理政》第4卷,外文出版社2022年版。

《习近平著作选读》第1卷,人民出版社2023年版。

习近平:《在哲学社会科学工作座谈会上的讲话》,人民出版社2016年版。

中共中央宣传部编著:《中国共产党宣传工作简史》上、下卷,人民出版社2022年版。

王学俭等:《新时代思想政治教育基本问题》,人民出版社2021年版。

沈壮海:《新编思想政治教育学原理》,中国人民大学出版社2022年版。

论中国式现代化道路的价值超越、理论可能与现实条件
——基于人的现代化视角

李美颖*

【摘　要】 现代化的核心是人的现代化。西方资本主义现代化进程展现了资本驾驭一切的基本逻辑，充斥着对人的本质和价值的漠视，进而造成人的现代化困境。这种受物的现代化和制度现代化制约的资本主义模式给中国式现代化以警示，促使中国式现代化在超越西方人的现代化困境的基础上，成功走出一条以实现人的现代化为核心的中国式现代化道路。这条道路以马克思主义为指导，以无产阶级政党的历史使命为目标指引，以传统民本思想为文化基础，并以当前社会主要矛盾为依据，在物质与精神层面、生态建设层面和对外关系层面为人的现代化提供所需条件，开辟了以人民为中心的、以人的全面发展为价值导向的现代化发展模式。

【关键词】 中国式现代化；人的现代化；以人民为中心

党的二十大为我们标注出现代化发展的新坐标，创造性地提出了中国式现代化的本质要求，指明要以中国式现代化全面推进中华民族伟大复兴。回看西方文明历史，发达资本主义国家用近300年时间探索创造了现代化的西方模式。由此，部分学者认为，西方所创造的现代化模式是衡量发展中国家道路、理论、制度和价值的唯一标准。然而，"拉美

---

* 李美颖，首都师范大学思想政治教育专业博士研究生，研究方向为新时代思想政治教育。

陷阱"的历史告诉人们事实并非如此，中国式现代化道路也印证了这一误区，即世界上没有定于一尊的现代化的标准和模式。中国式现代化是在中国共产党领导下经过长期探索和实践形成的中国特色社会主义的现代化发展模式，其彰显了人的价值，发挥了人的主观能动性，并将人的现代化置于现代化的核心位置，创造性地走出了一条以人民为中心的现代化发展道路。

一 中国式现代化道路实现人的现代化的价值超越

人类文明告别蒙昧经历了漫长的发展历程。自工业革命以后，现代化成为世界各国竞相追逐的目标，人们试图在稀缺资源与自然环境的约束下，通过体制机制创新、科技创新和管理创新挣脱自然束缚并与之和谐相处，在和谐社会中实现人的自我超越，完成"传统人"向"现代人"的转变。从人类社会发展的一般过程来看现代化的内容形态，可将其划分为物的现代化、制度现代化和人的现代化，而西方现代化进程中出现的资本支配一切的模式直接导致了物的支配性与人的降格，造成了以物的形式出现的生产关系作为一种总体性的支配权力主宰着人们社会生活的方方面面。而中国式现代化在超越西方现代化进程中将人视为手段的工具理性逻辑的基础上，耦合现代化的一般特征与中国特色的制度属性，开辟了一条以人民为中心的、以人的全面发展为价值导向的中国式现代化道路。

（一）西方现代化进程中人的现代化困境

西方资本主义国家在理论和实践中率先实现了现代化，在理论上内孕了西方现代文明，在实践中经历了追求经济增长的工业化、追求政治体制的民主化以及追求人的现代化三个历史阶段。纵观这一历史进程，我们可以清晰地看到，资本直接或间接地构成了社会发展的动力，工业化与市场化成为资本主义经济的主要特征，跨国公司成为进行国际贸易的主要渠道；代议制政体、多党派以及轮流执政等政治模式日益彰显出以资本主义利益为核心的本质；生态上采取先污染后治理的策略，将高污染、高能耗产业转移国外；文化霸权主义凸显，将西方价值观念、意识形态宣扬为"普世价值"并强加于人，不断制造文化冲突和文化隔阂；对外尊崇国强必霸的崛起理念以及零和博弈的理念，干预国际秩序。由于西方现代化以资本发展为逻辑，在发展过程中以追逐物质利益为目标，以剥削压榨少数人的利益为手段，漠视人的现代化需求，造成人的现代化困境。

第一，资本主义制度只代表少数人的根本利益。以自由主义为基础的西方民主政治追求和注重起点平等、形式平等、权利平等，在实质平等问题上却顾虑重重。此外，西方自由主义多以"个人主义"为逻辑起点，"尤其强调私人的权利和个人作为自治的行为体的身份"[1]，马克思曾指出，"现代的国家政权不过是管理整个资产阶级的共同事务的委员会罢了"[2]，从根本上来看，资本主义的国家机器本质上是被资本所利用的工具，其政权掌握在少数人手中，并以压迫、剥削和奴役大多数人为主要方式。正如马克思所批判的那样，资本主义在由传统社会向现代社会转变过程中，过多强调了物的逻辑，而人与人的交往关系被人与物的依赖关系所替代，体现的是物的逻辑和资本的逻辑的实质，丧失了对人的价值的关怀。事实上，西方资本主义现代化的实践验证了马克思所言，资本主义制度并不能从根本上代表本国人民的根本利益。

第二，西方政党制度是基于利益集团分化而形成的为少数人谋利益的政党制度。基于理论视角，西方政党制度应是民主化的象征，体现民意和保障民权是其应有的价值。但从现实实践来看，西方政党制度已然沦为少数精英群体操纵政权的工具。各政党为参与竞选、取得执政权不择手段、相互斗争，形成了你方唱罢我登场的模式。不仅如此，西方政党制度还存在着无法超越的历史局限性，生产资料私人占有导致财富积累在资本集团手中，因此，在这种制度下，每个政党只代表特定集团的利益，并依靠特定集团的支持上台执政，依靠这种方式赢得选举、上台执政的党派，必然维护乃至偏袒其支持者的利益，使得其他社会成员的

---

[1] ［英］安德鲁·海伍德：《政治学核心概念》，吴勇译，天津人民出版社2008年版，第147页。
[2] 《马克思恩格斯选集》第1卷，人民出版社2012年版，第402页。

长远利益难以得到有效的保障。

第三，社会财富两极分化严重。在资本主义生产方式下，社会财富积累越多，社会财富两极分化现象就越凸显。法国著名经济学家皮凯蒂在《21世纪资本论》一书中运用大量财富分配数据论证了西方资本主义国家贫富分化的客观趋势。习近平总书记也指出，"不加制约的资本主义加剧了财富不平等现象"[1]。目前，资本主义内部贫富分化问题达到了历史前所未有的水平，以美国为例，尽管美国一直处于世界经济发展的中心，但近年来受全球化、技术革命以及新冠疫情的影响，美元超发进而推升了资产价格泡沫，导致经济呈现"K型复苏"状态，进一步拉大了贫富分化的差距。西方众多贫富差距现象的背后实际体现的是以物为中心的资本逻辑对现代人的异化。马克思指出："资本是对劳动及其产品的支配权力"[2]。资本对雇佣劳动的支配转化为对财富的支配和主导，由此形成了财富生产和分配的集中化和两极分化，具体表现为富者越来越富，穷者越来越穷，从而导致奢侈和贫困成为资本主义社会的征候。

第四，对外发展理念背离国外人民的利益。从新航路的开辟到"日不落帝国"的形成，再到美国自称"世界警察"，西方资本主义的殖民扩张历史无不彰显着西方资本主义国强必霸的崛起逻辑，可以看出，西方现代化是以牺牲发展中国家人民利益为代价发展起来的、具有霸权意味的现代化。当前伴随着全球化的纵深发展，西方霸权国家开始对我国实施掠夺和打压的政策，从经济、政治、意识形态等领域对我国进行围追堵截，并意图通过培植在华反动势力，干涉我国内政，这一系列卑鄙行径都揭示了西方现代化是建立在牺牲他国利益的基础上的、反人道主义的现代化。因此，遵循资本主义发展道路将无法真正实现人的现代化。

西方资本主义现代化进程中展现了资本驾驭一切的基本逻辑，充斥着对人本质和价值的漠视，进而造成人的现代化困境。这种受物的现代化和制度现代化制约的资本主义模式给予中国式现代化以警示，若要仿

---

[1] 习近平：《在哲学社会科学工作座谈会上的讲话》，人民出版社2016年版，第15页。
[2] 《马克思恩格斯文集》第1卷，人民出版社2009年版，第130页。

学西方现代化发展模式，那么实现人的现代化将沦为空想。

(二) 中国式现代化道路对西方人的现代化困境的超越

人的现代化是实现人的全面发展的必要准备。西方现代化在历史发展的进程中逐渐用物的现代化代替了人的现代化，用制度现代化压制了人的现代化，从而遗忘了人的现代化的主题。马克思为此指明了道路，只有通过"批判的武器"和"武器的批判"对整个民族国家进行根本性改造，才能实现现代社会发展的道路，即现代化的社会主义之路。

从国家制度设计来看，社会主义国家性质保障了人民的主体地位。中国共产党带领人民找到了一条适合中国国情的社会主义道路，体现了党的领导、人民当家作主和依法治国的有机统一，充分彰显了人民的主体地位。人民代表大会制度作为我国的根本政治制度，保障了人民当家作主，充分调动了人民投入社会主义现代化建设的积极性和主动性，充分体现了民主集中制原则，彰显了社会主义制度集中力量办大事的优越性。此外，中国共产党领导的多党合作和政治协商制度、基层民主自治制度和民族区域自治制度作为我国的基本政治制度，在保障人民民主、保障人民权益等方面发挥着重要作用，体现了社会主义民主制度的优势，体现了中国特色。"党的十八大以来，我们深化对民主政治发展规律的认识，提出全过程人民民主的重大理念"[1]，在党的领导下，全过程人民民主在中国特色社会主义民主政治发展进程中得到充分彰显，与西方民主制度下虚假的、抽象的民主不同，它是将全体人民纳入民主过程的人类政治文明形态，是对人民至上原则的彻底贯彻，人民作为国家的主人拥有享用一切劳动成果的权利，国家的一切建设与发展都紧紧围绕人民的需要而展开，这样一套区别于西方的全过程人民民主的中国特色社会主义制度体系实现了对人的现代化困境的超越。

从发展理念来看，新发展理念体现了以人民为中心的发展理路。新

---

[1] 习近平:《坚持和完善人民代表大会制度，不断发展全过程人民民主》，《人民日报》2021年10月15日第1版。

发展理念首要的是坚持人民群众的主体地位，将实现人的全面发展置于发展的核心位置，始终围绕"人民对美好生活的向往"推进创新、协调、绿色、开放、共享。创新激活了人民主体的创造性，为社会主义现代化建设提供了更多可能；协调满足了人的需求的多样性，构筑了物质生活需要和精神生活需要协调发展的现实社会基础；绿色促进了人与自然和谐共生、可持续发展，使人类活动在尊重自然、顺应自然和保护自然的前提下开展；开放丰富和发展了人的社会关系，使人民在和平共处、合作共赢的世界交往中获得更大发展空间；共享切实关注个体全面发展，使全体人民共同享有发展成果。"只有坚持以人民为中心的发展思想，坚持发展为了人民、发展依靠人民、发展成果由人民共享，才会有正确的发展观、现代化观。"① 中国式现代化不仅打破了西方单一的经济现代化模式，在保证人民的普遍利益的前提下，达到了个人、社会与自然的和谐统一。

  从价值立场来看，人民至上是中国共产党始终遵循的价值立场，也是中国共产党区别于其他政党的显著标志。党的二十大报告中明确提出："必须坚持人民至上。"② 人民性是马克思主义最鲜明的品格，也是马克思主义执政党的本质特征。中国共产党自诞生之日起，"没有任何自己特殊的利益，从来不代表任何利益集团、任何权势团体、任何特权阶层的利益"③，始终站稳人民立场，坚持人民生命至上、幸福至上、权力至上。在实现现代化的进程中，人民至上原则贯穿于始终，从"四个现代化"到"全面现代化"，从"三步走"到"新三步走"再到"两步走"，中国共产党始终从国家发展和人民幸福的需要出发，不断推进现代化进程，取得了重大成就，使现代化建设成果更多惠及全体人民，这既是对西方政坛乱象的超越，也是对资本主义下的以"物的依赖性为基础的人的独立性"的虚假本质的超越。

---

  ① 习近平：《把握新发展阶段，贯彻新发展理念，构建新发展格局》，《求是》2021年第9期。

  ② 习近平：《高举中国特色社会主义伟大旗帜　为全面建设社会主义现代化国家而团结奋斗——在中国共产党第二十次全国代表大会上的报告》，人民出版社2022年版，第19页。

  ③ 习近平：《在庆祝中国共产党成立100周年大会上的讲话》，人民出版社2021年版，第11—12页。

二 中国式现代化道路实现人的现代化的理论可能

"中国式现代化的核心是人的现代化"这一命题何以可能？从本原来看，是马克思主义的科学理论指导、无产阶级政党的历史使命以及中国传统民本思想的文化基础为人的现代化实现提供了理论可能，使得人的现代化在中国式现代化道路中占据核心地位。

(一) 马克思主义为人的现代化提供理论指导

西方资本主义的现代化模式是"以物为本"、以资本为主导的现代化发展模式。资本主义生产过程、生产目的和财富分配最终指向了劳动异化、资本增殖和财富两极分化，导致了人的解放与资本增殖呈反向趋势变动。马克思正是针对资本主义"以物为本"的现状展开了批判，为人的解放和现代化指明了方向。

马克思指出了资本逻辑的原始罪恶，"它把人的尊严变成了交换价值，用一种没有良心的贸易自由代替了无数特许的和自力挣得的自由"[1]。资本的扩大生产不仅加剧了贫富两极分化，还导致了异化、剥削等社会现实问题，由此可见，资本主义虽带来了物质财富的极大丰富，但却是以牺牲人的主体性为代价的物质繁荣。首先，这种单一主体的逻辑体现在物与人的关系上，表现出的是人的关系依赖于物的关系并受其制约，人的主体性的减弱使其不再具有支配物的权利，反而成为一种工具性的存在。马克思在《1857—1858年经济学手稿》中从社会经济形态视角审视人的发展三样态，他指出在以物的独立性为基础的社会，"人的社会关系转化为物的社会关系；人的能力转化为物的能力"[2]，而这一切都建立在生产资料私有制的基础之上。其次，这种单一主体的逻辑体现在人与人的关系上，展现出的是道德关系的冷漠化以及对他人责任的

---

[1] 《马克思恩格斯文集》第2卷，人民出版社2009年版，第34页。
[2] 《马克思恩格斯文集》第8卷，人民出版社2009年版，第51页。

无视，表现为"与责任的原则和意志的德性相对立"①，即人对人的否定、剥削和压迫。最后，在人与自然的关系上，西方现代化打着"人类中心主义"的旗号，通过对自然资源的大肆掠夺和无限开发，不断满足资本扩张的需要，最终导致全球环境污染问题加剧。马克思曾提到自然之于人的重要性，他指出"自然界是人为了不致死亡而必须与之处于持续不断的交互作用过程的、人的身体"②，而西方现代化毫不掩饰其资本扩张的罪恶本质，将人的生存状况置之度外，这也是马克思极力批判的发展模式和发展道路。中国式现代化道路在总结马克思对资本主义发展模式的批判以及对自然环境的重要性的论述的基础上，总结经验，创造性地提出"中国式现代化的核心是人的现代化"的重要命题，为中国式现代化的未来指明了方向。

（二）无产阶级政党的历史使命为人的现代化提供方向指引

马克思、恩格斯不仅开创性地提出了无产阶级政党的历史使命是实现社会主义，进而实现共产主义，还第一次科学论证了无产阶级政党使命的科学性、革命性和崇高性，更是将实现人的自由而全面发展作为最高发展目标，致力于实现全人类的解放事业。无产阶级政党自建立之初，就把解放全人类作为历史使命，不断引领无产阶级将解放包括资产阶级在内的一切阶级作为奋斗目标，然后"利用自己的政治统治，一步一步地夺取资产阶级的全部资本，把一切生产工具集中在国家即组织成为统治阶级的无产阶级手里，并且尽可能快地增加生产力的总量"③，这是无产阶级政党的历史使命。马克思恩格斯指出，要实现这一使命，就必须实现"两个决裂"，即"同传统的所有制关系实行最彻底的决裂"和"在自己的发展进程中要同传统的观念实行最彻底的决裂"④ 在马克思恩格斯的论述中始终洋溢着对人性的终极关怀和对资本主义社会奴役、剥夺、物化、异化劳动者的否定，从根本上揭示了无产者追求自身解放和社会解放的崇高使命和必然归宿，彰显了对人的自由和人的现代化的未

---

① ［德］康德：《实践理性批判》，邓晓芒译，人民出版社 2003 年版，第 43 页。
② 《马克思恩格斯文集》第 1 卷，人民出版社 2009 年版，第 161 页。
③ 《马克思恩格斯文集》第 2 卷，人民出版社 2009 年版，第 52 页。
④ 《马克思恩格斯文集》第 2 卷，人民出版社 2009 年版，第 52 页。

来展望。

马克思恩格斯在《共产党宣言》中明确指出，共产党人"没有任何同整个无产阶级的利益不同的利益"[①]，人民性是马克思主义的鲜明品格，人民立场是马克思主义政党区别于其他政党的显著标志，也是中国共产党始终遵循的基本准则。作为以马克思主义为指导的无产阶级政党，中国共产党始终坚持"江山就是人民、人民就是江山"[②]的理念，在百年奋斗的艰难历程中始终坚守人民立场。回顾党走过的百年历史，中国共产党带领人民在革命、建设的实践中迎来了民族解放和国家独立，中国人民从此站起来了。改革开放的伟大决策使得生产力飞速发展，生产关系不断变革，使得中国大踏步赶上时代，中国人民摆脱了贫穷落后的状态，生活水平显著提高。进入新时代，中国共产党在统筹国内国际两个大局的前提下推进社会主义现代化建设，消除了绝对贫困，实现了强起来的伟大飞跃。中国共产党要在实现治理体系和治理能力现代化的基础上，始终坚持以人民为中心的根本立场，将人的现代化置于首位，赋予人以主体性、主动性和自觉性，使人们在现代化进程中不断提升自身的思维认知和价值观念，逐步符合现代人的标准，实现人的自由全面发展。

（三）先秦民本思想为人的现代化提供文化滋养

先秦民本思想起源于商周，成熟于春秋战国，是先秦时期重民、爱民、利民、富民、顺民、亲民、养民等一系列思想的总称。先秦时期民本思想在政治生活中发挥了一定的积极影响，尤其自春秋战国以来，思想上百家争鸣，各派别虽在政令制定、法令通行上持有不同观点，但都凸显了对"人"的关怀。"民惟邦本"是儒家君民思想的总体性阐释，其"仁民爱物""民贵君轻"的思想要求治国者注重对"人"的关怀，关注民生，并提出要在提高自身德性修养的基础上，增进对身边人乃至天下人的关切。墨家的"兼爱""非攻"始终抱有对人的终极关怀，倡导对人无差等的爱，其民本思想反映了底层劳动人民的利益诉求，洋溢

---

① 《马克思恩格斯选集》第1卷，人民出版社2012年版，第413页。
② 习近平：《在庆祝中国共产党成立100周年大会上的讲话》，人民出版社2021年版，第11页。

着人道主义的救世济民精神。道家从不停滞于自然与万物之"道",而是将其上升至"逍遥无为"的人生大"道",在尊道、崇道、重和的理念以及"天人合一""道法自然"的观点中,洞悉了人与自然永续发展、和谐共生的基本规律,倡导个人与社会的"自得其得,自适其适"。此外,"水能载舟,亦能覆舟""民为贵,社稷次之,君为轻""下贫则上贫,下富则上富"等民本思想都表达了重视百姓、珍惜百姓的为民思想。

中国共产党始终重视先秦民本思想对治国理政的重要价值,在马克思主义指导下,在批判继承先秦民本思想的基础上,形成了中国特色社会主义的为民思想。百年历程中,中国共产党带领人民从打破阶级人治到实现社会法治,逐步带领人民走向了"当家作主"的社会主义新时代,切实保障了人民的各项权益,使人民在政治生活中拥有知情权、表达权和建议权,人民的物质生活和精神生活更加富裕,实现美好生活的愿景更加强烈,真正实现了从"站起来"到"富起来"再到"强起来"的伟大飞跃。可以看出,中国共产党人始终坚守人民立场和为人民服务的宗旨,体现了对历史规律的尊重,体现了对先秦民本思想的时代传承,体现了中国共产党人不忘初心、牢记使命的坚守。

三 中国式现代化道路实现人的现代化的现实条件分析

中国共产党以人的需要与社会主要矛盾的变化为依据,以物质文明和精神文明协调发展为指向,倡导人与自然和谐共生,坚持走和平发展道路,为人的现代化发展提供所需的现实条件。

(一) 以解决社会主要矛盾为依据,满足人们丰富需求

马克思指出:"人以其需要的无限性和广泛性区别于其他一切动物"①,而人的需要的丰富性和多样性是人的现代化的重要特征。中国共产党在从成立到发展的历程中始终围绕着一条逻辑主线开展工作,即根

---

① 《马克思恩格斯全集》第38卷,人民出版社2019年版,第11页。

据社会主要矛盾的发展变化来制定和调整党的纲领、路线、方针和政策。新中国成立以后，我国社会主要矛盾是人民对建立先进的工业国的要求同落后的农业国的现实之间的矛盾，因此大力发展工业，提高生产力成为国家发展的主要任务。社会主义改造完成以后，我国社会主要矛盾已经成为人民对于经济文化迅速发展的需要同当前经济文化不能满足人民需要的状况之间的矛盾。主要矛盾的变化促使国家任务的调整，党依据现状及时调整任务，即把我国建设成具有现代工业、现代农业、现代国防和现代科技的现代化国家。根据社会主义初级阶段人民需要层次的不断提升和需要范围的不断拓展，党的十一届六中全会指明了当前社会主要矛盾已经成为人民日益增长的物质文化需要同落后的社会生产之间的矛盾。这一时期，根据矛盾变化，党的主要任务调整为解放和发展生产力，以满足人们日益增长的物质文化需要。而中国特色社会主义进入新时代，我国社会主要矛盾演变成了人民日益增长的美好生活需要和不平衡不充分的发展之间的矛盾，主要矛盾的变化对全面深化改革和社会主义现代化强国建设提出了更高要求，解决这一矛盾也成为当前及今后相当长一段时期的主要任务。从新中国成立至今，我国社会主要矛盾随着社会和人的发展不断变化，从根本上体现了人们对现代化要求的不断提高和国家为满足人们需要的不断努力。因此，党和国家为解决现实问题，适时对我国社会主要任务进行调整，不断满足人们的现实物质需要和精神需要，为人的现代化发展提供了现实条件。

（二）以物质文明和精神文明协调发展为指向，促进人的全面发展

马克思在《关于费尔巴哈的提纲》中指出："人的本质不是单个人所固有的抽象物，在其现实性上，它是一切社会关系的总和"[①]。可以看出，人作为生命有机体，必须维持和延续生命，需要的产生使得人们开始与自然发生联系，但人的需要的广泛性和无限性使得个体不能只依靠自然的恩赐，劳动自然成为满足人需要的主要方式。而低层次需要的满足又会提出更高层次的需要，个体能力的有限性使得结成一定的社会关系来满足多样化需要成为必然。随着劳动的不断发展，"有意识的生命

---

① 《马克思恩格斯选集》第 1 卷，人民出版社 2012 年版，第 135 页。

活动把人同动物的生命活动直接区别开来"①，人的意识性促使人们进一步追求更高形式的满足，即需要开始从物质世界上升到精神世界，从现存世界蔓延到未来世界。中国共产党始终重视物质文明和精神文明协调发展，在社会主义革命和建设时期，带领人民进行经济建设和文化建设，"用马列主义的思想原则在全国范围内和全体规模上教育人民"②，发挥思想文化对经济建设的能动作用。在改革开放和社会主义现代化建设新时期，邓小平同志提出物质文明和精神文明要两手抓两手都要硬的思想，指出"我们要建设的社会主义国家，不但要有高度的物质文明，而且要有高度的精神文明"。③ 中国特色社会主义进入新时代，以习近平同志为核心的党中央高度重视物质文明和精神文明协调发展，始终强调"两手抓两手都要硬"的思想，并进一步提出要"以辩证的、全面的、平衡的观点正确处理物质文明和精神文明的关系"。总之，在中国式现代化进程中，党和国家高度重视物质文明和精神文明建设，不断推进二者协调发展。一方面，党团结带领人民经历革命、建设和改革的伟大实践，以解放和发展生产力为根本任务，以全面建成小康社会为发展目标，致力于实现全体人民共同富裕；另一方面，党和国家强调物质文明和精神文明两手抓，注重发展教育和文化事业，注重培育和践行社会主义核心价值观，为实现民族复兴积蓄精神力量，将文化强国建设提升到事关民族复兴的高度，为实现人的现代化创造了精神条件。

（三）倡导人与自然和谐共生，为人的现代化提供良好生态环境

习近平总书记强调，"我们要建设的现代化是人与自然和谐共生的现代化"④，人的现代化作为中国式现代化的核心，要将人与自然和谐共生作为发展的必然要求。人与自然关系的演化经历了一个漫长的时期，在经历了原始文明、农业文明、工业文明之后，以人与自然和谐共生为内在逻辑的生态文明已经成为人类生存与发展的必然选择。原始文明与农

---

① 《马克思恩格斯文集》第1卷，人民出版社2009年版，第162页。
② 中共中央文献研究室编：《建国以来重要文献选编》第2册，中央文献出版社1992年版，第292页。
③ 《邓小平文选》第2卷，人民出版社1994年版，第367页。
④ 《习近平谈治国理政》第3卷，外文出版社2020年版，第39页。

业文明时期，人对自然的敬畏与初步利用使得人与自然的关系相对和谐，但到了工业文明时期，人类为一己私欲大肆对自然资源进行掠夺与开发，这种不可持续发展模式，造成了能源消耗、资源短缺、环境污染、生态恶化以及气候变化异常等问题，这种凌驾于自然之上的发展模式严重威胁了人类的生存与发展。恩格斯曾在《自然辩证法》中提出，"不要过分陶醉于我们人类对自然界的胜利。对于每一次这样的胜利，自然界都对我们进行报复"①，在马克思恩格斯看来，人类与自然是一体的，人虽为价值主体，但依然要将经济发展建立在自然生态环境可承受的范围内。中国式现代化道路内蕴人与自然和谐共生的发展理念，党和国家在1983年就将环境保护作为我国的一项基本国策，并于1996年提出了"可持续发展战略"。党的十八大以来，习近平总书记对于人与自然问题进行了系统论述，提出了"绿水青山就是金山银山""统筹山水林田湖草沙系统治理""良好生态环境是最普惠的民生福祉"等一系列重要论断，采取了一系列相应的措施，为我国处理经济与环境问题提供了新思路和新方案，丰富了对人类发展规律的认识，为保护全球环境贡献了中国智慧和中国方案。

（四）坚持走和平发展道路，为人的现代化提供平稳社会环境

现代化以其自身的逻辑打破了一切民族壁垒和地域限制，使得单一民族历史成为真正的世界历史。西方现代化道路表现为对内剥削和对外掠夺的血腥之路，正如马克思所言："资本来到世间，从头到脚，每个毛孔都滴着血和肮脏的东西"②。中国自鸦片战争以来就被动卷入现代化的洪流中，而且现代化理论始终被西方国家的话语体系所垄断，似乎现代化的发展经验只能从西方资本主义现代化进程中寻找，但西方现代化模式有着无法避免的弊端，中国对现代化道路的追求并不是要照搬西方现代化模式，而是要超越西方"国强必霸"的发展逻辑，开启一条和平发展的现代化道路。因此中国式现代化道路应运而生，从"和平共处五项原则"到"新型大国关系"再到"构建人类命运共同体"，中国式现

---

① 《马克思恩格斯选集》第3卷，人民出版社2012年版，第998页。
② 《马克思恩格斯文集》第5卷，人民出版社2009年版，第871页。

代化道路展现了和平与发展的本质，体现了全体人民共同的价值追求，始终坚持以对话解决争端、以协商化解分歧，在合作共赢和交流互鉴的基础上构建一个和谐的世界。进入新时代，和平是实现人的现代化不可或缺的条件，中国共产党始终坚持走和平发展道路，用实际行动为人的现代化发展创设了和平的发展环境。

结　　语

中国式现代化道路是一条超越西方现代化模式的社会主义新路，既顺应了世界现代化潮流的发展大势，又开创了具有中国特色的现代化发展道路，其以人民为中心的价值理念切实体现在马克思主义与中国具体实际相结合的历史进程中，彰显了以人的现代化为核心的现代化发展模式。以人民为中心的中国式现代化道路在扬弃西方现代文明的基础上创造了人类文明新形态，它不仅意味着中国式现代化进入了新的发展阶段，也意味着中国将在世界范围内承担起更大的责任，提供更多有益于人类社会的中国智慧和中国方案。

参考文献：

《列宁选集》第 1 卷，人民出版社 2012 年版。
《列宁选集》第 4 卷，人民出版社 2012 年版。
《马克思恩格斯文集》第 1 卷，人民出版社 2009 年版。
《马克思恩格斯文集》第 2 卷，人民出版社 2009 年版。
《马克思恩格斯选集》第 2 卷，人民出版社 2012 年版。
《马克思恩格斯选集》第 3 卷，人民出版社 2012 年版。
《毛泽东文集》第 2 卷，人民出版社 1993 年版。
《邓小平文选》第 2 卷，人民出版社 1994 年版。
《江泽民文选》第 2 卷，人民出版社 2006 年版。
《刘少奇选集》下卷，人民出版社 2018 年版。
《习近平谈治国理政》第 3 卷，外文出版社 2020 年版。
习近平：《高举中国特色社会主义伟大旗帜　为全面建设社会主义现代化国家而团结奋斗——在中国共产党第二十次全国代表大会上的报告》，人民出版社 2022

年版。

习近平:《在庆祝中国共产党成立 100 周年大会上的讲话》,人民出版社 2021 年版。

习近平:《在哲学社会科学工作座谈会上的讲话》,人民出版社 2016 年版。

中共中央文献研究室编:《习近平关于社会主义社会建设论述摘编》,中央文献出版社 2017 年版。

赵凌云、楚武平:《习近平关于共同富裕重要论述的重大创新和现实意义》,《江汉论坛》2022 年第 10 期。

[德] 康德:《实践理性批判》,邓晓芒译,人民出版社 2003 年版。

[英] 安德鲁·海伍德:《政治学核心概念》,吴勇译,天津人民出版社 2008 年版。

新时代高校思想政治教育理论创新的逻辑理路、哲学依据与方法论

朱佩佩[*]

【摘　要】 意识形态工作是党的一项极端重要的工作，为党培养堪当民族复兴大任的时代新人是思想政治工作的重点。党的十八大以来，以习近平同志为核心的党中央高度重视高校思想政治教育工作，并在不同场合发表一系列重要讲话，从宏观层面把握习近平总书记关于高校思想政治教育重要论述的逻辑特征，总结其在教育理念、教育原则、教育管理、教育思路、教育范围、教育内容、教育方式、教育效果等方面所呈现的"本""势""能""体""全""深""活""实"的思想特点，深究蕴含其中的辩证唯物主义及历史唯物主义的哲学依据，对探寻与把握高校思想政治教育理论创新的哲学方法论具有理论意义及实践意义。

【关键词】 高校思想政治教育；理论创新；逻辑理路；哲学依据；方法论

用马克思主义的立场、观点、方法观察时代、把握时代、引领时代是中国共产党治国理政的基本思想，运用辩证唯物主义及历史唯物主义探寻事物特征及变化并总结出符合实际的经验规律是中国共产党治国理政的方法论。党的十八大以来，以习近平同志为核心的党中央高度重视高校思想政治教育工作，在不同场合发表一系列重要讲话，将高校思想

---

[*] 朱佩佩，东北大学马克思主义学院博士研究生，研究方向为党的宣传思想文化工作的理论与实践。

政治教育工作地位提升到新高度，并推动思想政治教育领域产生一系列创新理论，为高校思想政治教育工作锚准了方向、规划了重点、指明了路径。探究党的十八大以来高校思想政治教育理论创新的逻辑理路，挖掘其中蕴含的哲学依据，在逻辑推演中深入认识与深刻把握高校思想政治教育理论创新的哲学方法论，有利于从规律中探寻方法，健全党的宣传思想文化工作的理论体系。

一 新时代高校思想政治教育理论创新的逻辑理路

新时代，习近平总书记关于高校思想政治教育工作的系列讲话所形成的新观点、新论断是思想政治教育理论创新的体现。全面总结和阐述习近平总书记历次讲话中的重要观点，系统分析其蕴含的思想内容及理论重点，可以得出其"本""势""能""体""全""深""活""实"的逻辑特点。

（一）思想政治教育理念讲究"本"的意识

"本"有本源、本质、本体之意，万物有源，究其根本方得始终。关于"本"的意识是以习近平同志为核心的党中央在新时代对思想政治教育理念的深刻把握，体现在马克思主义为根"本"指导思想，将为谁培养人、培养什么人、怎样培养人作为教育的根"本"问题，将立德树人作为教育的根"本"标准及根"本"任务，将围绕学生、关照学生、服务学生作为以学生为"本"位的教育思想。树立"本"的意识，是党中央坚持马克思主义在意识形态领域的指导地位、重视意识形态工作、指导教育以及办学紧紧围绕"中国特色社会主义"的政治导向，以树人为核心点、从培养人的根本问题出发、部署根本任务、设定检验教育成果的根本标准，形成教育"立德树人"的新局面。教育理念讲究"本"的意识，为教育事业及高校办学明晰政治方向、指明工作重点、明确工作任务、树立重要意识、规划整体目标。

（二）思想政治教育原则讲究"势"的规律

"势"有形势、情势、态势、趋势之意，势是对大环境的规律性认识，万物有常而道阻且长，唯有遵其势，方能行稳致远。关于"势"的规律是以习近平同志为核心的党中央在新时代对思想政治教育原则的深刻洞悉。任何事物的发展都有其内在的规律，把握规律、运用规律是兴办教育的重要原则，习近平总书记强调要"因势而谋、应势而动、顺势而为"①。把握时代脉搏、顺应发展大势，高校思想政治教育要认清事物的发展局势、顺应事物的发展规律，立足实际、与时俱进，在时代问题与当代课题下规划教育布局、指导教育工作、促进教育发展。"势"体现对规律的认识与遵循，高校的思想政治工作在总体思路上要"因事而化、因时而进、因势而新"②，具体执行上要"遵循思想政治工作规律，遵循教书育人规律，遵循学生成长规律"③。习近平总书记重视把握"势"的规律，从教育原则到工作方法为高校的思想政治工作指明要点，从宏观布局到具体执行为思想政治工作廓清思路。

（三）思想政治教育管理讲究"能"的提升

"能"有技能、能力、效能之意，"志不求易者成，事不避难者进"。关于"能"的提升是以习近平同志为核心的党中央在新时代对思想政治教育管理的切实要求。"能"在教育管理上体现在党委管理的能力及教师育人的能力。一方面，坚持党委是育人的总把关、思政工作党委统一领导的原则，高校思想阵地离不开党委的科学管理与从严治理。创新体制机制、改进工作方式、加强党员队伍的管理建设，牢牢把握高校思想舆论阵地，培育师生在党爱党、在党言党、在党为党是党委党建的工作重点及能力体现。习近平总书记高度重视党委工作及能力提升，注重发挥学校党委、院系党组织、基层党支部及党员"四位一体"的党建工作体系的协同作用，落实党委（党组）工作责任制，发挥基层党组织的政治引领作用。另一方面，教师队伍是育人的总指挥。教师队伍能力的提

---

① 《习近平著作选读》第1卷，人民出版社2023年版，第147页。
② 《习近平谈治国理政》第2卷，外文出版社2017年版，第378页。
③ 《习近平谈治国理政》第2卷，外文出版社2017年版，第378页。

升,关乎教育事业的兴衰成败,关乎青年的成长成才,关乎国家的未来发展。习近平总书记高度重视教师能力提升,并提出"四有好老师""四个坚持""六大要求"的具体观点,指引教师队伍做到政治素质过硬、政治思想要强,师德师风要正、道德情操要高,专业知识要强、业务能力精湛,国际视野要广、育人水平要高。教育管理讲究"能"的提升,是习近平总书记着眼教育未来发展、做好国家长期规划的重要举措。

(四)思想政治教育思路讲究"体"的完善

"体"有体系、整体之意,自古不谋全局者不足谋一域。关于"体"的完善是以习近平同志为核心的党中央在新时代思想政治教育思路上的体系化布局。注重"体"的思想是党从系统性思维出发总体谋划工作思路、全局完善工作部署。构建及完善"体"系的思路既体现在党从宏观布局提出建设哲学社会科学创新体系的观点,又体现在从具体办学角度提出人才培养体系的观点。从学科建设角度讲,习近平总书记提出注重哲学社会科学的学科、教材、话语及评价方面体系的构建,为讲好中国故事、传播中国声音、树立中国形象搭建好理论平台,为提升青少年的思想政治教育效果提供宏观的语言环境;从人才培养角度讲,习近平总书记提出注重形成涉及学科、教学、教材、管理在内的高水平的人才培养体系,而思想政治工作体系贯通其中,为青少年的思想政治教育提供硬件师资力量。思想政治工作是一个系统工程,体系的思路为推动思想政治工作实现科学化发展提供全局视野与根本遵循。

(五)思想政治教育范围讲究"全"的覆盖

"全"有全面、完全之意,千里之堤,溃于蚁穴,只有防患于未然方能确保周全。关于"全"的覆盖是以习近平同志为核心的党中央在新时代对思想政治教育全领域贯穿。习近平总书记在全国高校思想政治工作会议上的讲话中提出"努力构建全方位、全领域、全要素的哲学社会科学体系"[1]及"把思想政治工作贯穿教育教学全过程,实现全程育人、

---

[1] 《习近平谈治国理政》第2卷,外文出版社2017年版,第378页。

全方位育人"①，为哲学社会科学体系构建及思想政治教育教学提供"全"局的思路。注重"全"领域覆盖是党从全局谋划工作，使思政工作贯穿始终的重要部署，思想政治工作是极端重要的意识形态工作，在任何场所、任何环节都不能疏忽，全程育人是按照教育教学的实施过程而从纵向角度提出的具体要求，全方位育人是按照教育教学活动及实践而从横向角度提出的实施思路。思想政治工作是立德树人的工作，其特殊的性质决定此项工作要循序渐进、注重过程，而新时代意识形态领域情况复杂，青年人极易受各种思潮影响，在教育范围讲究"全"的覆盖并贯彻执行全程育人、全方位育人就更为必要。

（六）思想政治教育内容讲究"深"的理解

"深"有深度、深刻之意，古语有云："师者，所以传道授业解惑也"，理论唯有深刻，方能释疑解惑。关于"深"的理解是以习近平同志为核心的党中央在新时代对思想政治教育内容的透彻解析。"深"既源于马克思主义理论的哲学沉思之深，又根植于博大精深的中华优秀传统文化之广，还着眼于中华民族千年历史之厚。思政课教师要把理论内容的深刻性、广博性、历史性传递给受教育者，以启迪心智、润化心灵、陶冶情操。习近平总书记强调思政课教师要把道理讲深，源于道理所深藏的意蕴深刻，而思政课教师只有把道理讲深、把内容说透，才能到达受教育者的内心深处，使受教育者达到醒悟、顿悟的境界。教育内容讲究"深"的理解，是理论之于现实的需要，是道理之于品德的维系，是文化之于思想的凝结。习近平总书记注重思政课教师将道理讲"深"以促使受教育者达到"深"度的理解，体现了对理论的透彻认识，对道理的深刻领悟，对文化的深入体会。

（七）思想政治教育方式讲究"活"的把握

"活"有灵活、鲜活之意，世上唯一不变的是变化本身，用传统方式解决新的问题容易文不对题。对"活"的把握是以习近平同志为核心的党中央在新时代对思想政治教育方式的创新要求。思政课教师将道理

---

① 《习近平谈治国理政》第 2 卷，外文出版社 2017 年版，第 376 页。

"讲深、讲透、讲活",从教育主体的传道角度讲,教师需要将哲学道理、历史积淀、文化内涵的深度传递给受教育者,在吃透的基础上讲透,而将道理传达到受教育者内心,就需要注重方式方法把道理讲活,是讲深—讲透—讲活的逻辑;从教育客体的接受角度讲,受教育者要达到内心深处的体验,需要从善于接受、引起兴趣的角度出发去理解文化道理的内涵,只有适应受教育者的学习与吸收的接受习惯,探寻灵活多样的传达方式,才能使受教育者学透道理,从而启迪心智,是学活—学透—学深的逻辑。从"讲深—讲透—讲活"到"学活—学透—学深",体现教育与受教育者之间的认知互动,是内容创新与方法创新共同作用的结果。习近平总书记强调将道理讲"活",推动思政课教师因材施教、改进方法,为思政课教师以融入式、嵌入式、渗入式的方式教学提供思想启迪。

(八) 思想政治教育效果讲究"实"的验收

"实"有求实、落实之意,以钉钉子精神抓落实不仅在于经济工作,还在于思想工作。凡思政教育者,理应落地有声。关于"实"的验收是以习近平同志为核心的党中央在新时代对思想政治教育效果的检验要求。思政工作属于党的宣传工作,在教育效果上注重工作的落实、落地及受教者内心及思维的转化。讲授思政课的目的是引导青年在真学、真懂、真信、真用的基础上做到知、情、意、行的统一,将人生抱负落实到具体的实际行动、将学习目标与民族复兴目标结合起来,将爱国情、强国志转化为报国行,为中华民族的伟大复兴而努力奋斗。教育效果讲究"实"的验收,需要完善的教学评价体系及制度支撑。以习近平同志为核心的党中央,落实责任到人、压实主体责任,把"软指标"变"硬责任",出台一系列意见、准则规范,夯实教师职业操守,如《新时代高等学校思想政治理论课教师队伍建设规定》《关于完善教师思想政治和师德师风建设工作体制机制的指导意见》《新时代高校教师职业行为十项准则》《关于全面落实研究生导师立德树人职责的意见》等。习近平总书记重视思政工作评价体系及制度的完善与落实,推进教育体系更加完善,促进思想政治教育工作形成闭环效应。

二 新时代高校思想政治教育理论创新的哲学依据

新时代,高校思想政治教育在教育理念、教育原则、教育管理、教育思路、教育范围、教育内容、教育方式、教育效果等方面所呈现的思想特点,正是习近平总书记对高校思想政治教育工作全局性谋划的彰显,是习近平哲学思想的体现。探究习近平总书记关于高校思想政治教育理论创新的哲学依据,是贯彻把握习近平新时代中国特色社会主义思想的世界观与方法论,是学懂悟透贯穿其中的道理学理哲理的重要要求,对促进高校思想政治教育工作高质量发展具有理论意义。

(一) 唯物史观是高校思想政治教育理论创新的哲学观点

唯物史观认为,社会存在决定社会意识,经济基础决定上层建筑。一定的意识形态是处于本时代的国家国情及经济关系的反映,习近平总书记提出坚持马克思主义在意识形态领域的指导地位、以马克思主义为思想政治工作的根"本"指导思想,是基于时代课题统筹"两个大局",建设具有强大凝聚力和引领力的社会主义意识形态的需要。另一方面,社会意识对社会存在具有反作用,上层建筑反作用于经济基础,因此为谁培养人、培养什么人、怎样培养人作为教育的根"本"问题的提出明确了高校思想政治教育工作的导向与重点,即思想政治工作者应为国家繁荣、民族复兴改进工作方法、优化教育效果,为国家培养堪当民族复兴大任的时代新人。

教育理念讲究"本"的意识不仅体现在对社会存在与社会意识、经济基础与上层建筑的关系问题认识上,还表现在其坚持以人为本的哲学立场上。一方面,将立德树人作为教育的根"本"标准以及根"本"任务是马克思主义唯物史观立足现实的人及其本质来把握历史的创造者观点的呈现,体现习近平总书记以立德为前提、以树人为目的来培养德智体美劳全面发展的人的思想。在唯物史观中,人是全面且具体的,人民是社会物质财富和精神财富的创造者,青年一代是社会主义建设者和接班人，承担着民族复兴的大任，而对青年思想品德的培养起到至关重要的作用，只有明大德、守公德、严私德，才能正操守、成大才、担大任。另一方面，将围绕学生、关照学生、服务学生作为教育工作的要求是马克思主义人学立场的深化，体现习近平总书记以学生为"本"位的教育思想。学生既是独立的个体，又是社会中的群体，既表现着每个人的差异性，又融合着家庭、学校、社会的联系性，是社会群体和个体的统一，因此高校思想政治教育工作既要重视差异性，又要注重协同性，合理观照学生、合力培育学生。高校思想政治教育理论创新坚持以人为本的哲学立场正是唯物史观人学立场的彰显。

（二）辩证唯物论是高校思想政治教育理论创新的理论基础

规律是事物变化发展过程中本身所固有的内在的、本质的、必然的联系。对客观规律的认识和掌握，是人们正确地认识世界、有效地改造世界的基础。时代发展也有其规律，新时代，"势"是对百年未有之大变局及中华民族伟大复兴战略全局的正确认识，习近平总书记从思想政治教育的教育原则上创新性提出对"势"的规律的把握正是基于时代课题、实际要求而遵循事物发展的客观规律的体现。习近平总书记强调，"要按照已经认识到的规律来办，在实践中再加深对规律的认识，而不是脚踩西瓜皮，滑到哪里算哪里"[①]。"势"是对时代课题的概括，也是对当下事物发展过程的准确判断，只有"因势而谋、应势而动、顺势而为""因事而化、因时而进、因势而新"才能增强思想政治工作的时代性与创新性。把握大势，紧跟大局，要求思政工作者正确认识与遵循思想政治工作规律、教书育人规律、学生成长规律，科学推进和落实思想政治工作。

规律是客观存在的，不以人的意志为转移，但是人却能够通过自主自觉的活动去认识规律，并依照这种客观规律去改造世界，满足社会发展的需要。习近平总书记正是认识到人的主观能动性，全局部署与谋划高校思想政治教育工作，重视党委管理"能"力及教师教书育人"能"

---

① 中共中央文献研究室编：《习近平关于全面深化改革论述摘编》，中央文献出版社 2014 年版，第 43 页。

力的提升，用主动的认识活动推动青少年的思想政治教育，以激发其爱国情、报国志，为推进中国式现代化贡献青年力量。"国家的希望在青年，民族的未来在青年"①，青年强则国家强，习近平总书记多次强调青年的重要地位，并从体制机制、工作方式、教师队伍建设多方面部署落实青年的思想政治工作，正是对辩证唯物论的人的主观能动性的把握。尊重事物发展的客观规律性与发挥人的主观能动性是辩证统一的，是高校思想政治教育理论创新遵循辩证唯物论的体现。

（三）唯物辩证法是高校思想政治教育理论创新的重要哲学方法

唯物辩证法认为，世界上的一切事物是普遍联系的，事物的普遍联系引起事物的运动发展。习近平总书记强调："学校思想政治工作不是单纯一条线的工作，而应该是全方位的。"② 坚持以联系的观点看问题是高校思想政治教育理论创新的重要体现。正是坚持以联系的观点看问题，习近平总书记在教育思路上讲究"体"的完善，推动哲学社会科学体系、人才培养体系、课程体系的完善，既重视各类课程与思政课的配合，又注重思政教师与其他教职工的相辅相成，推动思想政治工作贯通人才培养体系，以发挥立德树人的协同效应。也正是坚持联系的观点，习近平总书记在教育范围上讲究"全"的覆盖，落实思政工作的全员、全程、全方位育人，是构建思政工作的立体化格局，从育人成员、育人过程等不同层面落实思政育人工作。青少年的生活环境、教育环境、社会环境是相互联系的，其中的各个因素都直接或间接地影响青少年的健康成长，只有形成全社会的育人大格局，才能摒弃各种不良环境、错误思潮的影响，坚定青少年的爱党爱国、强党强国认知。

世界上的万事万物总是在发展变化中，"世界不是既成事物的集合体，而是过程的集合体"③，因此注重青少年思想工作的循序渐进，推动思政工作由量的积累到质的转变是习近平总书记部署高校思想政治教育

---

① 习近平：《论党的宣传思想工作》，中央文献出版社 2020 年版，第 391 页。
② 习近平：《论党的宣传思想工作》，中央文献出版社 2020 年版，第 389 页。
③ 《马克思恩格斯文集》第 4 卷，人民出版社 2009 年版，第 298 页。

工作的重要主张。习近平总书记在北京大学师生座谈会上的讲话中明确强调:"核心价值观的养成绝非一日之功,要坚持由易到难、由近及远,努力把核心价值观的要求变成日常的行为准则,进而形成自觉奉行的信念理念。"① 另外,促进青少年思维量变质变的过程中,还应注意把握好度。青少年的心理及思维是逐步发展的,对事物的认知与接受程度有变化也有一定的限度。而度这一哲学范畴,要求思想政治教育在认识和处理问题时要掌握适度原则。

(四)辩证唯物主义认识论是高校思想政治教育理论创新的认识论依据

辩证唯物主义认识论认为,认识的本质是主体在实践基础上对客体的能动反映。人的认识过程的发展要经历从感性认识到理性认识的第一次飞跃阶段,再到从理性认识到实践的第二次飞跃阶段,是一个依据实践不断深化的发展过程,依此从实践到认识,再从认识到实践循环往复、螺旋上升。习近平总书记正是基于认识的本质及其发展过程提出思政课教师要把思政课"讲深、讲透、讲活"的主张,在教育内容上讲究"深"的理解、教育方式上讲究"活"的把握,"深"蕴含着习近平总书记对理性认识的深刻理解,"活"体现着习近平总书记对感性认识的着实把握。"科学理论是我们推动工作、解决问题的'金钥匙'"②,只有将科学的理论讲"深",才能做到习近平总书记依据理论的掌握程度所要求的知其言更知其义、知其然并知其所以然。只有将教育方式用"活",才能推进思想政治工作的填鸭式、说教式、灌输式的理论课堂向沉浸式、情景式、实践式的课堂转变,才能将理论与实践相结合,推进学生的深刻理解。注重"深"与"活",体现习近平总书记对青少年的感性认识的认知,也彰显着习近平总书记对马克思主义理论、社会主义核心价值观的理性认识,是习近平总书记对认识论第一次飞跃阶段的深刻把握,是高校思想政治教育理论创新的思想依据。

---

① 习近平:《论党的宣传思想工作》,中央文献出版社 2020 年版,第 79 页。
② 习近平:《在"不忘初心、牢记使命"主题教育总结大会上的讲话》,人民出版社 2020 年版,第 2 页。

从真学、真懂、真信、真用到知、情、意、行的统一，促进知行转化是习近平总书记深谙认识论飞跃的第二个阶段继而在教育效果上注重"实"的验收的部署。而怎么"实"和如何"实"，既体现在对青少年的价值判断深刻影响，又融合于青少年的具体实际行动。青少年的价值判断，关乎思想政治工作的成败，关乎理想信念教育的效果。影响青少年价值判断的因素是青少年对真理与谬误的认知。只有将道理"讲深、讲透、讲活"，才能确保青少年对真理认知的全面性、准确性，才能保证其价值观的正确性。正确的价值判断指导青少年的实际行动，深入的真理阐释、持续的价值输出、协同的育人环境，促进青少年从理论认识到实践转化的飞跃。教育效果的落实，是高校思想政治教育的最终目的，注重青少年经历实践—认识—再实践—再认识……的认识飞跃，促进思政工作的有效提升，彰显高校思想政治教育理论创新对辩证唯物主义认识论的切实遵循。

三 新时代高校思想政治教育理论创新的哲学方法论

高校思想政治教育理论创新蕴含着马克思主义哲学的思想光辉，是马克思主义世界观与方法论的时代创新，是习近平新时代中国特色社会主义思想世界观与方法论中立场观点与方法的集中体现。

（一）坚持人民至上是唯物史观中群众史观价值理念的赓续延承

人民至上，明确了人民群众的伟大创造作用和主体地位，反映了党对人民群众利益诉求的切实观照，展现了中国共产党的价值取向和工作导向，是马克思主义政党政治立场和执政理念的体现。习近平总书记提出人民至上的立场观点正是对人民群众创造历史这一唯物史观的坚持。青少年是新时代新征程国家各项事业的建设者和接班人，担负书写中华民族复兴的责任和任务，关注青少年的思想意识是全面建成社会主义现代化强国的重要要求。习近平总书记提出的"思想政治工作从根本上说是做人的工作，必须围绕学生、关照学生、服务学生"① 正是体现以学生为本位的指导思想，是在思想政治工作领域对人民至上立场观点的坚持，这种坚持归根到底来源于人民群众是历史的创造者的唯物史观的赓续延承。中国共产党坚持群众史观，从党的群众路线的提出到执行全心全意为人民服务的党的宗旨到"三个有利于"、"三个代表"重要思想、"以人为本、全面协调可持续"的科学发展观，再到"以人民为中心"的发展理念、"人民至上"的价值立场，中国共产党始终把人民放在心中最高位置。新时代新征程，人民至上是党的各项事业的出发点与工作重点，青少年的思想政治教育工作讲究学生为"本"的意识，以围绕学生、关照学生、服务学生所阐发的理论是平易近人、让人接受的，脱离学生实际的理论是苍白无力、缺少说服力的，推进实践基础上的思想政治教育工作的理论创新，必须坚持人民至上。

（二）坚持守正创新是辩证唯物论遵循客观规律与发挥主观能动性的思想结晶

守正意为不变，创新意为变，守正创新是基于对规律的认识，保持遵循客观规律的不变，发挥主观能动性的变。马克思深刻揭示了唯物辩证法的本质，指出"辩证法在对现存事物的肯定的理解中同时包含对现存事物的否定的理解，即对现存事物的必然灭亡的理解；辩证法对每一种既成的形式都是从不断的运动中，因而也是从它的暂时性方面去理解；辩证法不崇拜任何东西，按其本质来说，它是批判的和革命的"②。恩格斯也指出，在辩证哲学面前，"不存在任何最终的东西、绝对的东西、神圣的东西；它指出所有一切事物的暂时性；在它面前，除了生成和灭亡的不断过程、无止境地由低级上升到高级的不断过程，什么都不存在。它本身就是这个过程在思维着的头脑中的反映"③。守正创新是唯物辩证法的批判精神和革命精神的体现。守正方能不迷失方向、不犯颠覆性错误，创新才能把握时代、引领时代。新时代新征程，坚持实践基础上的

---

① 习近平：《论党的宣传思想工作》，中央文献出版社2020年版，第276页。
② 《马克思恩格斯文集》第5卷，人民出版社2009年版，第22页。
③ 《马克思恩格斯文集》第4卷，人民出版社2009年版，第270页。

高校思想政治教育的理论创新需要守正创新,守马克思主义真理之正,守党的全面领导之正,守中国特色社会主义之正;创新时代中国特色社会主义思想之新,创党的治理能力与治理现代化之新,创中国式现代化事业之新,遵循时"势",发挥主动,以满腔热忱去探索一切新生事物。把握事物新陈代谢的规律,守正创新,对于我们在现代化进程中推进高校思想政治教育工作具有重要的方法论意义。

(三) 坚持系统观念是唯物辩证法联系观点与发展观点的集中运用

系统观念是唯物辩证法的科学观念与方法,认为事物之间是普遍联系、相互依存的。只有用普遍联系的、全面系统的、发展变化的观点观察事物,才能把握事物发展规律。[①] 将思想政治工作看作一个系统工程,坚持"大宣传"的工作理念,注重"体"系化发展、"全"局性覆盖、协同性效应及动态性过程是高校思想政治教育理论创新的鲜明特点。从哲学社会科学体系建设、人才培养体系构建到全方位、全领域的贯彻执行,再到发挥学校—家庭—社会的协同效应及"党委统一领导、党政齐抓共管、有关部门各负其责、全社会协同配合的工作格局"[②] 及"各类课程与思想政治理论课同向同行"[③],坚持由易到难、由近及远、循序渐进的深化教育过程,是高校思想政治教育理论创新坚持系统观念的体现。系统观念要求把握好思想政治工作全局和局部、宏观和微观、主要矛盾和次要矛盾之间的辩证关系,习近平总书记前瞻性思考、全局性谋划、整体性推进高校思想政治教育工作,以系统观念作出一系列重要统筹部署。新时代新征程,思想政治教育工作仍面临诸多问题,如网络意识形态领域错误思潮对青少年思想的侵袭、西方文化输入对青少年价值观念的影响、世界动荡变局和灾害频发对青少年心理健康的干扰等,解决这些问题,仍需要坚持系统观念。

---

① 习近平:《高举中国特色社会主义伟大旗帜 为全面建设社会主义现代化国家而团结奋斗——在中国共产党第二十次全国代表大会上的报告》,人民出版社2022年版,第20页。
② 习近平:《论党的宣传思想工作》,中央文献出版社2020年版,第387页。
③ 习近平:《论党的宣传思想工作》,中央文献出版社2020年版,第277页。

（四）坚持问题导向是对唯物主义认识论"实践—理论—实践"逻辑的深刻把握

问题导向是处理事物、研究事物坚持从问题出发、以问题为主导。而问题来源于当下的实践，是对实践的研究、判断与解决。面对青少年的思想政治工作，习近平总书记坚持从问题导向出发，抓住影响青少年思想健康、理想信念的实际领域与关键问题，既重视网络意识形态监管，又注重文化价值的熏陶。青少年的感性认识来源于当下最具体的实际，而在思政课上将当下实际与科学理论结合起来讲"深"、讲"透"、讲"活"是解决问题的途径，从而实现青少年理性认识到实践的转化。习近平总书记深刻透析认识的两次飞跃的原理，从认识论的角度出发，对教师工作提出"讲深、讲透、讲活"的要求，并强调教师以身作则、以身示范，正是基于对青少年所面临的问题的正确分析而作出的判断。党的二十大报告将坚持问题导向作为习近平新时代中国特色社会主义思想世界观和方法论中所贯穿的方法，体现以习近平同志为核心的党中央对认识论"实践—理论—实践"的逻辑的深刻领会及运用，是部署高校思想政治教育工作的内在动因，是用习近平新时代中国特色社会主义思想凝心铸魂的要求，是推动广大青少年立志为中华民族伟大复兴而奋斗的逻辑起点。问题是时代的声音，思政工作者要坚持问题导向，研究真问题、真研究问题，从问题中寻找答案、从认识论中把握方法。

参考文献：

《马克思恩格斯文集》第 1 卷，人民出版社 2009 年版。
《马克思恩格斯文集》第 4 卷，人民出版社 2009 年版。
《马克思恩格斯文集》第 5 卷，人民出版社 2009 年版。
中共中央文献研究室编：《习近平关于全面深化改革论述摘编》，中央文献出版社 2014 年版。
《习近平谈治国理政》第 1 卷，外文出版社 2018 年版。
《习近平谈治国理政》第 2 卷，外文出版社 2017 年版。
《习近平著作选读》第 1 卷，人民出版社 2023 年版。
习近平：《高举中国特色社会主义伟大旗帜　为全面建设社会主义现代化国家而团结奋斗——在中国共产党第二十次全国代表大会上的报告》，人民出版社 2022

年版。

习近平：《论党的宣传思想工作》，中央文献出版社2020年版。

习近平：《在"不忘初心、牢记使命"主题教育总结大会上的讲话》，人民出版社2020年版。

马克思主义中国化新飞跃视阈下思想政治教育的创新发展

——"2022年全国思想政治教育学术研讨会"综述

尤 琳*

2022年12月11日,"2022年全国思想政治教育学术研讨会"在江西师范大学召开。此次研讨会由中国社会科学院马克思主义研究院、江西师范大学主办,由中国社会科学院马克思主义研究院马克思主义中国化研究部、江西师范大学马克思主义学院承办,来自中国社会科学院、清华大学、北京师范大学、浙江大学、南开大学、复旦大学、武汉大学等单位的200余名专家学者参加会议。中国社会科学院马克思主义研究院党委书记、副院长辛向阳,江西省委宣传部副部长、省文明办主任龚建文,江西省委教育工委委员、省教育厅副厅长汪立夏,江西师范大学党委书记黄加文出席开幕式并致辞。江西师范大学党委委员、副校长周利生主持开幕式。与会专家学者围绕"马克思主义中国化新飞跃视阈下的思想政治教育"主题进行了研讨。

一 中华优秀传统文化与科学社会主义价值观主张的高度契合性研究

党的二十大提出中华优秀传统文化与科学社会主义价值观主张的高

---

* 尤琳,江西师范大学马克思主义学院教授。

度契合性，需要学界深入研究。辛向阳指出，科学社会主义价值观主张是党的二十大提出的重要概念，也是科学社会主义发展史的一个全新概念。从价值观主张的高度认识和把握科学社会主义，既要认识到科学社会主义价值观主张是科学社会主义基本原则的价值理念化，也要把握科学社会主义基本原则、科学社会主义价值观主张之间的异同及其关联。挖掘中华优秀传统文化与科学社会主义价值观主张的契合性，主要表现在话语的相似性、理想的同向性、精神的共振性。湖南大学马克思主义学院张国祚则以马克思主义经典作家关于"人与自然和谐共生"重要思想、中华优秀传统文化的生态意蕴的比较分析为例作了深入分析，提出要提炼中华文明的精神标识和文化标识，持续推动马克思主义基本原理同中华优秀传统文化之间的结合，进而将其融入大中小一体化思政课教学。南京师范大学马克思主义学院王永贵从六个方面论述了文化强国建设必须坚持正确的价值取向和独特的意识形态逻辑，即坚定文化强国建设的意识形态原则：坚持正确方向，坚守马克思主义立场和人民至上情怀；提升文化强国建设的意识形态自觉：增进文化自信，夯实主流意识形态建设的文化基因；厚植文化强国建设的意识形态根基：筑牢民族精神支撑，传承和弘扬中华优秀传统文化；展现文化强国建设的意识形态脉搏：推动文艺发展繁荣，进行无愧于时代的文艺创造；开拓文化强国建设的意识形态支撑场域：增强创新能力，激发文化创造活力；彰显文化强国建设的对外理念：树立国际视野，注重文明交流互鉴。

北京师范大学历史学院蒋重跃指出，中国特色社会主义的文化基因密码之一蕴藏在中华优秀传统文化之中，要在中西文化比较中理解中国走社会主义道路是现实的选择、必然的选择、正确的选择。

西安交通大学马克思主义学院院长燕连福指出，思想政治教育工作者要学深悟透讲好中国人民在长期生产生活中积累的宇宙观、天下观、社会观、道德观，这有助于更好传承中华优秀传统文化，推动马克思主义基本原理同中华优秀传统文化相结合。

暨南大学党委副书记夏泉认为，把中华民族发展史教育纳入高校思想政治教育之中，是实现中华民族伟大复兴的内在要求，也是铸牢大学生中华民族共同体意识的现实需求，更是抵制历史虚无主义、强化民族团结进步的重要抓手。

二 坚持用党的二十大精神推动思想政治教育创新发展研究

党的二十大提出开辟马克思主义中国化时代化新境界，深刻影响思想政治教育创新发展。北京师范大学思想政治工作研究院院长冯刚认为，思想政治教育要在党的创新理论指引下深入发展，思想政治教育的创新发展也要为党的理论创新作出新贡献。要在理论与实践的结合中深化对思想政治教育的规律性认识，从内生动力、评价改革、大中小一体化等方面推动思想政治教育创新发展。关于"两个确立"的理论基础，中国社会科学院机关党委副书记、马克思主义研究院中国化研究部主任刘志明认为，唯物史观是其根本的理论依据，马克思主义建党学说是其直接理论依据，马克思主义哲学的实践观点是其重要理论基础。新时代思想政治教育要把讲清楚"两个确立"的学理、道理、哲理作为重要任务和重要内容。

南开大学马克思主义学院王新生指出，世界观和方法论自觉是理论创新的基础和前提。"六个坚持"是对马克思主义世界观和方法论的坚持和发展，是习近平新时代中国特色社会主义思想的根基、纲领和底色，是其有效作用于现实的方法论。因此，要掌握习近平新时代中国特色社会主义思想的世界观和方法论。

复旦大学马克思主义学院高国希阐述了习近平新时代中国特色社会主义思想的世界观和方法论对思想政治教育学科的多层次、多维度指导作用。第一，将其作为立场和价值，能够为思想政治教育学科提供理论基础和指导思想；第二，作为方法论，能够为构建思想政治教育实践方法论提供指导；第三，作为哲学基础，是思想政治教育的重要内容。

湘潭大学毛泽东思想研究中心主任李佑新指出，党的十八大以来，习近平总书记把为人民服务阐释为党的初心，强化为党的根本政治立场，确立为衡量党员干部理想信念是否坚定的客观标准，落实为以人民为中心的发展理念和政策，把"为人民服务"思想的传承发展推向了一个崭新的高度。中国社会科学院马克思主义研究院马克思主义中国化研究部副主任贺新元指出，新时代思想政治教育要讲清楚"五个必由之路"的逻辑必然。"五个必由之路"体现了对时代发展大势与历史发展趋势的深刻洞察、准确把握和及时回应，彰显战略定力和历史自信；"五个必由之路"构成有机整体，丰富了中国特色社会主义道路。广西大学马克思主义学院吴家庆提出要从道路、理论、制度、文化四个维度来把握中国特色社会主义新时代的深刻内涵。

三 思想政治教育与中国式现代化研究

中国式现代化本质上是人的现代化，对新时代思想政治教育提出了新要求。河南省社会科学院院长王承哲认为，立足新的历史方位，新时代思想政治教育的主线要与党和国家中心任务相一致；把握新的时代要求，新时代思想政治教育的核心要与人的全面发展相关联；面对新的使命任务，新时代思想政治教育的目标要与教育强国的目标相契合。武汉大学马克思主义学院项久雨指出，中国式现代化注重人的思想政治素质、专业素养、职业能力的发展与进步，这需要思想政治教育在其中发挥"催化剂"的作用，由此催生了思想政治教育现代化命题的出场。思想政治教育现代化的出场是一个涉及思想政治教育现代化的打开方式问题，内嵌着思想政治教育价值追求的动态过程。思想政治教育现代化的打开方式包括话语转换打开方式、图像叙事打开方式、数据驱动打开方式。首都师范大学马克思主义学院院长王淑芹认为，人既是推进中国式现代化的建设主体，也是实现中国式现代化的改造主体。因此，要通过精准滴灌的思想政治教育助力人的现代化。青海社会科学院院长索端智认为，中国式现代化对民族地区思想政治教育提出新要求，要处理好普遍性和特殊性的关系。

推进中国式现代化建设必须发扬斗争精神。中国社会科学院马克思主义研究院马克思主义原理研究部主任余斌指出，敢于斗争、善于斗争的伟大斗争精神是中国共产党特有的精神品质。习近平总书记关于斗争精神的重要论述，是对马克思主义哲学和科学社会主义的重大发展。复旦大学马克思主义学院院长李冉强调从理论和实践上阐明伟大斗争的重要性,要更加强调斗争的韧性、强调斗争的力量、强调斗争的核心利益、强调斗争的性质。吉林大学马克思主义学院院长吴宏政指出,党的二十大提出"人民精神",这是对人民精神力量主体性和主动性的确立。思想政治教育承担着丰富人民精神世界的任务。浙江大学马克思主义学院副院长代玉启认为,要把敢于斗争和团结奋斗结合起来,二者共同丰富了新时代思想政治教育的理论内容,是对教育课题形象的塑造和精神状态的引领。西南大学马克思主义学院邹绍清强调要务必不忘初心、牢记使命,始终坚定信仰信念;务必谦虚谨慎,艰苦奋斗,永葆党的光荣传统和优良作风;务必敢于斗争,善于斗争,永葆顽强斗争的精神动力。

四 思想政治教育的百年经验与新时代创新发展

善于总结经验是我们党的制胜法宝。武汉大学马克思主义学院佘双好从六个方面总结了中国共产党思想政治教育自身建设的百年经验,即坚持把思想政治教育摆在恰当的位置;坚持以党的理论创新成果为核心构建内容体系;坚持遵循思想政治教育的基本原则;坚持不断拓展思想政治教育领域、渠道、途径和方法;坚持思想政治教育科学化、专业化、制度化、法治化发展道路;坚持全员化、专家化发展队伍建设路径。北京师范大学马克思主义学院王树荫指出,新时代思想政治工作的历史性成就从理论创新来看,形成了习近平总书记关于思想政治工作的重要论述;从制度创新来看,构建起以根本制度、重要制度和具体制度为主体的思想政治工作制度体系。清华大学马克思主义学院教学委员会主任刘书林认为,加强党的集中统一领导、坚持党领导一切,把党的意识形态工作提到极端重要的地位,是新时代思想政治教育取得历史性成就的最根本的经验。武汉大学思想政治教育研究院院长骆郁廷认为,思想政治教育贯通问题,是新时代思想政治教育的重大课题。思想政治教育贯通体现为思想政治教育融入、融合、融通社会实践的有机统一。中国共产党的思想政治教育贯通,本质上就是把以马克思主义为指导和核心的先进思想贯通到社会实践活动主体——人民群众之中,融入民心、融合群众、融通实践、团结群众、凝心聚力，引领和促进我国社会实践发展的思想政治教育活动。湖南省社会科学院（省政府发展研究中心）党组书记、院长（主任）钟君阐释了新时代思想政治教育的势、道、术。"势"就是要在提升社会主义意识形态的凝聚力和引领力上下功夫；"道"就是要聚焦立德树人，从德性品德上做好育人的文章；"术"就是要突出做好马克思主义大众化。西藏民族大学副校长任晓伟认为，"两个巩固"任务的提出及其内容的明晰标志着我们党对意识形态建设和思想政治工作规律的认识达到了新高度，要深入研究新时代思想政治工作的政治价值。华中师范大学马克思主义学院院长万美容强调，要深刻认识推进思想政治教育基础理论创新的重大意义，既要加强思想政治教育学科建设，也要有组织地开展科研攻关，以科学思维推动思想政治教育基础理论创新。

五　新时代思政课高质量发展研究

为贯彻落实习近平总书记关于思政课的重要指示，专家学者进行了深入研讨。安徽师范大学马克思主义学院王习胜指出，大中小学思想政治教育一体化建设是一项系统性工程，经历了从大中小学德育一体化建设到大中小学思想政治理论课一体化建设，再到大中小学思想政治教育一体化建设的发展历程。当前，这项工作的重心理应由社会呼吁、理念树立、教材建设、理论探讨等转向教育教学的实际行动，注重在破除错误的、偏颇的思想认识的基础上树立科学的世界观和方法论。南昌大学党委副书记李德平提出要用好红色资源开展红色教育，集中展示党的领导的历史地位；在建构红色教育制度和红色教育实践中认同党的领导。南京师范大学马克思主义学院院长王刚认为，要以专业认证服务建设，提升思想政治教育培养质量。江西师范大学马克思主义学院院长吴怀友指出，高校大思政课要与新时代文明实践中心协同发展，这是高校深入贯彻落实新时代党和国家教育方针的题中应有之义。